# 中國學術思想 研究輯刊

## 二一編

林慶彰 主編

## 第 5 冊

### 《莊子》眞人觀及其理想社會之研究

林瑞龍 著

花木蘭文化出版社

國家圖書館出版品預行編目資料

《莊子》真人觀及其理想社會之研究／林瑞龍 著 -- 初版 -- 新
北市：花木蘭文化出版社，2015〔民104〕
目 4+230 面；19×26 公分
（中國學術思想研究輯刊 二一編：第5冊）
ISBN 978-986-404-044-5（精裝）
1. 莊子 2. 研究考訂
030.8                                    103027148

ISBN-978-986-404-044-5

9 789864 040445

中國學術思想研究輯刊
二一編 第 五 冊              ISBN：978-986-404-044-5

## 《莊子》眞人觀及其理想社會之研究

作　　者　林瑞龍
主　　編　林慶彰
總 編 輯　杜潔祥
副總編輯　楊嘉樂
編　　輯　許郁翎
出　　版　花木蘭文化出版社
社　　長　高小娟
聯絡地址　235 新北市中和區中安街七二號十三樓
　　　　　電話：02-2923-1455 ／傳眞：02-2923-1452
網　　址　http://www.huamulan.tw 信箱 hml810518@gmail.com
印　　刷　普羅文化出版廣告事業
封面設計　劉開工作室
初　　版　2015 年 3 月
定　　價　二一編 27 冊（精裝）台幣 50,000 元
版權所有・請勿翻印

# 《莊子》眞人觀及其理想社會之研究

林瑞龍　著

## 作者簡介

林瑞龍，一九七六年生，臺灣新北市人。國立中興大學中國文學系畢業，國立臺灣師範大學國文研究所文學碩士，目前於國立臺灣師範大學國文研究所博士班進修。曾任嘉義縣立竹崎高中教師，現任桃園市立壽山高中教師。

## 提　要

　　中國哲學是以「生命」為中心，道家思想亦不例外，其出發點與目的仍是落在現實人生、現實生命之上，只不過其思想進路不同於儒家，但仍是在解決「生命」的哲學，故不當只是消極地教人出世、避世才是。

　　基於此因，遂興起研究道家思想的念頭，而道家思想中，特別鍾情於莊子。一來，《莊子》中有許多地故事，讀來既能滿足人的無限想像，又較貼近於現實人生；其次，《莊子》中所描繪出的境界，總使人不自覺地嚮往。至於《莊子》一書的研究，歷年來的著作頗多，分別由不同的面相、角度對《莊子》進行討論，故若欲以《莊子》為題作研究論文，實難以再別出心裁，反覆思索過後仍不放棄，但為避免所書寫者僅為「泛論」性質的論文，故只取單一的角度對《莊子》進行討論。

　　既然中國哲學是以「生命」為中心，便以「生命」的角度切入《莊子》，以瞭解莊子是如何看待人主體生命、又是如何安頓人主體生命？當然此種安頓，並非「生物學」上的安頓，即不是在處理自然生命的問題，而是專指個體心理、精神境界上的問題。而與《莊子》「生命」安頓有關的問題，一是「內聖」，一是「外王」。而本論文章節分配如下：

第一章 導論
第二章 生命困境及語言觀
第三章 大鵬怒飛《莊子》的理想生命境界暨工夫論
第四章 至人、神人、聖人、真人
第五章 至德之世
第六章 結論

本論文所欲達之目標為：
一、釐清莊子理想人格間之關係，並討論「成聖」之可能性及其工夫進路。
二、釐清莊子理想社會之主張，並試圖描述出理想社會之藍圖。
三、莊子理想人格與理想社會之侷限。
四、莊子理想人格與理想社會之時代意義。

# 目次

第一章　導　論 …………………………………………… 1

　第一節　撰寫動機 …………………………………… 1

　第二節　莊子其人其書 ……………………………… 4

　　一、名字 ………………………………………… 4

　　二、籍貫 ………………………………………… 6

　　三、生卒年 ……………………………………… 7

　　四、《莊子》的作者 …………………………… 10

　第三節　前人研究成果之省察 …………………… 12

　第四節　撰寫方式與預期成果 …………………… 17

第二章　生命困境及語言觀 …………………………… 19

　第一節　生命的困境 ……………………………… 19

　　一、外在因素 …………………………………… 19

　　二、內在感受 …………………………………… 25

　第二節　寓言、重言、卮言 ……………………… 28

　　一、「三言」形成之原因 ……………………… 28

　　二、分述「寓言、重言、卮言」 …………… 30

　　三、「三言」之特質 ………………………… 37

　第三節　小結 …………………………………… 43

第三章　大鵬怒飛
　　　──《莊子》的理想生命境界暨工夫論‥47
　第一節　逍遙論‥‥‥‥‥‥‥‥‥‥‥‥47
　　一、無待的逍遙‥‥‥‥‥‥‥‥‥‥‥47
　　二、適性的逍遙‥‥‥‥‥‥‥‥‥‥‥61
　　三、至人的逍遙‥‥‥‥‥‥‥‥‥‥‥71
　第二節　心齋、坐忘──工夫論‥‥‥‥‥75
　　一、心齋──「聽之以氣」‥‥‥‥‥‥76
　　二、坐忘──「離形去知」‥‥‥‥‥‥84
　　三、兩種工夫論的比較‥‥‥‥‥‥‥‥91
　第三節　小結‥‥‥‥‥‥‥‥‥‥‥‥‥93
第四章　至人、神人、聖人、真人‥‥‥‥‥95
　第一節　理想人格的開展‥‥‥‥‥‥‥‥95
　　一、「至人无己」──至人‥‥‥‥‥‥96
　　二、「神人无功」──神人‥‥‥‥‥‥107
　　三、「聖人无名」──聖人‥‥‥‥‥‥117
　　四、「天與人不相勝」──真人‥‥‥‥131
　第二節　才全而德不形──兀者‥‥‥‥‥137
　　一、「兀者」的義涵‥‥‥‥‥‥‥‥‥138
　　二、「兀者」的境遇‥‥‥‥‥‥‥‥‥143
　　三、「兀者」的修養‥‥‥‥‥‥‥‥‥146
　　四、「兀者」的象徵‥‥‥‥‥‥‥‥‥153
　第三節　理想人格間之關聯‥‥‥‥‥‥‥154
　　一、同一說‥‥‥‥‥‥‥‥‥‥‥‥‥154
　　二、層次說‥‥‥‥‥‥‥‥‥‥‥‥‥156
　　三、綜合說‥‥‥‥‥‥‥‥‥‥‥‥‥158
　　四、圓融說‥‥‥‥‥‥‥‥‥‥‥‥‥159
　第四節　小結‥‥‥‥‥‥‥‥‥‥‥‥‥162
第五章　至德之世‥‥‥‥‥‥‥‥‥‥‥‥165
　第一節　對「德治」的批判‥‥‥‥‥‥‥165
　　一、古人之糟魄‥‥‥‥‥‥‥‥‥‥‥169
　　二、孰知天下之正色哉‥‥‥‥‥‥‥‥172
　　三、仁義的「異化」‥‥‥‥‥‥‥‥‥176

　　四、聖人不死，大盜不止 ……………………… 178
　第二節　明王之治——《莊子》的「道治」思想· 183
　　一、明王之治 …………………………………… 183
　　二、應時而變 …………………………………… 187
　　三、無知無欲 …………………………………… 190
　第三節　小結 …………………………………… 195
第六章　結　論 …………………………………… 199
參考書目 …………………………………………… 221
表　次
　莊子生卒年異說表 ……………………………… 8
　《莊子》的作者 …………………………………… 10
　「三言」中的角色 ……………………………… 42
　「心齋」與「坐忘」的工夫比較表 ……………… 91
　「至人」之「理想人格工夫分類表」 …………… 98
　至人〈內篇〉與〈外、雜篇〉間之異同 ……… 101
　「神人」之「理想人格工夫分類表」 …………… 108
　神人〈內篇〉與〈外、雜篇〉間之異同 ……… 109
　「聖人」之「理想人格工夫分類表」 …………… 117
　聖人〈內篇〉與〈外、雜篇〉間之異同 ……… 124
　「眞人」之「理想人格工夫分類表」 …………… 131
　眞人〈內篇〉與〈外、雜篇〉間之異同 ……… 133
　「兀者」之眞實性諸家之注文 ………………… 140

# 第一章　導　論

## 第一節　撰寫動機

　　中國沒有「哲學」，是民國以來多數知識份子的看法。當然「哲學」一詞並非中國所本有者，但中國文化中眞無「哲學」一詞中所蘊含之意義嗎？牟宗三〔註1〕於《中國哲學的特質》中澄清了此疑問，云：

> 什麼是哲學？凡是對人性的活動所及，以理智及觀念加以反省說明的，便是哲學。〔註2〕

由此觀點出發，中國文化中當然是有哲學的，只不過不同於「希臘傳統」的哲學，中國哲學特重「主體性」與「內在道德性」，是以「生命」爲中心。牟宗三於《中國哲學十九講》中，亦云：

> 中國文化在開端處的著眼點是在生命，由於重視生命、關心自己的生命，所以重德。德性這個觀念只有在關心我們自己的生命問題的時候才會出現。這個關心自己的生命，並不是生物學的關心。……關心我們的生命要從德性方面講，從德性上關心生命這個態度根本就是從知識的態度跳出來提高一層，這是屬於實踐的問題。……那麼中國人爲什麼重視德性而不用知識的態度講呢？因爲中國人一開端的時候就是關心自己的生命，他根本從頭就是從實踐上來關心的。〔註3〕

---

〔註1〕　此處本應尊稱牟宗三爲「先生」，然於學術論文之立場，故直以其名書之，特此聲明，非有不敬之意。

〔註2〕　牟宗三：《中國哲學的特質》（台北：台灣學生書局，1998.5 再版九刷），頁4。

〔註3〕　牟宗三：《中國哲學十九講》（台北：台灣學生書局，2002.8），頁45～46。

中國人的關心生命，並非著意於自然生命的延長及如何滿足生理感官之欲
望，而是跳脫知識層自德性上論，由實踐上關心自己的生命。由此可知，中
國哲學重在「實踐」，並非重在「思辨」。而中國思想的三大傳統──儒、釋、
道三家中，學者多以儒家為主流，而將道家視作附庸，如牟宗三即將道家視
作「太陰教」，可輔助屬「太陽教」的儒家〔註4〕。但陳鼓應卻一反常論，提
出「道家主幹說」〔註5〕。姑且不論何種說法為是，但多數學者論及道家思想
時，總免不了帶有幾分遺憾的意味，而將道家思想視作一種出世、避世的消
極思想。然而筆者閱讀《老子》、《莊子》時，總以為這樣地定位道家思想有
欠公允。如徐復觀云：

> 在我國傳統思想中，雖然老、莊較之儒家，是富於思辨地形上學的
> 性格；但其出發點及其歸宿點，依然是落實於現實人生之上。〔註6〕

雖然老莊思想與儒家相較，的確較富於思辨的意味，但不可據此以為老莊思
想重「思辨」，正如前牟宗三所論，中國哲學是以「生命」為中心，道家思想
亦不例外，其出發點與目的仍是落在現實人生、現實生命之上，只不過其思
想進路不同於儒家，但仍是在解決「生命」的哲學，故不當僅是消極地教人
出世、避世才是。

基於此，遂興起研究道家思想的念頭，而道家思想中，特別鍾情於莊子。
一來，《莊子》中有許多故事，讀來既能滿足人的無限想像，又較貼近於現實
人生；其次，《莊子》中所描繪之境界，總使人不自覺地嚮往。至於《莊子》
一書的研究，歷年來的著作頗多，分別由不同的面相、角度對《莊子》進行
討論，故若欲以《莊子》為題作研究論文，實難以再別出心裁。反覆思索過

---

〔註4〕 牟宗三云：「佛老俱是太陰教的自由。……太陰教之自由亦有其輔助消導沖淡
之作用。它可以將太陽教之自由中所產生出的界限、分際、剛烈、爭執，予
以清涼沖淡之消化，而使之更能順適與調暢。這是太陰教中之消極的自由之
極大的作用。」《才性與玄理》，頁 375～376。又謂「它只如其自性而起清涼
沖淡的作用，如是它亦可輔助消導太陽教之自由系統而順適調暢之。它的無
為無執徹底散開之相忘的虛靈精神，（此即所謂沖淡自在），亦正可以說是太
陽教之自由系統之保護神。（說保母更恰）。太陰不只是清涼，亦是母道。」《才
性與玄理》，頁 377。

〔註5〕 陳鼓應：《老莊新論》（台北：五南圖書出版股份有限公司，2007.2 三版）一
書即持此立場。

〔註6〕 徐復觀：《中國藝術精神》（台北：臺灣學生書局，1998.5 第十二次印刷），頁
46。

後仍不放棄，但爲避免所書寫者僅爲「泛論」性質的論文，故只取單一的角度對《莊子》進行討論。

既然中國哲學是以「生命」爲中心，本文便以「生命」的角度切入《莊子》，以瞭解莊子是如何看待人主體生命、又是如何安頓人主體生命？當然此種安頓，並非「生物學」上的安頓，即不是在處理自然生命的問題，而是專指個體心理、精神境界上的問題。而與《莊子》「生命」安頓有關的問題，一是「內聖」，一是「外王」。

關於「內聖」，乃個人修身的問題，即個體如何透過自覺地作工夫達到理想境界的問題。而此方面的討論，凡研究莊子思想者，皆必須涉及，故對莊子工夫論的研究頗多。然閱讀《莊子》時，每當讀至〈逍遙遊〉「至人无己，神人无功，聖人无名」數句時，仍深感疑惑，莊子似將「至人」、「神人」、「聖人」三者視爲理想人格之境界，但何以同爲理想人格，卻有三種異稱？又〈大宗師〉中大量論述「眞人」之境，而「眞人」似乎亦爲莊子之理想人格。此外，〈外篇〉、〈雜篇〉中又有「天人」之稱。合此五者而論，何以莊子論述理想人格時需用不同之詞彙，且又對不同之詞彙作不同詮釋？莫非莊子思想中之理想人格具多重類型？若眞具多重類型，則彼此間是否有高下之別？若「至人」、「神人」、「聖人」、「眞人」、「天人」所指皆歸向最終極的理想人格，那麼此五者間究竟是爲「橫列式」之關係，抑或是「縱貫式」之關係？前者意指「至人」、「神人」、「聖人」、「眞人」、「天人」五者爲最終極理想人格不同面相之描述，而最終極之理想人格必達此五者方可構成；後者即謂「至人」、「神人」、「聖人」、「眞人」、「天人」爲達至最終極理想人格前，工夫歷程所達之不同境界。若眞爲工夫歷程所達之不同境界，則其先後次序又該如何排列？

其次，〈大宗師〉中書寫了南伯子葵與女偊間之對話，言談中區別了「聖人之道」與「聖人之材」，並表明了若無「聖人之材」，即使有了「聖人之道」亦是無法成聖。此不免使人懷疑，是否成聖需具先天之材質，若無「聖人之材」，則終生無成聖之機會，則此「聖人」便失其普遍性，而成一特殊個體。筆者以爲中國「儒、釋、道」三大傳統中，儒、釋二家皆肯定了人人皆能成聖、成佛之可能，如此對於廣大的百姓方具吸引力，若獨道家提倡成聖須具先天之材質，則百姓終其一生作工夫，最終只因材質之不足而無法達至聖人之境，不免殘忍，亦失去使人相信之力量，故必先承認人人皆可成聖，此學說方具吸引力，百姓方有求道之欲望。

　　至於「外王」，乃屬社會問題，道家理想之社會乃「無爲而治」，但「無爲」卻最爲人所詬病，往往被誤解作「無所事事」。此外，《莊子》中云：「同與禽獸居，族與萬物並，惡乎知君子小人哉！同乎无知，其德不離；同乎无欲，是謂素樸；素樸而民性得矣。」（〈馬蹄〉，頁 336）、「不尚賢，不使能。」（〈天地〉，頁 445）、「古者民不知衣服，夏多積薪，冬則煬之，故命之曰知生之民。」（〈盜跖〉，頁 995），諸如此類之主張，引起學者之反目，而評之曰「愚民主義」、「無君論」、「無政府主義」、「倒退的思想」。面對學者「無所事事」、「愚民主義」、「無君論」、「無政府主義」、「倒退的思想」等指控，讓人懷疑在《莊子》思想中是否真有意解構原本之社會架構，而建立一套「道家式的社會論」。正因此緣故，遂激起筆者對《莊子》的社會思想進行較深入的討論。

## 第二節　莊子其人其書

　　關於莊子的生平，史書中之記載甚爲簡略〔註7〕，故後世對於其姓名、籍貫、生卒年等背景，皆各持其所據而有不同之看法，討論者雖多，但皆未能直接提出有力之證據。而《莊子》之篇章與作者，在學界上亦是有許多不同看法，但同樣並無直接有力的證據可資證明。故於新證據發現前，對於莊子的生平與《莊子》的篇章、作者，大抵以整理前輩學者所論爲主。

### 一、名字

　　莊子姓莊名周，字子休。

　　按《史記‧老子韓非列傳第三》中之記載「莊子者，……名周。」〔註8〕

---

〔註7〕「莊子者，蒙人也，名周。周嘗爲蒙漆園吏，與梁惠王、齊宣王同時。其學無所不闚，然其要本歸於老子之言。故其著書十餘萬言，大抵率寓言也。作漁父、盜跖、胠篋，以詆訿孔子之徒，以明老子之術。畏累虛、亢桑子之屬，皆空語無事實。然善屬書離辭，指事類情，用剽剝儒、墨，雖當世宿學不能自解免也。其言洸洋自恣以適己，故自王公大人不能器之。楚威王聞莊周賢，使使厚幣迎之，許以爲相。莊周笑謂楚使者曰：『千金，重利；卿相，尊位也。子獨不見郊祭之犧牛乎？養食之數歲，衣以文繡，以入大廟。當是之時，雖欲爲孤豚，豈可得乎？子亟去，無污我。我寧游戲污瀆之中自快，無爲有國者所羈，終身不仕，以快吾志焉。』」〈老子韓非列傳第三〉《新校本二十五史‧史記（三）》（台北：鼎文書局），頁 2143～2145。
〔註8〕〈老子韓非列傳第三〉《新校本二十五史‧史記（三）》，頁 2143。

又《莊子》中〈齊物論〉〔註9〕、〈山木〉〔註10〕、〈外物〉〔註11〕、〈天下〉〔註12〕諸篇中莊子皆自稱「莊周」，故莊子名「周」當無疑問。然莊子之字則歷來多所辯駁，唐陸德明撰《經典釋文序錄》中於「莊子者，姓莊，名周」下注「太史公云：字子休。」〔註13〕，而唐西華法師成玄英撰〈莊子序〉中亦云：「字子休」〔註14〕，然查今本〈莊子傳〉中並未論及其字，反倒是唐司馬貞《史記‧越王句踐世家索隱》中稱莊周爲子休，以爲是其字也。合言之，陸德明、成玄英、司馬貞皆以「子休」爲莊子的字，而三人同爲唐朝人。此不禁使人生疑，何以司馬遷去古未遠，卻未於莊子本傳中記載莊子的字，反倒是陸德明等三人生於唐朝，竟記載了莊子的字，即便陸德明自稱引司馬遷之說，但不知其所據爲何？或許唐朝時眞可見此記載，然今已亡佚。而莊萬壽由聲韻之角度提供了另一個觀點，其以爲「子休」乃「周」的反切語，可能爲六朝時的史書中以「子休反」注「周」字之音，後世遺漏「反」字，又併入正文，遂加「字」字而誤，並非莊子的字。〔註15〕然查《廣韻》「周」乃

---

〔註 9〕 「昔者莊周夢爲胡蝶，栩栩然胡蝶也，自喻適志與！不知周也。」郭慶藩輯：《莊子集釋》（台北：河洛圖書出版社，1980.8 臺影印初版），頁 112。

〔註 10〕 「莊周遊於雕陵之樊，覩一異鵲自南方來者，翼廣七尺，目大運寸，感周之顙而集於栗林。莊周曰：『此何鳥哉，翼殷不逝，目大不覩？』褰裳躩步，執彈而留之。覩一蟬，方得美蔭而忘其身；螳蜋執翳而搏之，見得而忘其形；異鵲從而利之，見利而忘其眞。莊周怵然曰：『噫！物固相累，二類相召也！』捐彈而反走，虞人逐而誶之。」郭慶藩：《莊子集釋》，頁 695。

〔註11〕 「莊周家貧，故往貸粟於監河侯。監河侯曰：『諾。我將得邑金，將貸子三百金，可乎？』莊周忿然作色曰：『周昨來，有中道而呼者。周顧視車轍中，有鮒魚焉。周問之曰：「鮒魚來！子何爲者邪？」對曰：「我，東海之波臣也。君豈有斗升之水而活我哉？」周曰：「諾。我且南遊吳、越之王，激西江之水而迎子，可乎？」鮒魚忿然作色曰：「吾失我常與，我无所處。吾得斗升之水然活耳，君乃言此，曾不如早索我於枯魚之肆！」』郭慶藩：《莊子集釋》，頁 924。

〔註12〕 「莊周聞其風而悦之，以謬悠之說，荒唐之言，无端崖之辭，時恣縱而不儻，不以觭見之也。」郭慶藩：《莊子集釋》，頁 1098。

〔註13〕 「莊子者，姓莊，名周，（太史公云：字子休。）」郭慶藩：《莊子集釋》，頁 4。

〔註14〕 「其人姓莊，名周，字子休，生宋國睢陽蒙縣，師長桑公子，受號南華仙人。」郭慶藩：《莊子集釋》，頁 6。

〔註15〕 「『周』字職流切，照母尤韻。『子』即里切，精母。『休』許尤切，尤韻。正齒音照母乃由齒頭音精母所變，則『子休』正是『周』字切語，或是六朝史記有以『子休反』注『周』字之音，後遺其『反』字，而入正文，乃加『字』字而誤。」見莊萬壽：《莊子學述》（台北：國立台灣師範大學國文研究所碩士論文，林景伊先生指導，1968），頁 3～4。

爲「職流切」〔註16〕，反切上字「職」爲照母字，上古歸端母字〔註17〕；而「子休反」之反切上字「子」乃精母字，上古仍爲精母字。以聲韻學角度觀之，端母、精母上古聲類不同，故「子休反」並無法切出周字之音，故知莊萬壽之說誤矣。今暫從多數學者之見，將「子休」視作莊子的字。

## 二、籍貫

關於莊子的居邑，大抵有兩種說法：

### 1、宋之蒙人

按《史記·老子韓非列傳》中之記載「莊子者，蒙人也。」〔註18〕而司馬貞《索隱》引劉向〈別錄〉亦云：「宋之蒙人也。」〔註19〕漢高誘《呂氏春秋·必己》〔註20〕及《淮南子·脩務》〔註21〕注中皆稱莊子爲宋之蒙人。

### 2、梁之蒙人

按唐陸德明撰《經典釋文序錄》云：「梁國蒙縣人也。」〔註22〕《史記·老子韓非列傳第三》裴駰《集解》、司馬貞《索隱》皆云：「地理志蒙縣屬梁國。」〔註23〕

此二說皆承認莊子爲蒙人，所不同者即在其究竟爲「宋」或「梁」。當然，也許宋或梁皆有「蒙」地，則兩種說法所指地點便不同。而依《史記·宋微子世家第八》云：「王偃立四十七年，齊湣王與魏、楚伐宋，殺王偃，遂滅宋而三分其地。」〔註24〕宋康王偃時，宋國被齊、魏、楚三國滅掉，並瓜分宋

〔註16〕陳彭年等：《新校正切宋本廣韻》（台北：黎明文化事業股份有限公司，1999.11十七刷），頁206。

〔註17〕關於「四十一聲紐」之歸類，詳見陳新雄：《聲韻學》（台北：文史哲出版社，2005.9初版），頁127。

〔註18〕〈老子韓非列傳第三〉《新校本二十五史·史記（三）》，頁2143。

〔註19〕〈老子韓非列傳第三〉《新校本二十五史·史記（三）》頁2144。

〔註20〕高誘於《呂氏春秋·必己》「見木甚美長大，枝葉盛茂」下注「莊子名周，宋之蒙人也。」參見楊家駱主編：《諸子集成·第六冊·呂氏春秋》（上海：世界書局，1935.12初版），頁35。

〔註21〕高誘於《淮南子·脩務》「惠施死而莊子寢說言，見世莫可爲語者也。」下注「莊子名周，宋蒙縣人。」參見楊家駱主編《淮南子注》（台北：世界書局，1969.8三版），頁342。

〔註22〕「梁國蒙縣人也。六國時，爲漆園吏，與魏惠王、齊宣王、楚威王同時，（李頤云：與齊愍王同時）。」郭慶藩：《莊子集釋》，頁4。

〔註23〕〈老子韓非列傳第三〉《新校本二十五史·史記（三）》，頁2144。

〔註24〕〈宋微子世家第八〉《新校本二十五史·史記（二）》，頁1632。

地。而據《地理志》云：「宋地，今之梁國。」蓋戰國時期蒙屬於宋地，漢時則屬梁國，同一地方因時代不同而名稱有別，乃今山東荷澤縣北。故可知莊子確為戰國時期宋之蒙人。

## 三、生卒年

　　關於莊子的生卒年，因史書所記甚為簡略，各家或依史書之記載，或依《莊子》中的記載推論之，甚為紛雜，所推論出的生卒年時間亦不同。崔大華依照各家立論之根據，歸納為三類：第一類乃依據《史記・老子韓非列傳》中所提及的三個君王在位期間的線索來確定。「……與梁惠王、齊宣王同時。……楚威王聞莊周賢，使使厚幣迎之，許以為相。」〔註25〕，按梁惠王、齊宣王、楚威王三位君王在位期間判定。梁啓超《先秦學術年表》即依此判定之。第二類是依據《莊子》中所記述的相關人物、事件之年代來考定。大抵而言有五項根據：一、〈徐无鬼〉「莊子送葬，過惠子之墓。」（頁843）；二、〈秋水〉「昔者堯舜讓而帝，之噲讓而絕。」（頁580）；三、〈列禦寇〉「今宋國之深，非直九重之淵也；宋王之猛，非直驪龍也。」（頁1061～1062）；四、《莊子》中記事最後者為公孫龍和趙惠文王。〈徐无鬼〉中記載莊子對惠子說：「然則儒墨楊秉四，與夫子為五，果孰是邪？」（頁838）；五、〈至樂〉記載莊子妻死，莊子鼓盆而歌。前來弔唁的惠子斥責他：「與人居，長子老身，死不哭亦足矣，又鼓盆而歌，不亦甚乎！」（頁614）。馬敘倫《莊子年表》、錢穆《先秦諸子繫年》等，即據此判定之。第三類便是依《史記・老子韓非列傳》及《莊子》以外的線索來判定。〔註26〕主要依據有二：一、莊子與齊湣王同時。李頤云：「與齊湣王同時」〔註27〕。二、莊子後於孟子。《朱子語類》記曰：「問：『孟子與莊子同時否？』曰：『莊子後得幾年，然亦不爭多。』」〔註28〕范文瀾即依此斷定。

　　而黃錦鋐曾將近人對莊子生卒年之推斷整理成「莊子生卒年異說表」，以下將此表列出：

---

〔註25〕〈老子韓非列傳第三〉《新校本二十五史・史記（三）》，頁2143～2145。
〔註26〕參見崔大華：《莊學研究》（北京：人民出版社，1992.11第一版），頁2～6。
〔註27〕唐陸德明《經典釋文序錄》於「楚威王同時下」引「李頤云：『與齊湣王同時。』」郭慶藩：《莊子集釋》，頁4。
〔註28〕《朱子語類》卷一百二十五（北京：中華書局，1986），頁5。

| 莊子生卒年異說表〔註29〕 | | | | |
|---|---|---|---|---|
| 主張者 | 生　年 | 卒　年 | 所見書刊 | 備　註 |
| 胡適 | | 紀元前二七五年左右 | 《中國哲學史大綱‧上卷》〔註30〕 | |
| 錢穆 | 紀元前三五九年間 | 紀元前二八九～二七九年間 | 《先秦諸子繫年》〔註31〕 | |
| 葉國慶 | 紀元前三六〇年左右 | 紀元前二九〇年左右 | 《莊子研究》〔註32〕 | |
| 胡哲敷 | 紀元前三八〇年左右 | 紀元前二八六年左右 | 《老莊哲學》〔註33〕 | 修正馬敘倫之說 |
| 郎擎霄 | 紀元前三九〇至三七〇年 | 紀元前三一七年至二九〇年 | 《莊子學案》〔註34〕 | |
| 鄔昆如 | 紀元前三六九年 | 紀元前二八六年 | 《莊子與古希臘哲學中的道》〔註35〕 | |

〔註29〕參見黃錦鋐：《莊子及其文學》（台北：東大圖書，1984.9 再版），頁 5～6。為求謹慎，故依黃錦鋐表中所列之各家出處，一一尋求原書以證之。唯其中三位「佚名」者，難尋其出處，故僅據黃錦鋐所列。

〔註30〕參見胡適：《中國哲學史大綱‧卷上》（北京：東方初版社，1996.3 第一版），頁 223。

〔註31〕參見錢穆：《先秦諸子繫年》云：「《史記‧老莊列傳》：『楚威王聘莊子為相，莊子却之。』《莊子‧秋水篇》亦云：『莊子釣於濮水，楚王使二大夫往。』《釋文》司馬曰：『威王也。』事雖不必信，然可以證莊子與楚威王同時。又〈徐无鬼篇〉：『莊子送葬，過惠子之墓。』惠施卒在魏襄王九年前，若威王末年莊子年三十，則至是年四十九。若威王元年莊子年三十，則至是年六十。以此上推，莊子生年當在周顯王元年十年間，若以得壽八十計，則其卒在周報王二十六年至三十六年間也。又考〈徐无鬼〉，莊子送葬，述及宋元君。宋元君乃偃王太子，其為君當國，當在魏襄王二十年時。惠施已死十年外矣。莊子是時年在六十七十間，其卒年尚當在此後十年二十年間也。《史記》又云：『周與梁惠王齊宣王同時。』以余推定，周蓋歷齊威宣，梁惠襄，晚年及齊湣魏昭耳。」（台北：東大圖書，1986.2 台北東大初版）頁 269～270。

〔註32〕參見葉國慶等：《莊子研究論集》（台北：木鐸出版社，1983.4 再版），頁 2～4。

〔註33〕按黃錦鋐此處本列《老莊研究》，然今已不得見此書，但胡哲敷另有《老莊哲學》一書，亦論及莊子的生平，故此處改列《老莊哲學》。胡哲敷：《老莊哲學》（台北：台灣中華書局，1987.12 九版），頁 21～22。

〔註34〕參見郎擎霄：《莊子學案》（台北：河洛圖書出版社，1974.12 臺景印初版），頁 2～4。

〔註35〕參見鄔昆如譯著：《莊子與古希臘哲學中的道》（台北：台灣中華書局 1972.5 初版），頁 66。

| 莊子生卒年異說表〔註29〕 | | | | |
|---|---|---|---|---|
| 主張者 | 生　年 | 卒　年 | 所見書刊 | 備　註 |
| 馬夷初 | 紀元前三七〇年（周烈王六年） | 紀元前二九五年（周赧王二十年） | 《莊子年表》〔註36〕 | |
| 佚名 | 紀元前三七五年（周烈王元年） | 紀元前二九五年（周赧王二十年） | 《新月》第二卷第九期（民國十八年） | |
| 陳元德 | 紀元前約三五〇年 | 約紀元前二七〇左右 | 《中國古代哲學史》〔註37〕 | |
| 莊萬壽 | 紀元前三七〇年前後 | 紀元前三〇〇年前後 | 《莊子學述》〔註38〕 | |
| 張成秋 | 約紀元前三七〇年 | 約紀元前三〇〇年 | 《莊子篇目考》〔註39〕 | 與莊萬壽《莊子學述》同 |
| 梁啓超 | 紀元前三七〇年左右 | 紀元前三一〇年至三〇〇年 | 《先秦學術表》 | |
| 佚名 | 約紀元前三七〇年 | 約紀元前二七五年 | 《莊周哲學之辯證觀》 | 綜合郎擎霄、梁啓超、胡適之說 |
| 佚名 | 紀元前約三九八年（周安王四年） | 約紀元前三〇九年（周赧王六年） | 《莊子新傳》（中日文化月刊第三卷第一期） | |
| 陳品卿 | 約西元前三七〇年左右 | 西元前三〇〇年左右 | 《莊學新探》〔註40〕 | 綜合各家之說法 |
| 王叔岷 | 西元前三六八年（周顯王元年） | 西元前二八八年（周赧王二十七年） | 《先秦道法思想講稿》〔註41〕 | |

　　依照諸家的推論，多主張莊子生於西元前三七〇年左右，最早不過於西

〔註36〕　參見葉國慶等：《莊子研究論集》，頁371～384。
〔註37〕　參見陳元德：《中國古代哲學史》（台北：台灣中華書局，1978.9臺四版），頁267。
〔註38〕　參見莊萬壽：《莊子學述》，頁8～23。
〔註39〕　參見張秋成：《莊子篇目考》（台北：台灣中華書局，1971.7初版），頁3。
〔註40〕　參見陳品卿：《莊學新探》（台北：文史哲出版社，1983.3初版），頁5。按黃錦鋐所羅列僅至上筆資料，自陳品卿《莊學新探》起，乃筆者所續列之。
〔註41〕　參見王叔岷：《先秦道法思想講稿》（台北：中央研究院中國文哲研究所，1992.5初版），頁63。

元前三九八年，最晚不遲於西元前三五九年；而莊子的卒年，多數推論出西元前三〇〇年左右，最早不過於西元前三一七年，最晚不遲於西元前二七〇年。然而諸家推論之依據，不外乎崔大華所歸納出的三類，實難得出一較確切的年代，因此從大多數學者之說，以為莊子生於西元前三七〇年左右，卒於西元前三〇〇年左右。

## 四、《莊子》的作者

當今傳世的《莊子》三十三篇，各篇作者之認定亦是眾說紛紜，以下將諸家之說製成表格〔註42〕：

| 篇　名 | 主　張　者　姓　名 | | | | |
| --- | --- | --- | --- | --- | --- |
| | 葉國慶 | 羅根澤 | 胡芝薪 | 蔣復璁 | 佚　名 |
| 逍遙遊 | 莊子自著 | | 莊子自著後人增補 | 莊子弟子所記 | |
| 齊物論 | 〃 | | 莊子自著 | 〃 | |
| 養生主 | 〃 | | 〃 | 〃 | |
| 人間世 | 學莊者所作 | | 漢儒偽作 | 〃 | |
| 德充符 | 莊子自著 | | 後人偽撰 | 〃 | |
| 大宗師 | 〃 | | 疑而未決 | 〃 | |
| 應帝王 | 〃 | | 〃 | 〃 | |
| 駢拇 | 秦漢間人所作 | 戰國末年左派道家所作 | 莊子自著 | 秦漢間之學者 | 老子後學左派所作 |
| 馬蹄 | 〃 | 〃 | 〃 | 〃 | 〃 |
| 胠篋 | 〃 | 〃 | 〃 | 〃 | 〃 |
| 在宥 | 漢代作品 | 〃 | 莊子佚文後人增補 | 後人竄入 | 〃 |
| 天地 | 〃 | 漢初右派道家所作 | 漢儒所為 | 孔門之徒所作 | 宋鈃尹文學派後學所作 |
| 天道 | 〃 | 〃 | 錄自傳說 | 漢後所附益者 | 〃 |
| 天運 | 〃 | 〃 | 漢武帝以後所作 | 憤激者所為 | 〃 |

〔註42〕本表格乃錄自黃錦鋐：《新譯莊子讀本》，頁46～49。然為求謹慎，仍核以原書，唯胡芝薪、蔣復璁與佚名之說，今已不復見，故依黃錦鋐之表錄之。

| 篇 名 | 主 張 者 姓 名 | | | | |
|---|---|---|---|---|---|
| | 葉國慶 | 羅根澤 | 胡芝薪 | 蔣復璁 | 佚 名 |
| 刻意 | 秦漢間人所作 | 秦漢神仙家所作 | 戰國末年導引之士所爲 | 秦漢間之學者 | 〃 |
| 繕性 | 〃 | 〃 | 〃 | 〃 | 〃 |
| 秋水 | 學莊者所作 | 莊子弟子後學所作 | 漢人僞撰 | 後世學者想像之作 | 莊子後學所作 |
| 至樂 | 衍莊學者所作 | 老子學派所作 | 漢代五行家所作 | 淺學者所爲 | 〃 |
| 達生 | 學莊者所作 | 莊子弟子後學所作 | 漢人之筆 | 莊子弟子所輯 | 〃 |
| 山木 | 〃 | 〃 | 莊子弟子所作 | 〃 | 〃 |
| 田子方 | 〃 | 〃 | 莊子自著漢儒輯補 | 〃 | 〃 |
| 知北遊 | 〃 | 戰國末期作品 | 後人僞撰 | 〃 | 〃 |
| 庚桑楚 | 〃 | 老子派作品 | 莊子自著漢人輯逸潤色 | 後世學莊者所爲 | 〃 |
| 徐无鬼 | 衍莊學者所作 | 道家雜俎 | 莊子自著漢儒輯補 | 〃 | 莊子後學逸文漢人編輯 |
| 則陽 | 學莊者所作 | 老莊混合派所作 | 漢代五行家之說錄自傳說 | 〃 | 〃 |
| 外物 | 衍莊學者所作 | 西漢道家所作 | 莊子自作後人增補 | 秦漢之際學者所爲 | 〃 |
| 寓言 | 漢作品 | 莊子弟子後學所作 | 原爲序跋後人收入 | 後世學莊者所爲 | 〃 |
| 讓王 | 〃 | 漢初道家隱逸派所作 | 莊子之徒所作 | 僞作 | 楊朱後學所作 |
| 盜跖 | 〃 | 戰國末道家所作 | 漢人僞撰 | 〃 | 〃 |
| 說劍 | 〃 | 戰國末縱橫家所作 | 錄自傳說 | 〃 | 莊辛所作 |
| 漁父 | 〃 | 漢初道家隱逸派所作 | 〃 | 〃 | 楊朱後學所作 |

| 篇 名 | 主　張　者　姓　名 | | | | |
|---|---|---|---|---|---|
| | 葉國慶 | 羅根澤 | 胡芝薪 | 蔣復璁 | 佚 名 |
| 列禦寇 | 衍莊學者所作 | 道家雜俎 | 漢五行家之文 | 學莊者所為 | 莊子後學逸文漢人編輯 |
| 天下 | 漢作品 | 莊子所作 | 郭象莊子全書之序文 | 後人綜論百家流別之文 | 莊子自作後序 |
| 所見書刊 | 《莊子研究》〔註43〕商務人人文庫本 | 《諸子考察》〔註44〕泰順書局 | 民國二十六年文學年報第三期 | 圖書館季刊第二卷第一期 | 莊子外雜篇初探 |

　　目前對於《莊子》作者之認定，由義理角度觀之，一般以為〈內篇〉義理較為精純，故為莊子所做；而〈外篇〉、〈雜篇〉思想較為駁雜，故為莊子後學所做，在無新的論證出現前，學者大抵從此說。

## 第三節　前人研究成果之省察

　　關於《莊子》思想的研究，歷年來研究成果頗豐，而各家論述觀點不同，與本論文題旨相關者，大致可分作二類：

### 一、綜論類

　　民國以來，對莊子乃至於先秦道家思想作過全面且完整論述者，首推牟宗三，其於《中國哲學十九講》、《圓善論》、《才性與玄理》、《莊子齊物論義理演析》、《四因說演講錄》等書中，結合了東、西方哲學思想，對道家作全面地剖析，因而提出「境界型態的形而上學」、「縱貫橫講」、「道家式的存有論」、「作用的保存——聖、智、仁、義」、「正言若反」、「太陰教與太陽教」等全新之概念，一掃常人對道家思想「玄」的想法。於其思想架構體系下，以為道家沒有「是什麼」之問題，即無「實有層」，僅有「作用層」，只在問「如何」更好的表現，故將道家定位在「輔助」之角色，對儒家思想有輔助之功。

　　此外，唐君毅於《中國哲學原論・原道篇弍》一書中，對道家思想之起

---

〔註43〕參見葉國慶：《莊子研究》（台北：台灣商務印書館，1971），頁38～41。或葉國慶等：《莊子研究論集》，頁38～41。
〔註44〕羅根澤：《莊子攷索》（台北：泰順書局，1970），頁282～312。

源及發展進行完整之論述，並以為《莊子》「內篇」必須與「外、雜篇」分而論之。其以「成為至人神人真人之道」之觀點貫穿〈內篇〉思想，對〈內篇〉一一剖析。然其以為《莊子》書中對顏淵較為崇敬，再加以莊子思想某些部分類於儒家，因而判定莊子乃是顏淵一派，仍是隸屬於儒家。

而徐復觀《中國人性論史・先秦篇》中，亦對道家思想作了全面之分析。並藉由「道」、「天」、「德」、「心」、「性」等名詞的分析，對莊子思想進行詮釋。此外，於《中國藝術精神》一書中，更一反常論，改由「藝術精神」之角度並結合西方藝術思想，對莊子思想進行分析，說明莊子對中國藝術之影響。

## 二、人物與政治類

關於《莊子》中人物之討論，相關之著作有：

※葉程義：《莊子寓言研究》（台北：文史哲出版社，2004.9 初版二刷）

此書首先針對《莊子》全書之寓言人物進行分類，以「寓言」為主軸，將寓言中之人物提出，並分析寓言之屬性為「純寓言」或「重寓言」。接著便羅列出「寓言」之原文，並作簡單剖析。此書所論雖廣，但對莊子思想之闡述明顯不足。

在期刊方面，丁千惠曾對《莊子》中人物作過一系列分析：

※丁千惠：〈莊子修道型寓言人物的角色功能論〉，《台中商專學報──文史・社會篇》第 27 期（1995.6.1）

此文重點在人物的角色功能，大抵採用「量化」之分析，首先統計出莊子之寓言人物中，修道型共計一三二人，就全書可舉列名號的三四一人（泛稱不計）而言，此型為數最多，比例高居百分之三八・七一。接著就此型寓言人物所屬的各則寓言著手，整理個中義蘊，分析人物論辯的重心。從而理解諸寓言人物的本色，及其關注的焦點。然因〈內篇〉與〈外、雜篇〉歧異，故將修道型寓言人物所從出之〈外、雜篇〉思想分為四類：一、對內篇之旨多所發揮，能與內篇作相應的發明。二、與內篇之旨僅為形似，無法作透澈掌握。三、各類觀念並存，為雜輯之作，有別於內篇。四、剽剝儒墨，詆訾孔子，倡至德之世與重生，為莊子無何有之鄉的落實，莊子思想完全世俗化、現實化，最悖莊旨。而此文之歸納即以〈內篇〉及第一類思想為主。本文最大之特色即在對「修道型寓言人物角色的綜合研析」，其中羅列四圖表，使讀者在研讀時，透過圖表可輕易地看出其差異。

　　※丁千惠：〈虛實相生——莊子寓言人物的衍創舉隅〉，《鵝湖月刊》254
期（1996.8）

　　此文以爲莊子寓言人物有的有史傳可考，有的虛實難辨，更有的是虛構。
其中或爲懷道抱德、教示解惑的有道形象，或爲致疑問道、受教開悟的問學
形象，或爲論難折衝、譏諷詆詞的鬥士形象，更有的僅取作旁證烘托、喻襯
寄意。故將其歸納爲「修道型」、「思想型」、「政治型」、「神靈仙怪與百工範
概型」等四大類，並就各類型寓言人物中擇二、三例，剖其端緒，理其義蘊，
一探莊書寓言人物衍創手法之梗概。

　　※丁千惠：〈因名見義——論莊子的寓名人物〉，《鵝湖月刊》255 期（1996.9）

　　此文旨在論《莊子》中寓言人物無中生有之方式，約有五種：一、寓託
爲上古得道之人或其徒屬，賦予確切名號。二、因名見義，指說其有——或
以其德爲名，或以居處爲號，更或以其殘形全德稱之。三、寓設其名，指說
其有——或隱者賢人，或遊士德偏，或諸子之屬，或政壇人物，或百工之屬。
四、指說其有，範概爲稱，不具名號——或爲一國之君，或爲百工巫、屠、
匠、工、漁、牧等，又或以其特技、特色、官職、地名爲稱，視其需求，多
所網羅。五、神靈仙怪，幻詭爲稱。此文即在論第二種，此類寓言人物之特
點，要在藉其寓意而托爲人名，故冠以寓名人物一詞，可謂切當。

　　※李治華：〈莊子之——聖人、眞人、至人、神人及天人的層次理論〉，《人
文及社會學科教學通訊》第七卷第五期（1997.2）

　　此文乃據莊子〈內篇〉及〈天下〉篇，深入論列聖人、眞人、至人、神
人及天人之層次高下。然其以爲〈天下〉篇外，餘〈外、雜篇〉，當非莊子所
作，故其用詞亦不必合於莊子，故對涉及以上諸人的用詞，即「存而不論」。
而此文論述時以境界（可稱爲「本位境界」）入手，分析出兩種主張：此諸人
並無次第，僅爲全德之不同指稱，仍是指一種人，此種觀點亦可稱之爲「圓
頓」觀，即此諸人皆可頓顯圓德（最高境界）；而若言此諸人有高下之分，即
爲體證上的超升次第，此種觀點則可稱之爲「圓漸觀」，此諸人乃漸次展現圓
德。如此，便可從此諸人的涵義中，充分建立出莊子的「圓頓教」與「圓漸
教」。此文以爲莊子實兼具二旨，並未明顯說出諸人的次第，暗示著莊子有意
走圓頓之路；但細究此諸人之境界，卻又可發覺有著高下之分，說明著莊子
並未忽略圓漸之途。其實，圓頓教彰顯出圓融的理境精神，圓漸教強調出體
道歷程中理所當具的次第，頓漸兩教合則雙美，離則兩傷，並不相悖，這亦

正是莊子兼具二旨的高明處。此文旨在分析其中不同理想人格境界高低，並提出「圓頓教」與「圓漸教」說明之，然因篇幅之限，故對於理想人格之論述較少涉及其工夫論。

※蔡忠道：〈先秦儒道的聖人論試析〉，《宗教哲學》第三卷第四期（1997.10）

此文乃由先秦儒道聖人論之演變，分析其中儒道互補的現象，藉此釐清先秦儒道聖人論的義理脈絡，並由其發展中，看出儒道兩家思想上之互補、滲透及影響。論述上，分別對孔子、孟子、荀子、老子、莊子等五人之理想人格進行分析，最後總結以為儒、道二家進路雖有不同，內聖外王之理路架構、以德、業為聖人之內涵則相同。此文之題旨過大，分別涵蓋了儒家與道家之重要代表，然其篇幅過小，故論述時總有未盡處，大抵僅能對儒、道二家之聖人論作初步認識，然若欲往後追問便有所不足。

※林順夫：〈以無翼飛者：《莊子‧內篇》對於最高理想人物的描述〉，《中國文哲研究集刊》第二十六期（2005.3）

本篇因《莊子》全書的作者、寫成年代，以及編纂的諸多繁雜問題，故僅取內篇中所述為範圍，討論「聖人」、「至人」、「神人」、「真人」等是否有等次之別，抑或是同指最高的理想人物，並由之論《莊子》之描述散文藝術。因〈內篇〉裏直達理想人格的章節間，存在許多雷同、近似或稍有更動的細節和語句，故此文借電影配樂裏「主題樂曲變奏」之配曲技巧，以解析《莊子‧內篇》裏這個很特出的寫作手法。其發現《莊子‧內篇》中之聖人、至人、神人和真人大抵皆有「飛」之本事，因有許多細節以及「飛昇的主樂曲」之前後呼應，這些分散於各篇的描述，便成為同是描寫理想人物這一主題的形形色色之變奏。以「主題變奏」來分析莊子的散文藝術，一方面可看出莊子行文之極富變化，另一方面亦能欣賞〈內篇〉之文章，於其多變中自有其美妙之藝術的一貫、整體性。且莊子所以能成為中國偉大散文家，主要原因即是能善用「主題變奏」之手法。本篇採新觀點詮釋莊子「理想人格」，自有其新價值，然因所論篇幅僅侷限於〈內篇〉中，故未能照應〈內篇〉與〈外、雜篇〉間之歧異。

※高君和：《論《莊子》的人物系譜》（台北：台灣大學哲學研究所碩士論文，李日章、陳鼓應先生指導，2005.6）

此文所言之「人物系譜」，乃指排列於關係脈絡中之眾多人物，而其各自代表某種思想或觀念，即象徵著各類之思維型態，故推論人物乃呈顯《莊子》

思想之重要媒體。全文分作五章，第一章緒論，說明論文主題、方法與研究動機，並由「三言」以論證人物乃構成《莊子》文本最重要之主體。第二章，首先說明「寓言」、「重言」、「卮言」之意涵，並指出「三言」之創用乃「言」與「不言」間的產物。其次，藉由三言的提示，將莊書人物分為「寓言人物」與「重言人物」兩大類，並說明此分類方法可能遭遇的困難與解決途徑。第三章，分別由「先秦諸子」、「春秋群雄與士大夫」、「遠古帝王」這三類人物，審視莊書如何透過「重言人物」以論述其對諸子思想的批判與抉擇，對君臣關係與政治權力的態度，對傳統君王形象的解構與重建，以及莊書理想中之桃花源等議題；並由此看出，莊子哲學中最關切之問題即是如何安頓生命。第四章，分別由「形殘之人」、「非人之人」、「修道之人」，以審視莊書如何透過「寓言人物」來論道、喻道、以及其中關於修道的討論。第五章，以《莊子》人物系譜的整體概觀為結論，分別審視「重言人物」與「寓言人物」在表述莊子思想上的作用與意義。此論文對《莊子》中之人物進行全面地分析，並於文末附上《莊子》人物系譜圖、《莊子》人物群像、以及《莊子》人物出處表，對於讀者而言實為一大方便。然因本書是以人物為主軸，故對於莊子成聖之工夫論便隨人物散見於各節中。

　　※陳盈慧：《莊子聖人觀之研究》（台北：台灣師範大學國文研究所碩士論文，陳鼓應先生指導，2004.6）

　　此文論述時對於〈內篇〉與〈外、雜篇〉間之歧異，大抵以〈內篇〉之思想為主，〈外、雜篇〉之內容為輔，討論《莊子》中之聖人。全書分作六章，第一章說明研究動機、方法與預設目標。第二章中首先討論「聖人」之原始意義，接著析論「儒家」、「老子」、「墨家」之聖人觀，作為莊子聖人觀之對照。第三章中則承繼第二章，首先說明莊子對先秦聖人觀之呼應，並將莊子論述聖人觀之進路分作「以道論聖」與「以氣論聖」二類。第四章中則分析了聖人生命境界與工夫論，說明了人間世所存在之痛苦，並說明聖人之意涵。第五章中則對《莊子》書中之「至人」、「神人」、「聖人」、「真人」進行辨析，以為「至人」是以我執為重心、「神人」是以功化為重心、「聖人」是以名位為重心、「真人」是以生死為重心，並由「圓滿生命」之觀點統整此四種理想人格。第六章中析論莊子聖人觀之價值與其侷限性。此論文對於莊子之理想人格發揮詳盡，並由早期之「聖人」論起，使讀者易掌握莊子之聖人論於「聖人」的歷史中所占的地位。但其論述較忽略牟宗三、唐君毅、徐復觀等當代新儒家之觀點，略嫌不足。

　　對於莊子之政治思想，論者相較於「理想人格」之相關議題，明顯少了許多，特別是專書或單篇論文，寥寥可數，其多半收於綜合性之書籍中，如：孫廣德：《中國政治思想專題研究集》、梁啓超：《先秦政治思想史》、鄔昆如：《政治哲學》、蕭公權：《中國政治思想史‧上》等，皆是就一個時期作整體分析。眞正專論莊子政治思想者，有：

　　※蔡明田：《莊子的政治思想》（台北：台北：牧童出版社，1974.10 初版）

　　其書分作八章，對於莊子政治思想進行完整地討論。主要以「道」爲莊子之思想重心，且富藝術之價値意義，並強調莊子「無爲」、「自由」、「平等」之精神，提出「順性」主張，「順性」所以「順人」，「順人」目的在「化人」。最後說明了莊子之政治主張並非愚民思想、無政府思想，且澄清莊子並非主張「復古」。至於莊子思想則對於當代具有「濟潤焦枯」之作用。本書乃少數專以莊子政治思想爲題之著作，且又能以莊子整體思想爲架構作全面地分析。然本書成書已久，迄今已有三十餘年，其間又少有此類著作，故有必要以新時代思維重新審視莊子政治思想。

　　※陳政揚：〈莊子的治道觀〉，《高雄師大學報》第十六期（2004）

　　本篇以爲莊子是以其內聖之學爲基礎，開展出安立天下之道爲出發，進而將莊書中的治道觀區分爲三：1、以內七篇所代表的「明王之治」。2、由〈天地〉、〈天道〉、〈天運〉等篇所代表的「黃老之治」。3、以〈胠篋〉、〈馬蹄〉等篇爲代表的「反治思想」。內七篇的治道觀是通過無心以應化的「明王之治」，承繼與發揮《老子》「無爲而治」的思想。並以爲〈內篇〉中之「明王之治」應是最能代表莊子的治道理想。本篇期刊對《莊子》書中之政治思想進行系統分類，易使人充分瞭解《莊子》書中政治思想之分歧。然未深論內在工夫論，則似乎難以保證莊子理想之政治觀。

## 第四節　撰寫方式與預期成果

　　撰寫觀點方面，因〈逍遙遊〉一篇立於《莊子》全書之首，揭示了一個令人嚮往的「逍遙」境界，而此「逍遙」境界即爲《莊子》一書的最高理想與目標，其他諸篇不外乎在貫徹「逍遙」之義旨。若如此理解無誤，則所謂「理想人格」應即是能達逍遙境界的「人」，而「理想社會」即是能符合逍遙境界的社會。而全篇論文即以莊子的「理想」作爲視野，以「生命」的安頓爲主軸，由「理想人格」與「理想社會」兩個面相進行細部的討論。

　　論證方面，在第二節中我們已知《莊子》各篇的作者仍有爭議，然大體而言，〈內篇〉因思想較為精純，故判為莊子本人所做；〈外篇〉、〈雜篇〉思想較為駁雜，故判為莊子後學所做。因此論證時，主要以〈內七篇〉之思想為主，而〈外篇〉、〈雜篇〉為輔。若〈內篇〉中之思想與〈外篇〉、〈雜篇〉有所抵觸相背時，則以〈內篇〉為正，並以之涵融〈外篇〉、〈雜篇〉的思想。但〈雜篇〉中的〈寓言〉、〈天下〉二篇，雖不能肯定為莊子自作，但多數學者視其為進入莊子思想之鑰及莊子學說的總覽，故其雖列於〈雜篇〉中，但仍視同於〈內篇〉。

　　整體而言，本論文由六章構成。第一章中，主要在說明研究之動機、方式、預期成果與《莊子》相關的外圍探討。第二章中，則先說明莊子所提出之人生困境，接著說明莊子對治此人生困境所採取的媒介，即「三言」的意義與關係，以瞭解面對《莊子》語言所應採取的態度。第三章中，主要在揭示莊子的理想境界——逍遙，並透過郭象與支遁的「逍遙」，對比出莊子的「逍遙」，並瞭解莊子理想境界所可能產生的困境。第四章中，主要在探討莊子的「理想人格」。首先對《莊子‧內篇》中「至人、神人、聖人、真人」等理想人格分別進行討論，緊接著再歸結出一套達理想人格的工夫進路，最後則綜合地討論理想人格間的關連性。第五章中，主要在討論莊子的「理想社會」。首先藉莊子對儒家「德治」的批判，分析莊子對儒家理想政治的看法；接著再探討老子對莊子理想政治的影響，並說明莊子理想社會的主張；最後則據莊子的主張，描繪出理想社會的藍圖。第六章中，則綜合之前所論，以現代思潮對莊子「理想人格」與「理想社會」進行反思，以釐清莊子思想的侷限與時代意義。

　　最後，對於《莊子》之研究，前人注述眾矣，古代有向秀、郭象、成玄英等為其注疏，近代有牟宗三、唐君毅、徐復觀等大儒為其立書，義理精微。筆者自量才疏學淺，勢難超越前賢所論，唯所希冀者，在於能將《莊子》中之義理「說清楚」，並能達下列四項目標：

　　一、釐清莊子理想人格間之關係，並討論「成聖」之可能性及其工夫進路。
　　二、釐清莊子理想社會之主張，並試圖描述出理想社會之藍圖。
　　三、莊子理想人格與理想社會之侷限。
　　四、莊子理想人格與理想社會之時代意義。

# 第二章　生命困境及語言觀

## 第一節　生命的困境

由上章的討論中可知，多數學者推論出莊子約生於西元前三七〇年，卒於西元前三〇〇年，而在莊子眼中，此時期的政治、經濟、文化、學術等環境有些甚麼問題，又百姓面對當時的客觀環境，個體生命又有些甚麼問題呢？易言之，即是莊子著書所欲對治者為何耶？以下將由「外在因素」與「內在感受」二方面論述之。

## 一、外在因素

戰國時代在中國的歷史上，是一個「變革」的時代，無論在政治、經濟、文化等各方面，皆處於一個重要的轉型期，因而王夫之於《讀通鑑論》中稱此期為「古今一大變革之會」。《莊子》中，曾多次論及當代的政治、社會環境等。據其所論，大抵可分作四類：

### （一）政治環境

當時群雄並起，諸侯皆欲稱霸天下，因而征戰頻繁，即便是親如父子、兄弟，為了取得權位，無所不用其極，更遑論是作為臣子者，弒君取而代之者，亦是屢見不鮮。先就莊子的出生地而言，福永光司云：

> 莊子的鄉邦宋國，即現在河南省東部的地域，早就有「四戰之地」的稱號。所謂四戰之地意思是四方面敵的戰場，也有戰禍四集的意思；而事實上，整個戰國時代，這一個地域確是屢次做著戰亂的中心地。〔註1〕

---

〔註1〕福永光司著，陳冠學譯：《莊子》（台北：三民書局，1977.8 四版），頁5。

莊子所以會有宋人、梁人之爭，主要即是因戰國時期宋國爲楚、魏、齊所滅，
又遭三國瓜分所致。而宋國號稱「四戰之地」，戰亂不斷，而宋國內部政權的
轉移，亦是紛亂不堪。如第三十四代國君康王偃，《史記・宋微子世家第八》
記載：

> 剔成四十一年，剔成弟偃攻襲剔成，剔成敗奔齊，偃自立爲宋君。
> 君偃十一年，自立爲王。東敗齊，取五城；南敗楚，取地三百里；
> 西敗魏軍，乃與齊、魏爲敵國。盛血以韋囊，縣而射之，命曰「射
> 天」。淫於酒婦人。羣臣諫者輒射之。於是諸侯皆曰「桀宋」。「宋其
> 復爲紂所爲，不可不誅」。告齊伐宋。王偃立四十七年，齊湣王與魏、
> 楚伐宋，殺王偃，遂滅宋而三分其地。〔註2〕

剔成與偃本爲兄弟，然偃爲取得權位，不惜攻打自己的兄長，自立爲王。而
偃自立爲王後，荒淫無道，被稱之爲「桀宋」，齊、魏、楚三國便打著正義的
旗號合攻宋國，宋國因此滅亡。由此段記載我們便可瞭解戰國時期的政治概
況，兄弟間篡位奪權之殘忍，諸侯間以利相合，又以利相征伐。此外，《史記・
齊太公世家第二》中記載了另一段臣子篡位奪權的事蹟。

> 庚辰，田常執簡公于徐。公曰：「余蚤從御鞅言，不及此。」甲午，
> 田常弒簡公于徐州。田常乃立簡公弟驁，是爲平公。平公即位，田
> 常相之，專齊之政，割齊安平以東爲田氏封邑。……二十六年，康
> 公卒，呂氏遂絕其祀。田氏卒有齊國，爲齊威王，彊於天下。〔註3〕

田常弒簡公，立簡公之弟驁，並專政於齊，一直至康公死後，田氏便取得了
齊國。田常以臣子之身弒上位之君主，不但未受到懲制，反倒坐擁齊國，無
怪乎《莊子》指責田成子：「故田成子有乎盜賊之名，而身處堯舜之安；小國
不敢非，大國不敢誅，十二世有齊國。」（〈胠篋〉，頁343），並諷刺地云：「彼
竊鉤者誅，竊國者爲諸侯。」（〈胠篋〉，頁350）。

　　身處上位的諸侯、臣子，既汲汲營營在爭權篡位、交相征伐，而眞正受
苦者乃是那些被推上戰場的無辜百姓，即便是打勝仗，眞正快樂者僅是上位
的君王與等著論功行賞的臣子。〈人間世〉中，顏回云：

> 回聞衛君，其年壯，其行獨：輕用其國，而不見其過；輕用民死，
> 死者以國量乎澤若蕉，民其无如矣。（〈人間世〉，頁132）

---

〔註2〕 《新校本二十五史・史記（二）》（台北：鼎文書局），頁1632。
〔註3〕 《新校本二十五史・史記（二）》，頁1512。

依成玄英之《疏》與《釋文》所云，衛君即是衛靈公之子蒯聵，爲衛莊公〔註4〕。顏回描述了衛莊公的個性與行爲，特別是「輕用民死，死者以國量乎澤若蕉，民其无如矣」一段，除了在形容衛莊公，更可視作那些野心勃勃、極欲一統天下之諸侯的行爲寫照。對他們而言，人民不過爲其打天下之工具，既爲工具，自然不甚珍惜百姓生命，導致「死者以國量乎澤若蕉」。而〈在宥〉中的描寫，更是令人悲痛，其云：「今世殊死者相枕也，桁楊者相推也，刑戮者相望也。」（〈在宥〉，頁377）。莊子面對紛亂的政治與動盪不安的社會，終假借楚狂接輿之口表達了無限的感慨，云：

> 方今之時，僅免刑焉。福輕乎羽，莫之知載；禍重乎地，莫之知避。
>
> （〈人間世〉，頁183）

莊子以「羽」喻福，以「地」喻禍，表達了在當時社會下，百姓的福份與禍患不成比例，稍有不愼便會惹禍上身，因此僅能求自己之安全，遠離刑戮之患。

## （二）經濟發展

由於治鐵技術之創造與發明〔註5〕，至戰國中期後各種農業與手工業之工具已普遍使用鐵製。《管子》中即以爲必須有鐵工具，「然後成爲農」，「然後成爲車」，「然後成爲女」〔註6〕，「不爾而成事者，天下無有」〔註7〕，在戰國中期有「爲神農之言者」之許行，主張君民並耕而食，孟子曾爲此問其弟子陳相道：「許子以釜甑爨，以鐵耕乎？」〔註8〕即是在問：許行用釜甑來蒸煮？用鐵製農具來耕田？故知當時中原地區「鐵耕」確已非常普遍。

而戰國時期，經濟方面最重大之改革即是廢除「井田制」，改採「賦稅制」。所以如此，乃因農民不肯盡力耕作井田制中之「公田」，使統治者不得不廢除「公田」上之「助法」（或稱「籍法」），改爲按畝徵稅之制度。公元前五九四

---

〔註4〕 成玄英疏云：「衛君，即靈公之子蒯聵也。」《釋文》云：「『衛君』司馬云：『衛莊公蒯聵也』。」郭慶藩輯：《莊子集釋》（台北：河洛圖書出版社，1980.8 臺影印初版），頁132。

〔註5〕 關於治鐵技術之相關情形，並非本文重點，故略而不論，詳情請參見楊寬：《戰國史》（台北：台灣商務印書館，1997.10 初版二刷），頁50〜54。

〔註6〕 《管子校正・輕重乙篇》《諸子集成》（上海：世界書局，1935.12 初版），頁404。

〔註7〕 《管子・海王篇》，頁404。

〔註8〕 《孟子・滕文公上》《十三經注疏》（台北：藝文印書館，1955），頁97。

年魯國「初稅畝」，公元前四〇八年秦國「初租禾」，皆是推行按田畝徵取租稅之制度。於是田畝的租稅便成君主政權之主要財源，小農經濟成為君主政權的立國基礎。

早於春秋後期，中原各國皆已採用按畝徵稅的制度。例如「周人與范氏田，公孫稅焉」〔註9〕，又如趙簡主出，稅吏請輕重。簡主曰：「勿輕勿重，重則利入於上，若輕則利歸於民。」〔註10〕到春秋戰國間，田地租稅之徵收已普遍。《墨子》一書有兩處提及租稅：〈辭過篇〉以為：

> 以其常正（徵），收其租稅，則民費而不病。民所苦者非此也，苦於
> 厚作斂於百姓。〔註11〕

可知當時「租稅」已經成為「常徵」，「常徵」有一定之稅率，一般而言並不太沈重。〈貴義篇〉又云：「今農夫入其稅於大人，大人為酒醴粢盛，以祭上帝鬼神，豈曰賤人之所為而不享哉？」〔註12〕可知當時租稅都是由「賤人」「農夫」納入，作為統治者的王公大人還是聲稱徵收租稅，是用於祭祀。

相較於早期之「井田制」，「賦稅制」之施行使農民較樂於耕種，且經濟上亦得到較大之改善。

## （三）文化現象

春秋、戰國時期，隨社會制度、階級結構之變動，文學亦有新發展。文學所以發生變革，主要是因新興之政治家、軍事家與思想家要發表其觀點與主張，必須廣泛地進行宣傳，於思想領域中開展鬥爭，故得改革舊有文學形式，創出新文學形式，此為新內容決定了新形式之表現。其次，因此期文人多出身「貧窮」的，故多吸取了民間文學之養料，經過提煉、加工，進而使文學作品脫出舊有貴族文學之範疇，提高其思想性與藝術性。

春秋前之散文，大抵出於貴族之手，皆為典雅之文章，見於《尚書‧周書》中者，不外乎「誥」和「誓」兩種文體。「誥」乃貴族為了政治需要而頒發的文告，「誓」是軍隊出發前的宣誓，相較起來，「誓」之文體較趨近於語言。至春秋時期，此類文章已漸趨向公式化，而成為僵化之陳腔濫調，因此

---

〔註9〕《左傳》《十三經注疏》（台北：藝文印書館，1955），頁996。
〔註10〕《韓非子集釋‧外儲說右下》《諸子集成》（上海：世界書局，1935.12初版），頁260。
〔註11〕《墨子‧辭過篇》《諸子集成》（上海：世界書局，1935.12初版），頁28。
〔註12〕《墨子‧貴義篇》，頁403。

許多貴族往往脫離了口語，模仿古文作文。如公元前六四八年周惠王對齊桓公使者管仲之言：

> 舊氏，余嘉乃勳，應乃懿德，謂督不忘。往踐乃職，無逆朕命。

〔註13〕（《左傳》僖公十二年）

由此段引文明顯可見是仿古文者，與一般人之口語不同。此類仿古文之官樣文章，毫無生氣可言。

至春秋後期，便出現使用「也」、「乎」、「焉」等語助詞之文體。孔子招收學生講學，所有講學與言行之記錄皆採用當時的口語，《論語》一書便是採用這類文體寫成。孫武所著的之《孫子兵法》，亦是採用此種文體來闡述軍事思想的第一部著作。春秋、戰國間墨子講學的時候，既使用此種文體以記錄言行，同時亦用以作文，甚至引用古書，為使人容易了解起見，也不免要加以改動。墨子之文章，著重於論證其政治主張，邏輯性強。至戰國時代，此種文體之應用更加廣泛，除某些官樣文章外，幾乎已完全代替了過去典雅之古文。如《孟子》、《莊子》、《荀子》、《韓非子》等，皆為優秀之散文。不論描寫事物抑或是說明道理，寫作之技巧皆已臻成熟。清代章學誠曾云：「蓋至戰國而文章之變盡，至戰國而著作之事專，至戰國而後世之文體備。〔註14〕」誠如其所論，戰國前並無如戰國以後之各式文體。其又云：「戰國時人的文章『長於諷論』，『深於比興』。〔註15〕」，所謂「比」便是比喻，「興」為運用景物以描寫激動之情感。因戰國時人已善於運用比喻、諷刺，以激發讀者之情感，或是運用寓言、神話、故事等，以充實其內容，故此類文章顯得生動活潑。

戰國時代之散文，以《莊子》最為突出。《莊子》中即云「寓言十九」、「謬悠之說，荒唐之言，無端崖之辭」（〈天下〉，頁 1098）。司馬遷亦云「善屬書離辭，指事類情」、「其言洸洋自恣以適己」〔註16〕。莊子善用獨特之語彙來描寫事物，善於運用豐富之想像以發揮其奔放的思想感情，善用變化多端之文辭以表達思想。

---

〔註13〕《左傳》，頁 223。

〔註14〕章學誠：《文史通義‧詩教上》（台北：漢聲出版社，1973.4 增定二版），頁 16。

〔註15〕章學誠：《文史通義‧易教下》，頁 6。

〔註16〕〈老子韓非列傳第三〉《新校本二十五史‧史記（三）》（台北：鼎文書局），頁 2144。

### （四）學術思想

隨著「士」階層的興起，再加上戰國七雄為求在兼併戰爭中獲勝，於是廣納人才，因而造就了許多的學說派別，提出了不同的建國方略及哲學理論，目的不外乎在鞏固君王政權，規劃出大一統的藍圖。各派間為取信君王，勢必相互攻訐，在戰國時期形成了諸子百家爭鳴的狀態。

莊子之世，正值諸子百家興起，司馬談〈論六家要指〉中，羅列了六家之說〔註17〕，班固《漢書‧藝文志》則列了「九流十家」之說〔註18〕，而〈天下〉篇亦云：

> 天下之治方術者多矣，皆以其有為不可加矣。（〈天下〉，頁1065）

所謂「治方術者」，劉榮賢云：「指戰國時代代表民間學術的一家之言。『方術』者，一方之術，『方』乃對『道』而言。……『術』則指其方法，為一偏之見，故曰『方』。〔註19〕」此外，蔣錫昌亦云：「『方術』者，乃莊子指曲士一察之道而言；如墨翟、宋鈃、惠施、公孫龍等所治之道，是也。〔註20〕」依二人之意，「方術」乃是一方之術、一偏之見，並未整全，而各家則統稱作「治方術者」。諸家皆以為自己的學說圓滿具足，最適合當代政治、社會，但在莊子眼中，此僅是「一曲之士」、「一曲之見」。而當時雖號稱諸子百家興起，然而真正能夠顯於當世者，大概僅止於司馬談的「六家」或班固的「九流十家」，而《莊子》全書中之批判，更主要集中於「儒、墨、法、名」四家，如「道隱於小成，言隱於榮華。故有儒墨之是非，以是其所非而非其所是。」（〈齊物論〉，頁63）、「天選子之形，子以堅白鳴。」（〈德充符〉，頁222）、「禮法度數，形名比詳，治之末也。」（〈天道〉，頁468），皆是在批判「儒、墨、法、名」四家學說之弊。

---

〔註17〕〈太史公自序第七十〉云：「《易大傳》：『天下一致而百慮，同歸而殊塗。』夫陰陽、儒、墨、名、法、道德，此務為治者也，直所從言之異路，有省不省耳。」司馬談羅列了「陰陽家、儒家、墨家、名家、法家、道德家」共六家，至於此六家之分述，詳見於《新校本二十五史‧史記（四）》，頁3288～3292。

〔註18〕《漢書‧藝文志第十》中，羅列了「儒家、道家、陰陽家、法家、名家、墨家、縱橫家、雜家、農稷家、小說家」共十家並云：「凡諸子百八十九家，四千三百二十四篇。諸子十家，其可觀者九家而已。皆起於王道既微，諸侯力政，時君世主，好惡殊方，是以九家之術蠭出並作，各引一端，崇其所善，以此馳說，取合諸侯。其言雖殊，辟猶水火，相滅亦相生也。」《漢書（二）》（台北：泰盛書局，1976.3.15），頁1728～1746。

〔註19〕劉榮賢：《莊子外雜篇研究》（台北：聯經出版社，2004.4初版），頁465。

〔註20〕蔣錫昌：《莊子哲學天下校釋》（四川：成都古籍書店，1988），頁107。

　　莊子所處之外在客觀環境，即如上所論，經濟已漸漸提昇，然上位者爭權奪位，諸侯間相互征伐，導致整個社會動盪不安，而民間則有諸子百家的興起，各以其說「是其所非而非其所是」。

## 二、內在感受

　　除了外在客觀環境，莊子更爲關切者乃內在主觀生命，主觀的個體生命有些甚麼問題？又當其面對外在客觀環境時，又會產生甚麼問題呢？牟宗三論道家反對「造作」時，曾提及三個層次：

> 最低層的是自然生命的紛馳使得人不自由不自在。人都有現實上的自然生命，紛馳就是向四面八方流散出去。這是第一層人生的痛苦。……在上一層，是心理的情緒，喜怒無常等都是心理情緒，落在這個層次上也很麻煩。再往上一層屬於思想，是意念的造作。現在這個世界的災害，主要是意念的災害，完全是 ideology（意底牢結，或譯意識型態）所造成的。……意念的造作最麻煩，一套套的思想系統，擴大說都是意念的造作。意念造作、觀念系統只代表一些意見（opinion）、偏見（prejudice），說得客氣些就是代表一孔之見的一些知識。〔註21〕

牟氏提出「自然生命的紛馳」、「心理的情緒」、「意念的造作」三個層次分析道家反對「造作」之因，而此三點正可含括人內在主觀生命所可能面臨的困境，故將以牟氏的三個層次爲架構，進一步提出內在主觀生命所可能產生的困境。

### （一）自然生命的紛馳

　　按牟氏所論，此專指人之「嗜欲」，並舉出《老子》第十二章：「五色令人目盲，五音令人耳聾，五味令人口爽，馳騁畋獵令人心發狂」〔註22〕爲例，

---

〔註21〕牟宗三云：「所以任何大教都以智慧爲目標，而不提供知識，智慧的不同就在把知識、觀念的系統、意念的造作化掉。凡是意念的造作都是一孔之見的系統，通過這些孔有點光明，但週圍就圍繞了無明，只有把它化掉，才全不都是明，智慧就代表明。道家就在這裡講無，不討論系統而反要將系統化掉。自然生命的紛馳、心裡的情緒，再往上，意念的造作，凡此都是系統，要把這些都化掉。」《中國哲學十九講》（台北：台灣學生書局，2002.8 第九次印刷），頁 92～93。
〔註22〕樓宇烈校釋：《老子周易王弼注校釋》（台北：華正，1983.9），頁 28。

說明人本然之欲望單純，飢則食、渴則飲、寒則衣，然而人們漸漸開始追求
生理感官的刺激與享受，食物取美味者，服飾取華麗者，競逐於外物，遂迷
失了自然之性。而《莊子·天地》中云：「且夫失性有五：一日五色亂目，使
目不明；二日五聲亂耳，使耳不聰；三日五臭薰鼻，困惾中顙；四日五味濁
口，使口厲爽；五日趣舍滑心，使性飛揚。此五者，皆生之害也。」（〈天地〉，
頁 453），亦認爲「五色、五聲、五臭、五味、趣舍」影響生理感官，致使人
失去其自然之性。

　　除了嗜欲外，可在向前推進一步。人既好生理感官的刺激與享受，自然
冀求能長保之；欲長保之，所直接遭遇的困境乃是人爲有限的自然生命體，「生
老病死」爲自然生命本有之過程，無論王公貴族以至百姓，無一可避免。所
求不可得，因而偏執於「樂生惡死」。莊子遂舉麗姬悔其泣之事以作說明：

> 麗之姬，艾封人之子也。晉國之始得之也，涕泣沾襟；及其至於王
> 所，與王同筐床，食芻豢，而後悔其泣也。予惡乎知夫死者不悔其
> 始之蘄生乎！〔註23〕

麗姬初至晉國時，非常難過，直至其與王同享優渥的物質生活後，便後悔當
初何必如此。此固然表示人的嗜欲無止盡，莊子更藉此說明人在世時，因對
未知的世界產生恐懼，導致害怕死亡的發生，因而執定於生之可樂、死之可
悲。但究竟是生可樂還是死可樂耶？並無人可知，因而言「惡乎知夫死者不
悔其始之蘄生乎」，教人不必執定於「樂生惡死」，以平常心看待自然生命的
變化即可。

　　合言之，自然生命的紛馳，包含了生理感官對聲、色、味追求所產生的
「嗜欲」與自然生命「生老病死」過程的執定。

### （二）心理的情緒

　　按牟氏所論，此在指喜怒無常的心理情緒。人往往受到外在事物的影響，
使內在的心境產生波動，因而有喜怒哀樂之情。〈齊物論〉中云：

> 狙公賦芧，曰：「朝三而暮四」，眾狙皆怒。曰：「然則朝四而暮三」，
> 眾狙皆悦。名實未虧而喜怒爲用，亦因是也。（〈齊物論〉，頁 70）

「朝三而暮四」、「朝四而暮三」，其實皆同，然而眾狙卻有喜、怒不同之情緒。
莊子藉眾狙之反應明示世人，不可使內在的情緒隨外在事物流轉。當然，前

---

〔註23〕參見〈齊物論〉：「予惡乎知說生之非惑邪？予惡乎知惡死之非弱喪而不知歸
　　　　者邪？」郭慶藩：《莊子集釋》，頁 103。

小節所論「嗜欲的追求」與「樂生惡死」同樣會使人產生情緒的波動，但此種情緒的波動，主要是根源於自然生命；然本小節中所欲探討者，是偏向於外在環境對內在心理情緒之影響，故分作二小節立論。而外在環境中最能夠影響心理情緒者，不外乎「名」、「利」二者。〈刻意〉篇云：

　　眾人重利，廉士重名。（〈刻意〉，頁 546）

此為概括性的說明，〈駢拇〉中亦云：「小人則以身殉利，士則以身殉名」（〈駢拇〉，頁 323）。一般百姓為生活所苦，故重視財利的追求，因此便有「民之於利甚勤，子有殺父，臣有殺君；正晝為盜，日中穴阫。」（〈庚桑楚〉，頁 775）之狀況產生，百姓為了累積更多地財富，無論多麼卑鄙、荒唐的手段皆可使出。至於廉潔之士自以為貞潔、清高，雖不屑於財利的追求，但卻好博取「聖人」、「仁者」等名聲，殊不知「名者，實之賓也。」（〈逍遙遊〉，頁 24），必須達「舉世而譽之而不加勸，舉世而非之而不加沮」（〈逍遙遊〉，頁 16）才是。而無論是眾人或廉士，無論是逐利或追名，在莊子眼中並無高下之別，皆是在「殘生損性」。所以如此，即是因追名逐利時，那種患得患失的心情，與得知結果時所生的喜怒哀樂情緒，將深深影響到人內在的心性。《莊子》中便舉出「臧與穀，二人相與牧羊而俱亡其羊」〔註 24〕的故事，說明二人亡羊之因雖有別，但「亡羊」的結果卻是相同的，由此對比出伯夷與盜跖，雖二人所殉不同，但「殘生損性」的結果是相同的，並無高下之別。故知莊子所重者為人內在的心性，而最易傷害人內在心性者，即是隨外物流轉所生的喜怒哀樂之情了。

## （三）意念的造作

　　人本有主觀價值觀，因所處之風俗環境、所受之教育的不同，每個人的主觀價值便有所不同，進而對於相同的人、事、物有不同之價值判斷，故紛爭由此而生。個人尚且如此，一旦形成學派，影響所及便擴大至廣大群眾。而牟氏所論「意念的造作」，即在言諸子百家興起，各派倡導其學說，如儒家

〔註 24〕《莊子·駢拇》云：「臧與穀，二人相與牧羊而俱亡其羊。問臧奚事，則挾筴讀書；問穀奚事，則博塞以遊。二人者，事業不同，其於亡羊均也。伯夷死名於首陽之下，盜跖死利於東陵之上。二人者，所死不同，其於殘生傷性均也，奚必伯夷之是而盜跖之非乎！天下盡殉也。彼其所殉仁義也，則俗謂之君子；其所殉貨財也，則俗謂之小人。其殉一也，則有君子焉，有小人焉；若其殘生損性，則盜跖亦伯夷已，又惡取君子小人於其間哉！」郭慶藩：《莊子集釋》，頁 323。

提倡「仁愛」、墨家倡導「兼愛」、法家重「法治」等，各派支持者對其自家
之說深植於心，而形成意識型態，面對任何的人、事、物，皆以其褊狹的觀
點衡量之、判斷之，對於他派之說，無不竭力攻擊，〈齊物論〉即云：

> 道隱於小成，言隱於榮華。故有儒墨之是非，以是其所非而非其所
> 是。（〈齊物論〉，頁63）

莊子此處雖以儒、墨二家爲例，然而各家間之關係亦不脫於此，皆「以是其
所非而非其所是」，凡思想合於己者爲是，異於己者爲非，自囿於自己的框限
中。然而天地之大，百姓之眾，眞能以一套固定地思想價值體系衡量天下的
人、事、物，並要求天下人共同遵守嗎？自然是不可，因而爭辯從中而生。
所以如此，在莊子看來當是因各家之說不過爲「一曲之見」，僅得道之一隅，
無法見道之全貌，而各派支持者全盤接受了自家的說法，因而形成意識型態，
各家間相互攻訐，故謂「道隱於小成，言隱於榮華。」

綜而言之，雖將困境的提出分作「外在客觀環境」與「內在主觀生命」
兩方面論述，然而兩者間往往是交互影響，並非是相互對立或截然二分的兩
面。此處所以分而論之，僅是在論述上求其清晰、明白，斷不可以此忽視二
者間的關連。

## 第二節　寓言、重言、巵言

### 一、「三言」形成之原因

既已瞭解莊子所處的時代背景及其所提出之生命困境，而《莊子》一書
即是由對治生命困境而發，然若是以一般「說理」的方式表達，就自身而言，
不免遭受刑戮之禍；就學說義理而言，則陷入「儒墨之是非」的爭辯中，而
聞者亦難信服。易言之，「表達方式」的選擇，即爲莊子所面臨的第一個難題。
而人與人之間的溝通，除依靠肢體動作或神情傳達外，終究難逃「語言〔註25〕」
這一個媒介，但「語言」自身之侷限性與不定性，卻往往使溝通產生問題，
難達眞正之目的。就思想義理的表達而言，體道者難以將由內在經驗證悟而
得的道，完整且精確地以語言表達；即便能完整且精確地以語言表達，聞道
者亦難完整且精確地接受，再加以主觀價值的作祟，亦難信服之。莊子本身

---

〔註25〕本段中「語言」一詞，除了指稱一般「口語的表達」，亦包含了「文字的表達」。

即意識到「語言」本身所可能產生的問題，因而提出「言者所以在意，得意而忘言」原則，使「說者、聽者」雙方在藉由語言表達之餘，瞭解語言僅爲工具，所重者在意，故不可陷溺於語言中。由此，我們可推斷出莊子「表達方式」的選擇，必須能符合幾項基本條件：一、要能符合其本身內部的義理；二、要避免淪於「儒墨之是非」的爭辯；三、要能夠使人信服且實踐。

　　如何在符合其內部義理的原則下，有效且適當地使用語言表達思想，使聞者信服且樂於實踐呢？《莊子》云：

> 以天下爲沈濁，不可與莊語，以巵言爲曼衍，以重言爲眞，以寓言爲廣。（〈天下〉，頁 1098）

莊子以爲當時人心陷溺，不能夠以嚴正的語言〔註 26〕表達其思想，因而提出「寓言、重言、巵言〔註 27〕」解決之。何謂「寓言、重言、巵言」呢？王邦雄云：

> 所謂的「寓言」，就如同詩經以此喻彼的「比」體；所謂的「重言」，就如同詩經以此引彼的「興」體；所謂的「巵言」，就如同詩經直言其事的「賦」體。「比」是藉著草木蟲魚的生命情態，曲予表達人間世大小不同的心胸意境；「興」是借重前人的言論行誼，來伸說當前現境的哲理；「賦」則是什麼，就說什麼，出乎自然，無所遮攔。〔註 28〕

---

〔註 26〕關於「莊語」一詞，王叔岷：「成《疏》：『莊語，猶大言也。宇內黔黎，沈滯闇濁，咸溺於小辯，未可與說大言也。』《釋文》：『郭云：「莊，莊周也。」一云：「莊，端正也。」一本作壯，大也。』（端字原錯在『大也』上，王孝魚據世德堂本校正。）王念孫云：『莊、壯古字通，《晉語》：「趙簡子問於壯馳兹，」舊《音》：「壯，本或作莊，」〈檀弓〉：衛有太守曰柳莊，」《漢書古今人表》作柳壯，〈鄘風君子偕老箋〉：「顏色之莊，」《釋文》：「莊，本又作壯。」若斯之類，不可枚舉。』（《逸周書諡法篇》及《文選長笛賦雜志》。）案成《疏》蓋說莊爲壯，故云：『莊語，猶大言也。』莊，不當以爲莊周，亦不當訓爲大，釋爲『端正』者是也。不可與端正之言，故託諸巵言、重言、寓言也。」《莊子校詮‧下冊》（台北：中央研究院歷史語言研究所，1999.6景印三版），頁 1346。故從其說，將「莊語」釋作「端正之言」。

〔註 27〕關於「巵言」一詞，亦有寫作「巵言」，究竟何者爲是？按《釋文》云：「『巵言』字又作巵，音支。」郭慶藩：《莊子集釋》，頁 948。而王叔岷亦云：「按巵，俗作巵。」《莊子校詮‧中冊》，頁 1091。由此可知，「巵言」或「巵言」皆無誤。故凡本論文中所引他人之論，皆從原書所寫。而筆者於論述時，則從郭慶藩：《莊子集釋》，一律寫作「巵言」。

〔註 28〕王邦雄：《中國哲學論集》（台北：台灣學生書局，1983.8 初版），頁 59～60。

王邦雄以《詩經》中「賦、比、興」的筆法詮釋莊子的「寓言、重言、巵言」，將「三言」視爲一種語言形式，而以「寓言」爲「比」，以此喻彼；「重言」爲「興」〔註29〕，以此引彼；「巵言」爲「賦」，直言其事。此說雖未能言盡「三言」的眞義，但卻可藉以初步地理解「三言」。而《莊子》中對「三言」的論述，主要集中於〈寓言〉與〈天下〉二篇，以下即就此二篇中，關於「三言」的章句進行探討。

## 二、分述「寓言、重言、巵言」

### （一）寓言

對「寓言」一詞的分析，後人之解釋可分作「文學體裁」與「語言形式」兩類，而這兩類是否有所分別？〈寓言〉篇云：

> 寓言十九，藉外論之。親父不爲其子媒。親父譽之，不若非其父者也：非吾罪也，人之罪也。與己同則應，不與己同則反；同於己爲是之，異於己爲非之。（〈寓言〉，頁948）

「藉外論之」乃《莊子》爲「寓言」所下的基本定義，郭象注云：「言出於己，俗多不受，故借外耳。」〔註30〕成玄英疏云：「藉，假也，所以寄之他人。」〔註31〕此外，刁生虎對「外」字特別留意，云：「而探莊子本義，『外』當作『非己』之意解。」〔註32〕合三家之論，「寓言」當是藉由對己身外之人、事、物的討論，來寄寓眞正想要表達的思想，誠如王邦雄所云：「所謂的『寓言』，就如同《詩經》以此喻彼的『比』體」，如〈逍遙遊〉中的「鯤、鵬、蜩、鳩、朝菌、蟪蛄」，〈齊物論〉中的「罔兩、景、蛇、蜩」，〈人間世〉中的「匠石、

---

〔註29〕按《詩經》「六義」中之「興」的手法，乃因物起興，故王氏以「興」說「重言」，似有疑慮，仍有商榷之餘地。

〔註30〕郭慶藩：《莊子集釋》，頁948。

〔註31〕郭慶藩：《莊子集釋》，頁948。

〔註32〕刁生虎云：「首先，古人對『藉外論之』中的『外』的理解過於偏狹，僅限於『他人』。而今人更有將之直解釋爲『道外之人』的。而探莊子本義，『外』當作『非己』之意解，這裏邊暗含的參照視角是莊子本人。在莊子看來，只要不是語言表達主體本人，其他無論是人（如老聃、孔子）還是物（如社樹、罔兩），無論是有生命的（如蜩、學鳩）還是無生命的（如骷髏、天籟），無論是眞實的（如孔丘向老聃問禮）還是虛幻的（如東郭子問「道」），都在『藉外』之列。」《莊子的生存哲學》，（北京：中國傳媒大學出版社，2007.5 第一版），頁 105～106。

櫟社樹、文木」等。這些人物、動物、植物，皆能成爲「寓言」中之主角，而這些主角並非一定眞實存在於世間，亦可以是虛構者。接著舉出「親父不爲其子媒」之例，表示父親稱讚自己的兒子，不如外人來稱讚，此乃「因爲人與人常常有爭勝的心理，我有一種見解，無論怎樣眞切，同輩的人總是不肯承認。」〔註33〕此例正說明了，莊子知其說雖有益於世道，但若以自己之口說出，則同時代的人必定賤之辱之，不如假借他人、他物之口以表達，反倒容易使人信服，故云「藉外論之」。「與己同則應，不與己同則反；同於己爲是之，異於己爲非之。」一段，更加突顯了人之主觀價值中，總以爲思想同於己者爲是，因而響應之；異於己者爲非，因而反對之，於是論說者由「寓言」的「藉外論之」表達方式，與聽聞者取得相同的立場後，則容易取信之。以上所論，大抵皆是由「語言形式」的觀點分析「寓言」。

然而陳鼓應在解說〈寓言〉章句前云：

> 本篇第一章說明本書所使用的文體。「寓言十九，重言十七」，這是說明寓言、重言在書中所佔的比例。〔註34〕

王葆玹亦云：

> 寓言、重言和卮言乃是《莊子》書中的三種體裁，其中寓言和重言都屬於問答體，可歸入劉師培所謂「辨體」之類；卮言則是作者自行議論，不設問對，可歸入劉師培所謂「論體」之類。〔註35〕

以上二人皆由文體的角度出發，將「寓言」視爲文學體裁的一種。當然，以現代文學的體裁而言，自然是包含「寓言」一體，而中國對於寓言的概念，大多得之於西方文學，西方文學中又是如何界定寓言呢？顏崑陽將其歸納爲五點：〔註36〕

> 一、寓言必須是一則簡短的故事，有開端、發展、結尾，具備完整而有機的結構。
>
> 二、其中角色包羅一切無生物、動物、植物、仙魔、鬼怪、虛構的人物。無生物與動植物可使擬人化，同樣能有屬人的語言動作。

---

〔註33〕張默生：《莊子新釋》（台北：明文書局，1994.1 初版），頁 15。
〔註34〕陳鼓應：《莊子今註今譯・下冊》（北京：商務印書館，2007.7 第一版），頁 835。
〔註35〕王葆玹：《老莊學新探》（上海文化出版社，2005），頁 205。
〔註36〕顏崑陽：《莊子的寓言世界》，（台北：漢藝色研文化事業有限公司，2005.1 初版），頁 156～157。

三、它的故事都屬虛構。

四、它的文體多採散文。偶爾亦用詩歌或戲劇。

五、它的意義不在字面上作直接的解說，而在故事情節中作間接的
　　暗示。透過寓言，必使讀者得到教訓或啟示。

藉此五點我們可以進一步釐清《莊子》「寓言」所具之特性，然若以此五點衡量《莊子》中所謂的「寓言」，便有許多篇章被排除在西方寓言的標準外〔註37〕，但《莊子》所謂的「寓言」，乃是據「藉外論之」的標準所定，可視為「廣義的寓言」〔註38〕。由此我們便須有一基本的認知，以現代的新方法、新觀念反省、檢視《莊子》的「寓言」，當是無可厚非，而《莊子》中某些部分亦是符合現代西方的寓言標準，然而若以現代西方寓言之標準質疑《莊子》，並將其所認定的寓言否定掉，則不免有本末倒置之嫌。

　　合而言之，若以修辭的角度看「寓言」，則其即為一種「藉外論之」的語言形式，而由此點所論的「寓言」，當較近於莊子的原意；若以文體的角度看寓言，因其某些部分確實符合現代西方的寓言標準，亦可視作一種文學體裁，但僅隸屬於「廣義的寓言」。

　　最後，莊子思想以「寓言」方式表達，除可免去同時代之人賤之辱之的困境，又有何優點呢？楊儒賓云：

　　　莊子寓言的特色，並不在於寓言本身的封閉性完整，而是在於它的
　　　開放性。它若斷若續，若圓若缺。它一方面吸收我們進入寓言的世
　　　界中，但它一方面又不斷瓦解自己，提醒讀者，要他們理解語言本
　　　身的局限及其不斷相生相殺、相殺相生的特性。〔註39〕

〔註37〕關於《莊子》的「寓言」是否為一種獨立的文體，是否意同於現代西方寓言？刁生虎由「語言結構」、「概念內涵」、「歷史沿革」、「功能目的」四個角度，證明《莊子》的「寓言」不同於現代西方寓言，而在《莊子》書中，「寓言」亦非獨立的文體概念。參見刁生虎：《莊子的生存哲學》，頁101～103。

〔註38〕顏崑陽云：「《莊子》一書中的寓言，是莊子根據其『藉外論之』的寓言觀念所創作出來的文字。所謂『藉外論之』，只要是將敘述觀點從立言者自身轉移到其他人物即可，這可視為廣義的寓言。假如我們拿現代精密、明確，甚至得之西方文學的狹義寓言去衡量《莊子》書中的寓言，而指摘出某則是寓言，某則不是寓言，這豈不犯了『以後制推前事』的錯誤。因此，我們認為，若要探討《莊子》的寓言，最好還是以莊子自設的寓言觀為標準，『以莊解莊』，才能見出《莊子》的本來面目。」《莊子的寓言世界》，頁159～160。

〔註39〕楊儒賓：《莊周風貌》（台北：黎明文化事業股份有限公司，1991 初版），頁181。

誠如所言，寓言本身具故事性，又較能突破語言本身的侷限性與限制性，不似純粹說理的文句，容易將文意、字意說死，故寓言具有較佳的開放性。進而言之，因具故事性，故容易吸引讀者進入其思想義理中，又因具開放性，故能避免讀者陷溺於語言中而失其要旨。

## （二）重言

對「重言」之看法，〈寓言〉篇云：

> 重言十七，所以已言也，是爲耆艾。年先矣，而无經緯本末以期年耆者，是非先也。人而无以先人，无人道也；人而无人道，是之謂陳人。（〈寓言〉，頁 949）

「所以已言也，是爲耆艾」爲《莊子》爲「重言」所下的基本定義，郭象注云：「以其耆艾，故俗共重之」〔註40〕，成玄英疏云：「耆艾，壽考者之稱也。已自言之，不藉於外，爲是長老，故重而信之，流俗之人，有斯迷妄也。」〔註41〕所謂「耆艾」，在指那些年長有地位者，泛指古聖哲或當世名人，由此可知「重言」乃是借重之言，而其所借重的對象即是古聖哲或當世名人。而《莊子》所以採用「重言」方式表達，歸因於中國人往往「貴古賤今」、「貴遠賤近」，總以爲古人、名人所論爲是，今人、常人所論爲非，故於傳達思想、主張時，借重古聖哲或當世名人之論，往往可加重自己言說之份量，且易取信於人。但莊子表達其思想時，果眞有借重古聖哲或當世名人之言乎？即莊子「重言」所借者究竟爲古聖哲或當世名人之「言」或其「人」。查《莊子》內文，恐怕莊子意在借重者古聖哲或當世名人之「人」，而非其「言」。張默生便云：

> 他是利用世人崇拜偶像的觀念，來借著偶像說話的。〔註42〕

若更確切地定義，莊子乃是借古聖哲或當世名人之「名」，假造其言，藉以表達其思想，特別是孔子及其門徒，最爲其所好，如〈人間世〉中，即藉顏回與仲尼間的對話表達「心齋」。由此可知，古聖哲或當世名人雖常於《莊子》書中發言，但眞正操縱古聖哲或當世名人之口者，實爲莊子也。因此，萬不可將「重言」中人物所表達之思想當作其本有的想法。

而在「寓言」中，其「藉外論之」的角色，亦可包含「人」，如此「重言」

---

〔註40〕郭慶藩：《莊子集釋》，頁 949。
〔註41〕郭慶藩：《莊子集釋》，頁 949。
〔註42〕張默生：《莊子新釋》，頁 16。

不若與「寓言」相同，又何需分立兩者？其實，「寓言」的角色選取，定義在「非己」上，而「重言」的角色選取，則限定於「古聖哲或當世名人」，故知二者有所區別。

## （三）巵言

關於「巵言」，〈寓言〉篇云：

> 巵言日出，和以天倪，因以曼衍，所以窮年。不言則齊，齊與言不齊，言與齊不齊也，故曰无言。言无言，終身言，未嘗不言；終身不言，未嘗不言。有自也而可，有自也而不可；有自也而然，有自也而不然。惡乎然？然於然。惡乎不然？不然於不然。惡乎可？可於可。惡乎不可？不可於不可。物固有所然，物固有所可，无物不然，无物不可。非巵言日出，和以天倪，孰得其久！萬物皆種也，以不同形相禪，始卒若環，莫得其倫，是謂天均。天均者天倪也。
>
> （〈寓言〉，頁 949～950）

對於「巵言」的看法，諸家按「巵」意的不同解釋，因而推論出不同的看法。以下先討論諸家之看法，再核以《莊子》原文，以明何者較貼近莊子原意。諸家說法約可分作三類：

### 1、「巵」為「欹器」

所謂「欹器」，其特徵在於「虛則欹，中則正，滿則覆」，郭象即依「欹器」之特徵注「巵言」，云：

> 夫巵，滿則傾，空則仰，非持故也。況之於言，因物隨變，唯彼之從，故曰日出。日出，謂日新也，日新則盡其自然之分，自然之分盡則和也。〔註43〕

其據「欹器」「滿則傾，空則仰」之特徵引申出其「非持故」的特點。進而以此比擬「巵言」，言其亦具「因物隨變，唯彼之從」的特性。最後推論出「巵言」為「因物隨變」之言。成玄英亦藉此特徵，云：

> 巵，酒器也。日出，猶日新也。天倪，自然之分也。和，合也。夫巵滿則傾，巵空則仰，空滿任物，傾仰隨人。無心之言，即巵言也，是以不言，言而無係傾仰，乃合於自然之分也。〔註44〕

---

〔註43〕郭慶藩：《莊子集釋》，頁947。
〔註44〕郭慶藩：《莊子集釋》，頁947。

成玄英依「滿則傾」、「空則仰」、「空滿任物，傾仰隨人」等特性，表示「巵言」為「合於自然之分」的無心之言。此外，今人陳鼓應云：

> 「巵」是酒器，巵器滿了，自然向外流溢，莊子用「巵言」來形容他的言論並不是偏漏的，乃是無心而自然的流露。〔註45〕

> 巵言是比喻思想言論無心而自然的流露，所以說：「巵言日出，和以天倪。」意謂巵言層出不窮，合於自然的分際。「言無言」就是發出沒有主觀成見的言論，也就是無心之言，即巵言的意思。〔註46〕

其藉巵器滿了必自然向外流溢，表達「巵言」乃無心而自然流露的言論，是合於自然的分際，並無主觀的成見，亦可稱作「無心之言」。

### 2、「巵」為「圓酒器」

《說文解字》中，許慎云：

> 巵，圓器也。一名觛，所以節飲食。〔註47〕

而《經典釋文》亦引《字略》云：

> 巵，圓酒器也。〔註48〕

《說文》與《經典釋文》皆以「巵」為「觛」，屬於圓形的酒器。而林希逸循此意，云：

> 巵，酒巵也，人皆可飲，飲之而有味，故曰巵言。〔註49〕

王叔岷更引申云：

> 然則「巵言」即渾圓之言，不可端倪之言。〔註50〕

此類以「巵」為圓形酒器的說法，大抵亦是就「圓形酒器」的形象，推論出「巵言」為「渾圓之言」。

### 3、「巵」為「漏斗」

張默生即將「巵」視作漏斗，云：

> 巵是漏斗，巵言就是漏斗式的話。……莊子巵言的取義，就是說，他說的話，都是無成見之言，正有似於漏斗。他是替大自然宣洩聲

---

〔註45〕陳鼓應：《莊子今註今譯・下冊》，頁837。
〔註46〕陳鼓應：《老莊新論》（台北：五南圖書出版股份有限公司，2007.2三版），頁287。
〔註47〕段玉裁：《說文解字注》（台北：藝文印書館，1999.9七版二刷），頁434。
〔註48〕郭慶藩：《莊子集釋》，頁948。
〔註49〕宋・林希逸：《莊子鬳齋口義校注》（北京：中華書局，1997.3第一版），頁431。
〔註50〕王叔岷：《莊子校詮・中冊》，頁1091。

音的，也可說是大自然的一具傳音機。大自然讓他說，他就說，不讓他說，他就不說。……他看到當時的百家爭鳴，儒墨各有是非，以是其所非，而非其所是，實在無聊已極。以真理言之，本無所謂是非，無所謂善惡，無所謂貴賤高下的等等區別。莊子的卮言，正是期合於這種天然的端倪，順著大化的流行，而代為立論，所以很像漏斗的注水，而毫無成見。〔註51〕

「卮」為漏斗，而漏斗無底，故其特性即在於無論如何注水皆不會滿溢〔註52〕。張默生以為「卮言」，乃是莊子藉由漏斗之形象，表示其言說皆為「無成見之言」，是代大自然宣說者，以此避免落入「儒墨之是非」的爭辯中。

綜論三類對「卮」字的詮釋，其實並不相互抵觸，相互參見，反倒更能適當地理解「卮言」之意義。而合三類之說，我們可推論出「卮言」乃是一種無心而自然流露的言論，因屬無心而自然流露，故無主觀之成見，不致落入「儒墨之是非」的爭辯中，故亦為「渾圓之言」。此種「卮言」自然是「曼衍」、「和以天倪」、「天均」〔註53〕。

我們已推論出「卮言」之意義，而在〈寓言〉中亦論及「語言」的問題，「言无言，終身言，未嘗不言；終身不言，未嘗不言。」就傳道的立場，非藉言說而不可成；然而真實的道是主觀所成的境界，又不可言說。因而在這言與不言間，該如何適當地解決呢？唯「言無言」耳。顏崑陽云：

> 因此，莊子提出一種特殊的傳導形式，也就是「非言非默」(《莊子·則陽》)，也就是「言無言」……「言」，是因為靜默不足以明道，所以姑妄言之。「無言」，是因為真道不可稱說，所以不作主觀確定立場的論述，不以符號語言，直接傳達概念。這就是非言非默，即言即默，也就是議論最高的境界。〔註54〕

其將「言無言」視作「非言非默」，為議論最高的境界。而「卮言」因屬無心而自然流露的言論，正符合「言無言」的議論方式。

---

〔註51〕張默生：《莊子新釋》，頁18～19。

〔註52〕楊儒賓云：「漏斗這種東西是沒有底的，因此，怎麼注都注不滿。莊子取象漏斗，乃是用以表示他的話毫無成見，一無止境，『其理不竭，其來不蛻，芒乎昧乎，未之盡者。』」《莊周風貌》，頁180。

〔註53〕陳鼓應云：「卮言是虛其心，是以『明』心境的自然流露，虛明心境所流露出來的言論自然合於外在的真情實況，所謂：『和以天倪。』此種自然流露不拘常規，散漫流衍，所以說：『因以曼衍。』」《老莊新論》，頁288。

〔註54〕顏崑陽：《莊子的寓言世界》，頁148。

## 三、「三言」之特質

在前節中，已分述「寓言、重言、卮言」個別之特性，緊接的綜合地討論「三言」間之關係與「三言」中的角色。

### （一）「三言」間的關係

首先需解決者，乃「寓言十九，重言十七，卮言日出」〔註55〕中，「十九、十七」究竟在表達甚麼？對此疑問，學者間的看法大抵可分作二類：一類為「篇幅比例」，一類為「可信程度」。

1、就「篇幅比例」的角度而言，「寓言十九，重言十七」則分別表示「寓言」佔了《莊子》中十分之九的篇幅，「重言」則佔了《莊子》中十分之七的篇幅，按照數學邏輯而言，此種表達自然是有問題。因而，論者大抵以為「重言」亦屬於「寓言」。如清姚鼐《莊子章義》云：

> 莊生之書凡託為人言者（即寓言），十有其九。就寓言中，其託為神農、黃帝、堯、舜、孔、顏之類，言足為世重者，又十有其七。
> 〔註56〕

王邦雄云：

> 莊子書中寓言占了十分之九，故太史公謂：「著書十餘萬言，大抵率寓言也。」重言占了十分之七，此一比例乍看之下，似不合理，實則重言亦屬假託，仍歸於寓言之列。而不分寓言重言，都是自然之真音，不加人為造作。〔註57〕

陳鼓應亦云：

> 而「寓言」中除了使用自然物之外，又經常搬出大量的歷史人物來替莊學現身說法，這就是寓言中的「重言」。〔註58〕

---

〔註55〕關於「寓言十九」的解釋，有將「十九」釋為「十分之九」，如張默生云：「在莊子全書中，這種寓言的成分佔得最多，所以說：『寓言十九』，就是說寓言的部分佔了全書的十分之九。」莊子新釋》，頁15。陳鼓應云：『『寓言十九』是說寄託寓意的言論占了十分之九。」《老莊新論》，頁287。而「重言十七」的解釋，則將「十七」釋為「十分之七」，如張默生：「在《莊子》全書中，這種重言的成分，也佔得不少，據他自己說，是佔全書的十分之七。」《莊子新釋》，頁17。陳鼓應云：「所謂『重言十七』，就是說重言在寓言中占了十分之七的高度比例。」《老莊新論》，頁287。
〔註56〕清朝姚鼐《莊子章義》。
〔註57〕王邦雄：《中國哲學論集》，頁60。
〔註58〕陳鼓應：《老莊新論》，頁287。

姚鼐、王邦雄與陳鼓應三人皆將「重言」歸屬於「寓言」之下，而《莊子》中確有此情形，如〈逍遙遊〉中「堯讓天下於許由」一段，借用堯與許由以表達其思想，故其除可視爲寓言，亦可視爲重言。其他如〈人間世〉中「顏回見仲尼，請行。」〈田子方〉中「孔子見老聃」等段落，皆可同時視爲「寓言」與「重言」。因此，葉程義《莊子寓言研究》一書中，對《莊子》內文進行分類時，便將寓言分作「純寓言」與「重寓言」二類〔註59〕。依諸家之意，我們便可合理地解釋爲何「『寓言』佔了十分之九的篇幅，而『重言』又佔了十分之七的篇幅」之疑慮。「寓言」與「重言」在《莊子》書中並非截然劃分、各不相干的個體，「寓言」往往涵蓋著「重言」的表達方式，故謂「寓言十九，重言十七」。

　　2、就「可信程度」而言，郭象分別云：「則十言而九見信。」、「則十言而七見信。」〔註60〕成玄英分別云：「則十言而信九矣。」、「猶十信其七也。」〔註61〕郭象與成玄英將「十九、十七」視作《莊子》書中言論的可信程度。依此推論，則「寓言」的可信程度高於「重言」。

　　對比二種說法，顯然「篇幅比例」說較「可信程度」說近於莊子原意。何以言此？以「可信程度」而言，重言的可信度當高於寓言才是，而按郭象、成玄英二人之說推論，則「寓言」的可信程度反倒高於「重言」，不合於常理。此外，刁生虎以爲「其中的『卮言日出』，顯然只能意指『卮言』在《莊子》一書中出現的頻度而不可能再作他解。這樣，其中的『十九』、『十七』就理所當然的與『日出』構成數量上的對應關係。這就決定了郭、成等人的『信度說』無法與『日照』相照應，從而與〈寓言〉、〈天下〉諸篇的體例不符。」〔註62〕。反觀「篇幅比例」說，確實能符合《莊子》內文的實際情形。而刁生虎亦云：「在邏輯上，『寓言十九』能與『卮言日出』相互統一；而且與《莊子》文本的實際情況也相符合。」〔註63〕故知「寓言十九，重言十七」當是指「寓言」、「重言」於《莊子》中所佔之篇幅而言。

　　而「寓言、重言、卮言」三者間，是否有主從之關係呢？諸家之說可分作兩類：一類以「寓言」爲本，另一類以「卮言」爲本。

---

〔註59〕葉程義：《莊子寓言研究》，（台北：文史哲出版社，2004.9初版二刷）。
〔註60〕郭慶藩：《莊子集釋》，頁947。
〔註61〕郭慶藩：《莊子集釋》，頁947。
〔註62〕刁生虎：《莊子的生存哲學》，頁124。
〔註63〕刁生虎：《莊子的生存哲學》，頁125～126。

1、以「寓言」爲本者，多由文章之形式、體裁的觀點出發。如司馬遷云：

> 故其著書十餘萬言，大抵率寓言也。〔註64〕

魯迅云：

> 著書十餘萬言，大抵寓言，人物土地，皆空言無事實。〔註65〕

司馬遷與魯迅皆就《莊子》全書之篇幅而論，以爲「寓言」在《莊子》中佔了很大的篇幅。而徐復觀則由「寓言」的表現形式而論，云：

> 多採取比喻及象徵的形式，這即是他所說的「巵言」、「重言」、「寓言」。巵言、重言，實皆廣義的寓言。「寓言十九」，即是比喻與象徵的表現形式居十分之九，其間當然包括有巵言、重言。〔註66〕

徐復觀以爲巵言與重言，皆採比喻及象徵的手法，故可含括於廣義的寓言之下。

2、以「巵言」爲本者，多由內部思想、內容的觀點出發。如王夫之云：

> 寓言重言與非寓非重者，一也，皆巵言也，皆天倪也。〔註67〕

王夫之言「寓言重言與非寓非重者」，即將《莊子》全書內容含括進去，以爲《莊子》全書皆爲「巵言」。而張默生云：

> 要知道莊子全書，無一不是巵言，寓言重言，都在巵言中包含著，所以說是「三位一體」。〔註68〕

陳鼓應亦云：

> 在莊子而言，寓言或重言都是無心之言，這就是寓言所說的「巵言」。
>
> 〔註69〕

二人由思想內容出發，以爲無論是寓言或重言，皆屬於無心之言，即符合「巵言」之定義。而楊儒賓亦由思想內容出發，將「巵言」視爲體道之士精神展現的境界語言，因而云：

> 如果莊子的寓言、重言都具有解除束縛、朝向開放的性質，那麼，我們應當承認：它們是巵言的兩個變形的面相，換言之，就「藉外

---

〔註64〕《老子韓非列傳第三》《新校本二十五史・史記（三）》，頁2143。

〔註65〕魯迅：《魯迅全集・第九卷・漢文學史綱要》，（北京：人民文學出版社，1996第三次印刷），頁364。

〔註66〕徐復觀：《中國藝術精神》（台北：臺灣學生書局，1998.5第十二次印刷），頁118。

〔註67〕王夫之：《莊子解》（台北：廣文書局，1997.3再版），卷二十七。

〔註68〕張默生：《莊子新釋》，頁19。

〔註69〕陳鼓應：《老莊新論》，頁287。

論之」及「藉古論之」這兩個特色考慮，寓言及重言是兩種非常有
特色的表現手法，有它們的獨立性。但自莊子對語言／心靈／道的
關係考量，寓言及重言事實上只是巵言的分殊性展現罷了。〔註70〕

既然人的任何意識活動都是人的精神的面相，因此，人的任何語言
也可視爲巵言的分殊性展現。寓言如此、重言如此，甚至任何的語
言都是某種層次、某種階段的「巵言」。《莊子》一書的片言隻字，
其實都是巵言的展現。〔註71〕

其由語言、心靈、道的關係上考量，以巵言爲主，將寓言、重言視爲巵言的
兩個變形面相，只是巵言的分殊性展現，甚而表示《莊子》全書皆爲「巵言」
的展現。

　　合觀二類說法，無論是以「寓言」爲本或是以「巵言」爲本，皆可說對，
亦皆可說不對。何以如此言乎？蓋所以有此兩大類的說法，純粹因諸家所切
入之觀點不同所造成，而諸家持各自的觀點所得之結論，似皆有所本，故皆
無誤。然而此僅是由一偏之觀點所得的一偏之結論，故亦有所不足。若回歸
莊子初衷，其實僅是欲傳「道」，而所以藉「三言」解決語言的困境，乃因：
一、能符合其本身內部的義理；二、能避免淪於「儒墨之是非」的爭辯；三、
能夠使人信服且實踐。由此觀點，「三言」僅爲傳道之媒介、工具，若真欲論
三者間的關係，大抵僅在於「以巵言爲曼衍，以重言爲真，以寓言爲廣」，三
者性質的不同，而不可以其中某者爲本，因其真正所本者，應爲「道」。朱哲
云：

> 我以爲，寓言、重言、巵言，渾然一也，皆「道言」也：寓言，寓
> 道之言；重言，重道之言；巵言，巵道之言。巵言曼衍，道之曼衍
> 也；重言爲真，道之真故也；寓言爲廣，道之廣也。寓言重形象，
> 就道之殊相言；巵言重抽象，就道之共相言；重言重史實，就道之
> 理據言。內容與形式，道理與道言，實難以作宗本與非宗本劃分也。
> 〔註72〕

朱哲即以爲寓言、重言、巵言，皆是「道言」，所以一分爲三，因其所重不同。
最後歸結出「內容與形式，道理與道言，實難以作宗本與非宗本劃分也。」

---

〔註70〕楊儒賓：《莊周風貌》，頁 181～182。
〔註71〕楊儒賓：《莊周風貌》，頁 184。
〔註72〕朱哲：《先秦道家哲學研究》（上海：上海人民出版社，2000.9 第一版），頁 233。

與其以「三言」中某者爲本而論其間之關係，不如將「三言」視作「道」的分殊性展現，三者所欲成者，即爲「道」耳。而「三言」的運用，使《莊子》中的語言呈現出「以謬悠之說，荒唐之言，无端崖之辭，時恣縱而不儻，不以觭見之也。……其書雖瓌瑋而連犿无傷也，其辭雖參差而諔詭可觀。」的風格。

牟宗三在《中國哲學十九講》中，論「表達圓教」之模式時，提出了「分別說」與「非分別說」〔註73〕，並直指《莊子》的「三言」即爲非分別說。

> 就著某種境界說是分別說，而就著某種境界則是非分別說。比如莊子的思想，在某一層意思上說，它就是非分別說；莊子用寓言、重言、巵言，這三種說話的方式，嚴格講起來，就是非分別說。……用非分別的方式把道理、意境呈現出來，即表示這些道理、意境，不是用概念或分析可以講的；用概念或分析講，只是一個線索，一個引路。照道理或意境本身如實地看，它就是一種呈現，一種展示；而莊子在某一層面所表現的思想正是如此。……他是把老子分別說的一些基本概念，透過主體而加以呈現出來，也用寓言等方式將其呈現出來、點示出來；而所呈現所點示的事理，則不可以用概念分解的方式去講解，這已然到了最高的境界。〔註74〕

牟宗三對於「三言」非分別說地詮釋，正符合上述對「寓言、重言、巵言」的分析。莊子以非分別的方式將道理、意境呈現出來，因此種道理、意境並不能以概念或分析的方式表達，而非分別說的方式，正合於表達方式的三個條件，乃爲表達之最高境界。

---

〔註73〕所謂「分別說」與「非分別說」，牟宗三指出：「分別說與非分別說是佛教的詞語，或稱差別說與非差別說，若用現代西方的說法，則是分解地說與非分解地說。」《中國哲學十九講》（台北：台灣學生書局，2002.8 第九次印刷），頁 332。而「分別說」意義爲何耶？牟宗三云：「簡單地說，凡是關於『是什麼』（What……？）的問題，都是分別說，譬如什麼是仁、義、禮、智、信……等，儒家可以分別告訴我們這些義理，因爲儒家在這方面有『是什麼』的問題。……進一步，我們再擴大地說分析。在中國，聖人立教就是分別說，因爲不用分別的方式，就不能立教。好比《論語》所強調之智、仁、勇三達德，以及其中所包含之零零散散的觀念，本身就是分別說；也因爲是分別說，我們才能知道聖人所立之教，並爲我們自己的生命決定一個方向，立下一些規範。」《中國哲學十九講》，頁 344～345。

〔註74〕牟宗三：《中國哲學十九講》，頁 346～347。

## （二）「三言」中的角色

　　《莊子》的「三言」中，角色運用非常廣泛，大致可分作六類〔註75〕：1
歷史上的眞實人物；2 範概性的無名人物；3 動植物或無生物；4 神仙鬼怪；5
不可考證的上古得道之人；6 依意託名者。以下將列表針對此六類人物舉數例
以證明之：

| 類　　別 | 例　　　　　　　　子 |
| --- | --- |
| 1<br>歷史上的<br>眞實人物 | （1）文惠君：「庖丁爲文惠君解牛。（〈養生主〉）」——成玄英疏云：「文惠君，即梁惠王也。」<br>（2）楚昭王：「楚昭王失國，屠羊說走而從於昭王。（〈讓王〉）」——成玄英疏云：「昭王，名軫，平王之子也。」<br>（3）顏回：「顏回見仲尼，請行。（〈人間世〉）」——成玄英疏云：「姓顏，名回，字子淵，魯人也；孔子三千門人之中，總四科入室弟子也。」<br>（4）子產：「而與鄭子產同師於伯昏无人。（〈德充符〉）」——成玄英疏云：「姓公孫，名僑，字子產，鄭之賢大夫也。」 |
| 2<br>範概性的<br>無名人物 | （1）宋人：「宋人有善爲不龜手之藥者。（〈逍遙遊〉）」<br>（2）中國有人：「中國有人焉，非陰非陽，處於天地之間，直且爲人，將反於宗。（〈知北遊〉）」<br>（3）齊人：「齊人蹢子於宋者。（〈徐无鬼〉）」 |
| 3<br>動植物<br>或無生物 | （1）鵬：「鵬之背，不知其幾千里也。（〈逍遙遊〉）」<br>（2）櫟社樹：「匠石之齊，至於曲轅，見櫟社樹。（〈人間世〉）」<br>（3）芻狗：「夫芻狗之未陳也。（〈天運〉）」<br>（4）神龜：「吾聞楚有神龜，死已三千歲矣。（〈秋水〉）」 |
| 4<br>神仙鬼怪 | （1）河伯：「於是焉河伯欣然自喜。（〈秋水〉）」——成玄英疏云：「河伯，河神也，姓馮，名夷，華陰潼堤鄉人，得水仙之道。」<br>（2）北海若：「於是焉河伯始旋其面目，望洋向若而嘆。（〈秋水〉）」——成玄英疏云：「若，海神也。」<br>（3）夔：「夔憐蚿。（〈秋水〉）」——成玄英疏云：「夔是一足之獸，其形如鼓，足似人腳，而迴踵向前也。《山海經》云：『東海之內，有流波之山，其山有獸，狀如牛，蒼色，無角，一足而行，聲音如雷，名之曰夔。」<br>（4）雷霆：「戶內之煩壤，雷霆處之。（〈達生〉）」——成玄英疏云：「門戶內糞壤之中，其間有鬼，名曰雷霆。」 |

〔註75〕　《莊子》「三言」中的角色，乃依據顏崑陽《莊子的寓言世界》一書中之分類
　　　　　法分作六類，並採用其類別名稱。頁 192～195。

| 類　　別 | 例　　　　　　子 |
|---|---|
| 5<br>不可考證的<br>上古得道之人 | （1）肩吾、連叔：「肩吾問於連叔。（〈逍遙遊〉）」——成玄英疏：「肩吾連叔，並古之懷道人也。」<br>（2）壺子：「列子見之而心醉，歸，以告壺子。（〈應帝王〉）」——成玄英疏：「壺子，鄭之得道人。」<br>（3）老龍吉：「妸荷甘與神農同學於老龍吉。（〈知北遊〉）」——《釋文》云：「懷道人也。」<br>（4）弇堈弔：「弇堈弔聞之。（〈知北遊〉）」——《釋文》云：「弇剛，體道人；弔，其名。」 |
| 6<br>依意託名者 | （1）渾沌：「中央之帝爲渾沌。（〈應帝王〉）」——《釋文》云：「此喻自然。」<br>（2）喫詬：「使喫詬索之而不得也。（〈天地〉）」——成玄英疏：「喫詬，言辯也。」<br>（3）象罔：「乃使象罔，象罔得之。（〈天地〉）」——成玄英疏：「罔象，無心之謂。」<br>（4）支離叔：「支離叔與滑介叔觀於冥伯之丘。（〈至樂〉）」——成玄英疏：「支離，謂支體離析，以明忘形也。」 |

凡此六類角色，不論所用爲何，其目的均一，不過藉以傳道也。即如顏崑陽所云：

> 莊子語言的特色，便在於他不直接用符號性語言去傳述概念，而是用意象語言去創造境界，以將聽者讀者引入他所創造的境界中，以心證心，而自得其境。〔註76〕

莊子藉由這六類人物之意象營造出道境，並引領讀者進入此境界中，然而若欲由此境中有所得，唯有靠自己作工夫了。

# 第三節　小結

關於「語言」在現實生活上的使用，牟宗三曾表示唐君毅以爲當可分作三類：「科學語言」、「文學語言」與「啓發語言」〔註77〕。而《莊子》所使用

〔註76〕顏崑陽：《莊子的寓言世界》，頁149。
〔註77〕牟宗三云：「所以唐君毅先生就曾經提出一個觀念來，他提出從我們事實上使用語言所表現的來看，當該是三分：科學語言是一種；文學語言是情感語言；至於道家、儒家所講的，這些還是學問，他們所講的是道。道不是情感，道是理性。但是這個理性我剛才說過，它不是在科學、數學裏面所表現的那個理性。它既然是理性，因此表達這種理性的語言就不是文學語言這種情感語

的語言，正爲「啓發語言」，所欲啓發者，並非人之情感與理性，而是欲使人自覺地作工夫以達道境。而牟宗三除將「三言」歸類爲「非分別說」，於《才性與玄理》一書中又稱「三言」的表現手法爲「描述的講法」〔註78〕，並據此分析《莊子》的詮釋方式，云：

> 此所謂描述的講法，非通常義。除對遮「分解的講法」外，以以下三層義理明之。首先，「以巵言爲曼衍，以重言爲真，以寓言爲廣。」此中之巵言、重言、寓言，即是描述的講法。並無形式的邏輯關係，亦無概念的辯解理路。……其次，在此漫畫式的描述講法中，正藏有「詭辭爲用」之玄智。此謂「無理路之理路」，亦曰「從渾沌中見秩序」。……最後，此大詭辭之玄智，如再概念化之，嚴整地說出，便是一種「辯證的融化」。……而「辯證的融化」卻是藏在謬悠、荒唐、無端崖之芒忽恣縱之描寫中。……而此芒忽恣縱之描寫卻是有一種立體的詭辭玄智藏於其中。此可曰「辯證的描述」。〔註79〕

牟宗三將「描述的講法」分作三層論述：第一層即「巵言、重言、寓言」，此層中並不作理上的分解，而意再呈顯一無分解的渾沌。第二層中，開始進行理上的分解，以辯證之方式分別說明。第三層中，進行辯證的融化，反顯出道的圓實，亦爲「辯證的融化」。莊子「巵言、重言、寓言」的描述講法，實即是一連串「精神辯證」發展的過程，其目的不外乎在引領讀者一步步邁向體道的境界。

---

言，可是這也不是科學語言。所以唐君毅先生提議把這種語言叫做啓發語言（heuristic language）。……這個啓發語言，就如大學中所說的「大學之道在明明德」，也好像佛家講無明，從無明變成「明」，它是表示我們生命的enlightment，使我們的生命明。」《中國哲學十九講》，頁28。而唐君毅在《中國哲學原論・導論篇》一書的〈第七章 原言與默：中國先哲對言默之運用〉中，論及先秦儒墨道法四家對言默態度之不同時，曾將語言分作四類：「指客觀之事物的科學語言」、「表主觀之情志的文學語言」、「通達人我之意的相告相命語言」、「人類原始對客觀之事物之語言，即咒語」。（台北：臺灣學生書局，2004.10 全集校訂版三刷），頁224～228。此處唐君毅雖未如牟宗三所言，將語言三分，但仍可對牟宗三之說提出佐證。

〔註78〕 牟宗三云：「至於莊子，則隨詭辭爲用，化體用而爲一。其詭辭爲用，亦非平說，而乃表現。表現者，則所謂描述的講法也。彼將老子由分解的講法所展現者，一起消融於描述的講法中，而芒忽恣縱以烘託之，此所謂表現也。芒忽恣縱以烘託之，即消融於『詭辭爲用』中以顯示之。」《才性與玄理》（台北：台灣學生書局，2002.8 修訂版九刷），頁176。

〔註79〕 牟宗三：《才性與玄理》，頁176～177。

　　最後，我們既已瞭解《莊子》的表達方式，故在進入《莊子》思想前，對其語言則需預設一立場：

> 荃者所以在魚，得魚而忘荃；蹄者所以在兔，得兔而忘蹄；言者所
> 以在意，得意而忘言。吾安得夫忘言之人而與之言哉！
>
> （〈外物〉，頁944）

此處先舉「荃、蹄」為喻，說明荃與蹄乃是捕捉魚、兔的工具，得魚與兔方為眞正的目的，此正如「言」亦僅為傳「意」的工具，得「意」方為眞正的目的，故一旦得到眞意，便可忘言。此「忘」字，並非眞要人忘掉語言、拋棄語言，而是在指能夠超越語言之侷限性，並將其圓滿地消融於道境中。易言之，欲傳道不得不借用「語言」這個工具，但若太執著於「語言」，甚至本末倒置，將「語言」視為主，「意義」視為末，則離道遠矣。如王邦雄云：

> 莊子把這些中介的概念語言取消，直接用寓言的文學性方式，來表
> 現他的哲理，希望讀者能夠得意而忘言，化掉了概念語言的執著，
> 使我們不會滯陷在概念語言之嚴格的邏輯運作中。寓言是描述語言
> 而不滯陷於概念限定中。〔註80〕

由此可知，莊子所以採「寓言、重言、巵言」的表達方式，即在避免使用「概念語言」時所造成的滯陷，而改用「描述語言」（即牟宗三「描述的講法」），化掉讀者對概念語言之執著，使讀者能夠「得意忘言」。

　　本節中，藉由對莊子「寓言、重言、巵言」之分析與眾學者之詮釋，瞭解莊子「三言」之意義與其用心。而既知莊子之用心，故面對《莊子》的章句時，萬不可執著於文字之上，必須秉持「得意忘言」的立場，方可得莊子之大意也。

---

〔註80〕王邦雄：〈從莊子寓言說人生哲理〉《鵝湖》107期（1984.5），頁29。

# 第三章　大鵬怒飛
## ──《莊子》的理想生命境界暨工夫論

## 第一節　逍遙論

　　莊子身處戰國之世，面對著外在客觀環境與內在主觀生命交織所產生的種種困境，《莊子》首篇即提出一理想的生命境界──「逍遙」以對治之。然而何謂「逍遙」？又何以能解決人生困境耶？關於莊子「逍遙」之定義及其內涵，歷代學者討論頗多，特別是郭象與支遁二家之注，究竟何者較切合於莊子之原意，諸家討論更是熱烈，今既欲分析「逍遙」，不妨循莊子、郭象、支遁之說，參以前輩學者之見，分辨三家之異同，以明「逍遙」之眞義。而於探究「逍遙」境界之後，再進一步所欲追問者即是「如何能達逍遙之境」，此部分便涉及了莊子的「工夫論」。總而言之，本章首先即在分析莊子「逍遙」理境的意涵，接著再探求達「逍遙」境界之工夫，以明其實踐之可能。

## 一、無待的逍遙

### （一）「逍遙」釋意

　　一般討論《莊子》思想者，多將〈逍遙遊〉一篇視作全書的總旨，其他諸篇則順〈逍遙遊〉之義理作開展 [註1]。因而注《莊子》者與前輩學者多對

─────────────

〔註 1〕 如陳品卿云：「莊子內七篇，以逍遙遊爲中心，可觀其體系：蓋能泯除物論，視萬物齊一，而懷道抱德者，自能適性而逍遙矣。修養生主，達觀死生，而得其縣解者，則可盡年而逍遙矣。雖處人世，然心通至道，而虛靜應物者，故能逍遙於人間矣。德充乎內而符驗於外，此乃至德內充，冥合眞宰，以達

「逍遙」一詞作深入的剖析，然各家因所處時代環境與個人見解之別，所詮
釋的「逍遙」義旨亦不盡相同。若單就「逍遙」一詞而言，除首篇以「逍遙
遊」命為篇名外，另有六處提及「逍遙」。

> 今子有大樹，患其无用，何不樹之於无何有之鄉、廣莫之野，彷徨
> 乎无爲其側，逍遙乎寢臥其下。不夭斤斧，物无害者，无所可用，
> 安所困苦哉！（〈逍遙遊〉，頁 40）

> 芒然彷徨乎塵垢之外，逍遙乎无爲之業。彼又惡能憒憒然爲世俗之
> 禮，以觀眾人之耳目哉！（〈大宗師〉，頁 268）

> 古之至人，假道於仁，託宿於義，以遊逍遙之虛，食於苟簡之田，
> 立於不貸之圃。逍遙，无爲也；苟簡，易養也；不貸，无出也。古
> 者謂是采眞之遊。（〈天運〉，頁 519）

> 子獨不聞夫至人之自行邪？忘其肝膽，遺其耳目，芒然彷徨乎塵垢
> 之外，逍遙乎无事之業，是謂爲而不恃，長而不宰。
>
> （〈達生〉，頁 663）

> 春耕種，形足以勞動；秋收斂，身足以休食；日出而作，日入而息，
> 逍遙於天地之間而心意自得。吾何以天下爲哉！（〈讓王〉，頁 966）

就上引五段章句而言，〈逍遙遊〉、〈大宗師〉與〈天運〉篇提及「逍遙」時，
總與「無爲」相關連著，其中〈天運〉篇更直以「無爲」定義「逍遙」，而〈達
生〉中之章句則幾同於〈大宗師〉，僅將「無爲」更替作「無事」。純就字面
觀之，「無爲」、「無事」，似在教人無所事事，然由〈讓王〉中善卷云：「春耕
種」、「秋收斂」、「日出而作，日入而息」等語可知，《莊子》並非教人無所事
事，實欲人順其「眞」而「自行」，超絕於俗塵之上，顯出一怡然自得之境界。
對「逍遙遊」之解釋，成玄英於〈莊子序〉中曾羅列三說：

> 第一，顧桐柏云：「逍者，銷也；遙者，遠也。銷盡有爲累，遠見無
> 爲理。以斯而遊，故曰逍遙。」第二，支道林云：「物物而不物於物，
> 故逍然不我待；玄感不疾而速，故遙然靡所不爲。以斯而遊天下，
> 故曰逍遙遊。」第三，穆夜云：「逍遙者，蓋是放狂自得之名也。至

---

逍遙者也。師法天道，外乎死生，順天任化，此乃眞人之逍遙也。帝王爲政，
應乎無爲，任之自然，此乃上下之逍遙也。可知逍遙遊道，乃莊子之終極目
的矣。」《莊學新探》（台北：文史哲出版社，1983.3 初版），頁 43。

德內充，无時不適；忘懷應物，何往不通！以斯而遊天下，故曰逍

遙遊。」……所以〈逍遙〉建初者，言達道之士，智德明敏，所造

皆適，遇物逍遙，故以〈逍遙〉命物。〔註2〕

其中顧桐柏之說強調了「有爲」、「無爲」之別，並以「銷盡」解「逍」字，「遠見」解「遙」字，由此二者以成「逍遙」之境。支道林之說則強調了「物物而不物於物」，則自然不待於物，無所不爲，由此以成「逍遙」之境。穆夜強調了內德充實便能無時不適，應物忘其本懷，便能無往不通，由此以成「逍遙」之境。其實，「無爲」本爲內在之修養，能無爲便能「物物而不物於物」，銷盡有爲之累，處於人世時當能「无時不適」、「何往不通」！成玄英則曰「達道之士，智德明敏，所造皆適，遇物逍遙」，可知能達逍遙者必爲達道之士，其落於現實而言，則同於上述三人「无時不適」、「何往不通」。以上藉成玄英於〈莊子序〉中之說，簡單底瞭解「逍遙遊」之義。而今人又是如何了解「逍遙遊」耶？徐復觀釋之曰：

按消者消釋而無執滯，乃對理而言。搖者隨順而無抵觸，乃對人而

言。游者，象徵無所拘礙之自得自由的狀態。總括言之，即形容精

神由解放而得到自由活動的情形。〔註3〕

王邦雄釋「逍遙遊」曰：

……所謂的「逍」，就是消解。人如果能夠消解功名利祿，消解形

軀官能的侷限束縛，然後我們世界才會大，這叫「遙」，遙就是高

蹈遠引。……在莊子說來，逍就是消解，消解官能，心知、情識，

然後一個廣大無垠的世界就在我們面前開顯出來了，而後人間可

遊。〔註4〕

合二家所論，「逍遙遊」旨在消解功名利祿與形軀官能所帶來的侷限束縛，並隨順人世所開展出的精神境界。因之，人便可自由地悠遊現實世界而無感其擾。

　　由以上所述，我們可推論出「逍遙」恆與「無爲」相關聯，而「無爲」所顯的是一怡然自得的精神境界，欲達此境界則必層層消解偏執。行文至此

---

〔註2〕郭慶藩輯：《莊子集釋》（台北：河洛圖書出版社，1980.8臺影印初版），頁6～7。

〔註3〕徐復觀：《中國人性論史‧先秦篇》（台北：台灣商務印書館，2003.10第十三次印刷），頁393。

〔註4〕王邦雄：《中國哲學論集》（台北：台灣學生書局，1983.8初版），頁203～204。

僅是透過「逍遙」的詞義與前輩學者所論，對「逍遙」作初步地認識。若欲進一步瞭解莊子「逍遙」的本旨，唯有順〈逍遙遊〉層層梳理，方可深入地瞭解。

### （二）由〈逍遙遊〉釋「逍遙」境界

綜觀〈逍遙遊〉一文之結構，可粗分作三個部分〔註5〕：

第一部份，自「北冥有魚」至「此小大之辯也」。此部分在藉「大鵬怒飛」的寓言標示出「逍遙」的理想境界，並由「鯤、鵬」與「蜩、學鳩、斥鴳」的對比說明「小大之辯」。

第二部分，自「故夫知效一官」至「故曰：至人无己，神人无功，聖人无名」。此部分為本篇之主旨，透過四種不同的生命境界說明「有待」、「無待」之別，並為「逍遙」下一確切之定義。

第三部分，自「堯讓天下於許由」至「无所可用，安所困苦哉」。此部分旨在藉「堯讓天下於許由」、「藐姑射之山有神人居」、「大瓠之種」與「不龜手之藥」等故事，進一步具體地闡明「逍遙」義旨。

首先，即由第一部份論起。〈逍遙遊〉篇首舉「大鵬怒飛」〔註6〕之寓言：

> 北冥有魚，其名為鯤。鯤之大，不知其幾千里也。化而為鳥，其名
> 為鵬。鵬之背，不知其幾千里也。怒而飛，其翼若垂天之雲。是鳥
> 也，海運則將徙於南冥。南冥者，天池也。（〈逍遙遊〉，頁2）

北冥有魚——鯤，「鯤」為小魚之名〔註7〕，莊子言其大不知幾千里，意味著小魚變為大魚，大魚又化而為大鳥——「鵬」，大鵬鳥怒而飛，至於南冥。其中最引人注意者有三點：其一，由「北冥」飛向「南冥」，是否有特殊意涵？其二，魚如何「化」而為鳥，此「化」字該如何理解？其三，大鵬鳥

---

〔註5〕 此處將〈逍遙遊〉一文之結構分作三個部分，乃從吳怡之說。參見《逍遙的莊子》（台北：東大圖書股份有限公司，1991.4三版），頁33。

〔註6〕 王邦雄云：「此中揭示的生命洞見有三：一為就形軀而言，人一如魚子般的小，然透過人之自覺的精神修養，是可以成就其生命人格之大。二為只有成就人的生命主體之大，才能與宇宙客體之大的海運結合為一，而開顯主客冥合之同體之大的天池理想境。三為若人之自身長不大，就是大宇長宙的孕育亦不足以使其大；反之，人的生命之大，若不與自然之氣匯歸為一，僅是獨體之大，而不足以成就其終極同體之大。故不以人之大，對抗宇宙自然之大。」《中國哲學論集》，頁65。

〔註7〕 《釋文》引《爾雅·釋魚》云：「鯤，魚子。」郭慶藩輯：《莊子集釋》（台北：河洛圖書出版社，1980.8臺影印初版），頁3。

之境是否達「逍遙」？關於第一點，《莊子》書中的「南」、「北」，通常非單純地表示方位，「北」暗示陰、昏暗；「南」則暗示陽、明亮〔註8〕。成玄英疏云：

> 所以化魚爲鳥，自北徂南者，鳥是凌虛之物，南即啓明之方；魚乃滯溺之蟲，北蓋幽冥之地；欲表向明背暗，捨滯求進，故舉南北鳥魚以示爲道之運耳。〔註9〕（「南冥者，天池也」句下疏）

依其意，南方爲「啓明之方」，北方爲「幽冥之地」。易言之，大魚化而爲大鳥，由北冥飛抵南冥，正如成疏所云：「欲表向明背暗，捨滯求進」，暗喻著主體生命境界由小而大，由大而化，以至飛向理想光明。但其中又隱藏著魚化而爲鳥之問題，該如何理解「化」字呢？魚、鳥並非同種類之生物，故魚化爲鳥非本質的變化，屬於異質的變化。何修仁云：「『化』的意義，基本義是指身軀的變化，擴充義則意謂著生命的轉化，而在轉化的過程中，必然是朝向理想正面的。」〔註10〕此種異質的變化，就客觀的外在角度而論，僅是一種身軀的變化，然而若是就主體生命境界而言，便是一種生命的轉化，吳怡云：「這個化字除了變化的意思外，更有昇華的意思，變化是平面的轉換，昇華則是向上的提昇。」〔註11〕「魚化而爲鳥」本有向上超拔、提昇之意，故以「昇華」解「化」字，似更爲貼切。然此「昇華」並非憑空而得，莊子云：

> 且夫水之積也不厚，則其負大舟也無力。覆杯水於坳堂之上，則芥爲之舟；置杯焉則膠，水淺而舟大也。風之積也不厚，則其負大翼也無力。故九萬里，則風斯在下矣，而後乃今培風；背負青天而莫之夭閼者，而後乃今將圖南。（〈逍遙遊〉，頁7）

水之積必須厚實，方可承載大舟；風之積必須厚實，方可托負大翼，而後方

---

〔註8〕鍾泰云：「北於《易》爲坎之方，南爲離之方。《說卦傳》曰：『離也者，明也。萬物皆相見，南方之卦也。聖人南面而聽天下，嚮明而治，蓋取諸此也。』夫離南爲明，則坎北爲暗可知。鯤化爲鵬，由北而南徙，象昭昭生於冥冥也。」《莊子發微》（上海：上海古籍出版社，2002.4新一版），頁5。據此可知，南爲明，北爲暗。如〈天地〉篇：「黃帝遊乎赤水之北，登乎崑崙之丘而南望，還歸，遺其玄珠。」

〔註9〕郭慶藩：《莊子集釋》，頁4。

〔註10〕何修仁：〈《莊子‧逍遙遊》的逍遙哲學〉，《聯合學報》第二十二期（2004），頁41～42。

〔註11〕吳怡：《逍遙的莊子》（台北：東大圖書股份有限公司，1991.4三版），頁53。

能「怒而飛」、「圖南」。故知欲「化」，必先有「積」、「厚」之功，否則不足以「化」也。易言之，此「化」字背後實隱含著工夫義，此工夫義的「化」，誠如前所言，是向著更高、更遠的境界提昇。而大鵬鳥既然有「積、厚」之功，由大魚化為大鳥，甚而由北冥飛往南冥，那大鵬之境是否稱得上逍遙呢？唐君毅云：

> 莊子固未嘗以大魚之化大鵬為逍遙，因其必待風之積，以負大翼，而未能無所待也。……大鵬之飛固有待，即無待，亦只是鳥，其不能有人之逍遙，不待辯也。〔註12〕

唐氏認為大鵬之境界尚稱不上「逍遙」，理由有二：第一，因大鵬必待風之積後才能高飛，故未能無待；第二，即便大鵬之飛能無待，其終究只是鳥，故不能有人之逍遙。對於唐氏之說，或可提出一些疑問。首先就第二點而言，理論上唯有人能「自覺地」作工夫而達逍遙之境，而鳥並非人，無法自覺地作工夫，自是不能達逍遙之境，所以正如唐氏所言「即無待，亦只是鳥，其不能有人之逍遙」。然若換個角度而論，若僅因大鵬為「鳥」，便斷定其不能有人的逍遙，則不免有偏執著於「物我之別」，而以人為貴，物為賤的疑慮。況且「大鵬怒飛」中，鯤變成大魚、大魚化成大鳥——鵬，鵬怒而飛抵南冥，莊子僅是在藉「由小而大，由大而化，以至最高境」的一連串過程，描述生命境界提昇的過程，楬櫫「逍遙」的理想境界，若必執著於是「鳥」而不是「人」，不免有陷於莊子語言的瘴霧之虞，忘其不過為寓言矣，所應留意者當為莊子藉由大鵬鳥所開展的境界是否合乎「逍遙」才是。至於第一點，以大鵬之飛必待「風之積」，故判定其為「有待」，亦實可再三斟酌。前已言「水之積」、「風之積」的「積」實為一工夫義，必「積之厚」才能負「大舟、大翼」，亦才有「化」之可能。而徐聖心釋此「積」字，云：

> 積，是人類經驗擴大的一種方式。若說「為學日益」，依常見的解釋，其意義對比於「為道日損」而被否定，則其「積」固是「以有涯隨无涯，殆已。」但「積」不可以別有意義嗎？……本文說「去以六月息者也」，六月海運風動，才能托此大翼；大翼既舉，又需直上九萬里而後飛行無礙。因此同階次之例，「而後」是積的敘述詞，而非

---

〔註12〕唐君毅：《中國哲學原論·原道篇弍》（台北：臺灣學生書局，2004.10 全集校訂版三刷），頁 351～352。

對鵬飛境況的否定詞。不應視「積、而後」爲有待、違於〈逍遙遊〉

的「無待」主旨。〔註13〕

依其意，此「積」字不作儒家式的「積學」解，因此解正爲道家所極欲化除者。「積」字當視作主體自覺地作工夫，不論是「積水」或是「積風」，皆在論主體內在經由作工夫所成就的蘊含，不當視作外在的依恃，因此徐聖心以爲「不應視『積、而後』爲有待、違於〈逍遙遊〉的『無待』主旨」，故知大鵬所展示之境應可視爲「無待」的逍遙境界。

總言之，此寓言中鯤化爲鵬，由北冥徙於南冥，表示主體生命由低處向高處「化」，並標示出一個高遠的主體生命境界，而能達高遠的主體生命境界即爲「逍遙」。在此，莊子藉「大鵬怒飛」的寓言烘托出「逍遙」的境界，一步步引領我們進入其恢詭譎怪的思想世界。

緊接著，莊子舉出「鵬」與「蜩、學鳩、斥鴳」作爲對比，標示生命境界之不同，而後人則據此進一步推論兩者間何者可達「逍遙」之境。或以爲兩者皆已達之，如郭象；或以爲兩者皆未達之，如支道林。此議題涉及了「逍遙」的普遍性，即是否人人皆可達「逍遙」？在討論此問題前，茲先錄出《莊子》中關於「小大之辯」的章句。

> 蜩與學鳩笑之曰：「我決起而飛，搶榆枋，時則不至而控於地而已矣，奚以之九萬里而南爲？」適莽蒼者，三湌而反，腹猶果然；適百里者，宿舂糧；適千里者，三月聚糧。之二蟲又何知！
>
> （〈逍遙遊〉，頁9）
>
> 湯之問棘也是已。窮髮之北，有冥海者，天池也。有魚焉，其廣數千里，未有知其修者，其名爲鯤。有鳥焉，其名爲鵬，背若太山，翼若垂天之雲，摶扶搖羊角而上者九萬里，絕雲氣，負青天，然後圖南，且適南冥也。斥鴳笑之曰：「彼且奚適也？我騰躍而上，不過數仞而下，翱翔蓬蒿之間，此亦飛之至也。而彼且奚適也？」此小大之辯也。（〈逍遙遊〉，頁14）
>
> 小知不及大知，小年不及大年。奚以知其然也？朝菌不知晦朔，蟪蛄不知春秋，此小年也。楚之南有冥靈者，以五百歲爲春，五百歲

---

〔註13〕參見徐聖心：《莊子「三言」的創用及其後設意義》（台北：台灣大學中國文學研究所博士論文，林麗眞先生指導，1998年），頁57～58。

為秋；上古有大椿者，以八千歲為春，以八千歲為秋。而彭祖乃今

以久特聞，眾人匹之，不亦悲乎！（〈逍遙遊〉，頁11）

「小大之辯」中，究竟「小大」所指為何？就上所錄的章句而言，可由「外
在客觀的形軀」論之，則「小」者指「蜩、學鳩、斥鴳」等形軀較小之鳥類，
而「大」者指「鵬」，屬形軀較大的鳥類。兩段章句中小鳥皆以自己的觀點笑
大鵬鳥，以為其「奚以之九萬里而南為？」、「而彼且奚適也？」。徐聖心分析
此「笑」，以為：

「笑」，以與引發笑聲的鵬舉形成對比，造成某種情境。在此情境，
笑不是快樂的表徵，而指觀點未經反省的直接反射，「笑」在此文脈
乃用作字眼，表示發笑者所能達到的深度盡頭。這笑是純粹否定
的……笑出於知之小，知之小，因於飛行之小，亦因於年壽閱歷之
小。〔註14〕

其認為小鳥的「笑」，是「觀點未經反省的直接反射」，表示「發笑者所能達
到的深度盡頭」。客觀形軀的限制影響主體之「知」，因而對比出小鳥的「小
知」與大鵬鳥的「大知」，並言「小知不及大知」，以「大知」為高。由此角
度理解「小大」雖無誤，然仍有未盡之處。若進一步由「主體生命境界」的
角度看「小大」，則小鳥自足於自己狹隘的生命境界，故境界小；而大鵬鳥自
足於高遠的生命境界，故境界大。由此角度看「小大之辯」，正與「大鵬怒飛」
一段相同，大鵬之喻絕非僅止於表達大鵬的形軀是如何龐大、又是如何飛抵
南冥，而是在顯一高遠的主體生命境界。此處所以舉出小鳥與大鵬鳥，亦非
僅止於表達兩者形軀之別，乃在藉此對比出主體生命境界有高下之別，而以
境界高大者為貴，且大鵬之境即是所謂「逍遙」也〔註15〕。其中大鵬所以能
「逍遙」，關鍵在於「適莽蒼者，三飱而反，腹猶果然；適百里者，宿舂糧；
適千里者，三月聚糧。」一段，此意同於前段所言工夫義的「積」，莊子一再
暗示生命境界的高下，並非繫於客觀形軀的大小，關鍵在於「積、厚」，所積
愈是厚實，所達境界愈是高遠，此處的大鵬鳥因積有「三月聚糧」之功，故
可達千里之遠，境界自然高；小鳥不過「宿舂糧」，至遠不過達百里，境界自
然低。而由「小知不及大知」又帶出「小年不及大年」的問題，並引「朝菌、

---

〔註14〕 徐聖心：《莊子「三言」的創用及其後設意義》，頁59。

〔註15〕 王邦雄云：「事實上此一大小，乃生命價值的大小，精神心胸的大小，而非形
軀的大小，名位的大小。」《中國哲學論集》，頁70。

蟪蛄」與「楚之南有冥靈者」、「上古有大椿者」作爲「小年」與「大年」的對比，其意與「小知不及大知」相同，先由客觀生命的限制影響知見，再進一步表達主體生命境界有高下之別。總而言之，「小大之辯」中莊子所欲表達者，並非是客觀形軀的大小區別，而在論主體生命境界有大小之辯，由此角度詮釋應較能切合於莊子之原意。

　　〈逍遙遊〉的第二部分中，莊子除列舉出四種不同的主體生命境界，更進一步爲「逍遙」下確切地定義。

> 故夫知效一官，行比一鄉，德合一君，而徵一國者，其自視也亦若此矣。而宋榮子猶然笑之。且舉世而譽之而不加勸，舉世而非之而不加沮，定乎内外之分，辯乎榮辱之境，斯已矣。彼其於世未數數然也。雖然，猶有未樹也。夫列子御風而行，泠然善也，旬有五日而後反。彼於致福者，未數數然也。此雖免乎行，猶有所待者也。若夫乘天地之正，而御六氣之辯，以遊无窮者，彼且惡乎待哉！故曰：至人无己，神人无功，聖人无名。（〈逍遙遊〉，頁 16～17）

此段章句中，莊子明顯的區分出四種不同的生命境界：第一個層次乃「知效一官，行比一鄉，德合一君，而徵一國者」之境。在此境界者之智能可擔任一官之職，行爲可庇蔭一個鄉里，德行可以取信一國之國君。郭象、成玄英與林希逸三人皆以爲此如「亦猶鳥之自得於一方」「其自視亦如斥鴳之類」〔註16〕，即如「斥鴳之笑鯤、鵬」般自以爲滿足，而不自知己之小。憨山大師進一步云：「謂彼四等人，汲汲然以才智以祈一己之浮名者。」〔註17〕，即以爲這類人是以「知、行、德」求名於世。故鍾泰評之曰：「然要之皆徇名而務外。故宋榮子猶笑之。」〔註18〕既欲求名於世，便會十分在意他人對自己的評價，

---

〔註16〕郭象注云：「亦猶鳥之自得於一方也。」郭慶藩：《莊子集釋》，頁 17。成玄英疏云：「自有智數功效，堪莅一官；自有名譽著聞，比周鄉黨；自有道德弘博，可使南面，徵成邦國，安育黎元。此三者，稟分不同，優劣斯異，其於各足，未始不齊，視己所能，亦猶鳥之自得於一方。」郭慶藩：《莊子集釋》，頁 17。林希逸：「知效一官，言其智能可以辦一職之事也；行比一鄉，言其德行可以比合一鄉而使人歸向也；德見知於一君，是爲遇合而可以號召於一國，言主一國之事也。此三等人各以其所能爲自足，其自視亦如斥鴳之類。」《莊子鬳齋口義校注》（北京：中華書局，1997.3 第一版），頁 6。

〔註17〕憨山大師：《莊子内篇憨山註》（台北：新文豐出版公司，2004.12 初版五刷），頁 171。

〔註18〕鍾泰云：「由知而行而德，由一官而一鄉而一君一國，其中亦自有小大，然要之皆徇名而務外。故宋榮子猶笑之。」《莊子發微》，頁 13。

而爲了贏得好名聲，必然是汲汲於外物。易言之，此境界者滯陷於外在的功名權位，並以此自足，即爲上所論「蜩、學鳩、斥鴳」等小鳥境界，故列爲最下者。第二個層次爲「宋榮子」之境。宋榮子即宋鈃，〈天下〉篇謂其學「不累於俗，不飾於物，不苟於人，不忮於眾，願天下之安寧以活民命，人我之養畢足而止，以此白心。……見侮不辱，救民之鬥，禁攻寢兵，救世之戰。」（〈天下〉，頁 1082），故知其並非只求自身之功名者，正合此處「舉世而譽之而不加勸，舉世而非之而不加沮，定乎內外之分，辯乎榮辱之境」之云，能超脫世俗所給予的毀譽，肯定自我存在的價值，故不會汲汲於外物。雖然如此，仍舊有所不足，故郭象以爲「唯能自是耳，未能無所不可也。」〔註 19〕憨山大師云：「言未有樹立也，以但能忘名，未忘我。」〔註 20〕鍾泰云：「宋榮之笑『知效一官』數者，則以大笑小，似有間矣，顧曰『斯已矣』，猶是自足之見，斯其所得亦淺哉，故斷之曰『由有未樹』。」〔註 21〕王叔岷云：「案猶存我見，未能無待也。」〔註 22〕正如諸家所論，宋榮子雖能超脫世俗名利的桎梏，然而卻仍存「人我之別」〔註 23〕，執守於內，未能達「物我同一」之境，因此以大笑小，未能忘我，故莊子評曰：「由有未樹也」。第三個層次爲「列子」之境。列子能御風而行，即表示其能順風勢而行，所以能如此，在於能「忘我」。此外，又能達「彼於致福者，未數數然也。」對於人間種種福報，如財富、地位等皆可超脫，但依舊是有所不足。憨山大師云：「列子雖能忘禍福，未能忘死生以形骸未脫，故不能與造物遊於無窮。故待風而舉，亦不過旬五日而即返，非長往也。」〔註 24〕依憨山大師之意，列子雖能忘禍福，卻不夠超脫生死的禁錮，因此未能達與造物者遊於無窮的境界，所謂「造物者」即是就「自然」而言。列子之失，在於「猶有所待者也」，雖能「御風而行」，一旦失去「風」之憑藉，便無法達「泠然善也」。易言之，列子境界

---

〔註 19〕 成玄英云：「榮子捨有證無，溺在偏滯，故於無待之心，未立逍遙之趣，智尚劣也。」郭慶藩：《莊子集釋》，頁 19。
〔註 20〕 憨山大師：《莊子內篇憨山註》，頁 171。
〔註 21〕 鍾泰：《莊子發微》，頁 13。
〔註 22〕 王叔岷：《莊子校詮‧上冊》（台北：中央研究院歷史語言研究所，1999.6 景印三版），頁 19。
〔註 23〕 唐君毅云：「以理推之，蓋謂其辨內外，以自求『情欲寡淺於內』，『人我之養，畢足而止』，即尚未忘人我之分，而未能無己，以爲至人也。」《中國哲學原論‧原道篇式》，頁 353。
〔註 24〕 憨山大師：《莊子內篇憨山註》，頁 172。

雖高，但仍是「有待」，唯能「無待」，方能達逍遙之境界〔註 25〕。第四個層
次爲「至人无己，神人无功，聖人无名」之境。「至人、神人、聖人」能「乘
天地之正，而御六氣之辯，以遊无窮者，彼且惡乎待哉！」，故達到「逍遙」
的境界，爲最高者。故王邦雄釋此段章句，曰：

> 以是之故，「知效一官，行比一鄉，德合一君而徵一國者」的求取
> 功名於外，其生命情態亦若蜩鳩斥鷃的不知大鵬，與朝菌蟪蛄的不
> 及大椿，尚且爲困守於內，不爲外境之非譽所動的宋榮子所笑；而
> 列子「御風而行」的猶有所待，其「泠然善也」的輕妙，畢竟落在
> 形軀的修鍊，是以爲外在的自然之氣所決定，此亦不同於至人神人
> 聖人的「乘天地之正，而御六氣之辯」，乃無掉列子去之未盡的形
> 軀束縛，並斬斷「知效一官」者與「定乎內外之分」的宋榮子所不
> 能去的功名枷鎖，當下開顯了一個廣闊無垠的新天地，精神生命遂
> 得全然的自由奔放，昇揚飛越其間，是爲人間可遊，是爲逍遙至境。
> 〔註 26〕

由此四種境界，我們可整理出三點：第一，莊子判定是否達「逍遙」境界的
標準在於「無待」。所謂「待」，是就主體依恃外在現實的條件而言，若就事
象之角度出發，萬物皆無可避免地落於現實條件下，因而無一物是「無待」、
是「逍遙」，故知「逍遙」並非由事象界觀之〔註 27〕。然若由精神層面觀之，
人的主體精神當可剝落對外物的依恃，超絕於客觀現實之上，達到「無待」
的逍遙〔註 28〕。由此可知，自「列子」以下的「宋榮子」、「知效一官，行比
一鄉，德合一君，而徵一國者」，皆有待於外物，桎梏於客觀的現實條件中，
故未達「逍遙」境界。唯有層層剝落「有待」至「無待」於外物，達「至人、

---

〔註 25〕唐君毅云：「此即意在言列子雖能無己，而未能無功，以爲神人也。」《中國
　　　　哲學原論‧原道篇弌》，頁 353。

〔註 26〕王邦雄：《中國哲學論集》，頁 71。

〔註 27〕廖明活云：「總之，從事象角度觀萬物，沒有一物不是被籠罩在實然的限制網
　　　　裏，是沒有『逍遙』可言。」〈莊子、郭象與支遁之逍遙觀試析〉，《鵝湖》101
　　　　期（1983.11），頁 10。

〔註 28〕廖明活云：「但若站於精神層面看存在，人具有超越主體，即『靈府』、『眞君』、
　　　　『眞宰』。此主體既爲超越，便能離乎『有待』。以此爲本，人便有達至『逍
　　　　遙』的可能了。……『逍遙』不是事象域實然的事，而是精神域修養的結果；
　　　　是經由虛靜內斂工夫，使事象域諸變化往來，完全不騷擾波動『靈府』的自
　　　　由自在境界。」〈莊子、郭象與支遁之逍遙觀試析〉，頁 10。

神人、聖人」之境，方可稱作「逍遙」。第二，「夫乘天地之正，而御六氣之辯，以遊无窮者，彼且惡乎待哉！」乃是莊子為「逍遙」境界所下的明確內涵。第三，能落實「無待」的工夫達「逍遙」境界者，稱作「至人、神人、聖人」。

對於「逍遙」一詞的內涵與境界，討論至此已大抵結束，至於〈逍遙遊〉中的第三部分，乃是莊子為解說「至人、神人、聖人」等體道者所舉之寓言，而本章旨在揭示「逍遙」的理想境界，故對於體道者的討論，將移至第四章中，與「真人」一併討論之。

### （三）莊子「逍遙」的普遍性

莊子論「逍遙」時，仍有一問題懸而未決，此即逍遙的「普遍性」問題。在「小大之辯」中，莊子論小大，僅在藉小鳥與大鵬鳥表達主體生命境界有大小之別，與其「積」、「厚」之功相關，而「蜩、學鳩、斥鴳」不過為其寓言中之角色，故未明言其是否可「逍遙」，因此當時可暫不論小鳥與大鵬鳥形軀小大之別。但由小鳥與大鵬鳥形軀小大之別則可衍生出另一個問題，若大鵬鳥可逍遙，那「蜩、學鳩、斥鴳」是否亦可「逍遙」？現實中的「蜩、學鳩、斥鴳」，其形軀勢必不同於大鵬鳥，是否唯有大鵬鳥具「逍遙」之材，而「蜩、學鳩、斥鴳」則無此材。易言之，即欲達「逍遙」之境是否必須先具備「逍遙」之材。就人而言，人之氣性本有別，故材亦不相同，因而必須釐清「逍遙」是否具有普遍性，即是否人人皆可經由自覺的作工夫而達逍遙之境。若僅是某些具「聖人之材」者，方可達至「逍遙」之境，則莊子之「逍遙」論無異是空中樓閣，畢竟能具備「聖人之材」者，僅能為人群中少數人耳，而廣大的百姓便無從安頓其生命也。是故必須釐清莊子思想中，是否主張「逍遙」境界具有「普遍性」。對此議題，《莊子》云：

> 受命於地，唯松柏獨也正，在冬夏青青；受命於天，唯堯舜獨也正，幸能正生，以正眾生。〔註29〕（〈德充符〉，頁193）

> 南伯子葵曰：「道可得學邪？」曰：「惡！惡可！子非其人也。夫卜梁倚有聖人之才而无聖人之道，我有聖人之道而无聖人之才，吾欲

---

〔註29〕王叔岷云：「按陳碧虛《闕誤》引張君房本作『受命於地，唯松柏獨也正，在冬夏青青；受命於天，唯堯、舜獨也正，在萬物之首。』較今本多七字，文意完好，與郭《注》亦相符。《莊子校詮‧上冊》，頁176。據此於本段章句中增加「正」、「堯」二字。

以教之，庶幾其果爲聖人乎！不然，以聖人之道告聖人之才，亦易
矣。」（〈大宗師〉，頁252）

〈德充符〉中說明了受自然之正氣者，在下唯有松柏，在上唯有堯舜，故知堯舜必具有聖人之材、逍遙之質，但一般人則鮮少能「受命於天」，故郭象云：「言特受自然之正氣者至希也，下首則唯有松柏，上首則唯有聖人，故凡不正者皆來求正耳。若物皆有青全，則無貴於松柏；人各自正，則無羨於大聖而趣之。」〔註30〕然而一般人未受自然之正氣，是否即不具聖人之材、逍遙之質？在〈大宗師〉中，南伯子葵問：「道可得學邪？」女偶應之曰：「惡！惡可！子非其人也。」只因南伯子葵未具備聖人之材，女偶便直接否定其成聖的可能。合兩段章句觀之，莊子似乎以爲唯具有「聖人之材」者方可成聖人，達逍遙的境界〔註31〕。針對此問題，大抵有兩種主張：

1、以爲莊子的聖人生命境界必同時仰賴「聖人之道」與「聖人之才」方可臻達。如唐君毅便以爲「聖人之道」必與天生的「聖人之才」相結合，方能成就「聖人」，其云：

> 必以此人所知之聖人之道，與天生之聖人之才相結合，然後人得爲聖人。此即莊子之大慧也。雖然，若聖人之才，爲人知之所不知，則女偶又安能知其必無聖人之才？則女偶果能有聖人之道，亦固可不自問其是否有聖人之才，而唯本其所知之聖人之道，以自學爲聖人而已；而不必只持其所知聖人之道，以待天下之有聖人之才者矣。女偶若悟及此義，以自學爲聖人；既能學之，則亦固當有學之之才也。此則儒者之言人皆可以學爲堯舜，聖人可由學而成，人皆有學聖之才性之勝義所存，而蓋爲莊子所尚未及者也。〔註32〕

唐氏將「聖人之道」與「聖人之才」區分開來，將「聖人之道」歸於女偶，「聖人之才」歸於卜梁倚，此與成玄英所謂「言梁有外用之才而無內凝之道，女偶有虛淡之道而無明敏之才，各滯一邊，未爲通美。然以才方道，才劣道勝

---

〔註30〕郭慶藩：《莊子集釋》，頁194。
〔註31〕莊耀郎先生云：「莊子實具有一悲涼無奈的現實感受，要達到逍遙的境地，首先在先天的條件上即必須具備大知的聖人之才，至於後天的因素，則必須有機緣得『聖人之教』，加上個人的修證也必然要有徹達的工夫以成之，才能成就一個『眞人』的生命，『有眞人而後有眞知』，對於逍遙的境界，乃自覺地嚮往，自發地修證，自然地達致，自在地呈現。」《郭象玄學》，頁58。
〔註32〕唐君毅：《中國哲學原論・原道篇弍》，頁397。

也。〔註33〕」之意相合，必賴「聖人之道」與「聖人之才」方可成就聖人生命。易言之，唐氏以爲莊子聖人觀中，並非人人皆可成聖者，必具「聖人之才」者方可得而成聖人。

2、以爲莊子認爲人人皆可成聖人，不受天生之才的限制。如高柏園即以爲莊子具有普遍的人性肯定，人人皆可成聖人，其云：

> 蓋女偊明言：「吾聞道矣！」而又自謂：「我有聖人之道而無聖人之才」，果如此，則女偊雖無聖人之才而依然可以聞道，而有聖人之才的卜梁倚反而要依賴女偊守而告之始有悟道之可能。由此看來，女偊之知卜梁倚有聖人之才，即明顯否定了唐先生所說：「若聖人之才，爲人知之所不知」；同時，女偊之無聖人之才而又能聞道，則見道之可學，而此可學既無須依賴聖人之才，則此道當爲人人可學而至者，此即不同於唐先生所謂莊子尚未能及人皆可爲堯舜之勝義也。〔註34〕

高氏首先反駁了唐氏之見，以女偊無聖人之才卻可聞道，而卜梁倚反需要女偊守之、告之方有悟道之可能，又唐先生以爲「若聖人之才，爲人知之所不知」，但女偊卻知卜梁倚有聖人之才，若女偊不爲聖人，則其何由知卜梁倚有聖人之才，故知女偊必爲聖人。但前女偊自謂其無「聖人之才」，但仍可得聞「聖人之道」，並踐之以成聖人，由此可知成聖並不受限於「才」。但若同意人人皆可成聖人，似又難解釋女偊對南伯子葵的回答「惡！惡可！子非其人也。」鍾泰解此云：「『子非其人也』，激之之辭，非拒之也。若其拒之，則不告之矣。」〔註35〕按鍾泰之意，女偊的回答並非是對南伯子葵的正面否定，而是爲反面的方便語，其實意乃是欲激勵之，否則，其後又何必說出「成聖之道」耶！而此種激勵語亦見於「意而子見許由」〔註36〕一節中，許由先是

---

〔註33〕《莊子集釋》，頁253。

〔註34〕高柏園：《莊子內七篇思想研究》，頁193～194。

〔註35〕鍾泰：《莊子發微》，頁146。

〔註36〕「意而子見許由。許由曰：「堯何以資汝？」意而子曰：「堯謂我：『汝必躬服仁義而明言是非。』」許由曰：「而奚來爲軹？夫堯既已黥汝以仁義，而劓汝以是非矣，汝將何以遊夫遙蕩恣睢轉徙之塗乎？」意而子曰：「雖然，吾願遊於其藩。」許由曰：「不然。夫盲者無以與乎眉目顏色之好，瞽者無以與乎青黃黼黻之觀。」意而子曰：「夫無莊之失其美，據梁之失其力，黃帝之亡其知，皆在鑪捶之間耳。庸詎知夫造物者之不息我黥而補我劓，使我乘成以隨先生邪？」許由曰：「噫！未可知也。我爲汝言其大略。吾師乎！吾師乎！齏萬物

指責意而子曰：「而奚來為軹？夫堯既已黥汝以仁義，而劓汝以是非矣，汝將何以遊夫遙蕩恣睢轉徙之塗乎？」又指責其「夫盲者無以與乎眉目顏色之好，聾者無以與乎青黃黼黻之觀。」但最後仍是曰：「噫！未可知也。我為汝言其大略。」許由再三指責意由子之失，藉以激起意而子求道之心，最後許由見意而子求道之心已起，遂為其說道。

　　綜觀二家之說，筆者以為道家作為一大教，其內在之理論必具有普遍性，若是成聖必受限於「聖人之才」，則莊子之學必失其普遍性，而流於專為某些獨具「聖人之才」者說法之弊，故同意高氏之說，成聖並不受限於「聖人之才」。而「子非其人」一語，亦正如鍾泰所云，是為一激勵語，並非是正面否定之論。此外，由「大鵬怒飛」與「小大之辯」中便可查見，莊子討論逍遙時，其背後必先預設「人人皆可逍遙」之根據。何以言此？在「大鵬怒飛」中，「鯤」既可「化」作鵬而飛至南冥，所仰賴者唯「積」、「厚」之「化」；而「小大之辯」中，更直言鵬所以能「適千里者」，因其「三月聚糧」。由此可知，莊子必在預設「人人皆可逍遙」之根據下，始可一再強調必須不斷地作工夫以達理想生命的境界。

　　但《莊子》中未明確地肯定是否人人皆可逍遙，乃不爭的事實。莊耀郎先生即云：

> 《莊子》書中一直是存在著內聖和外王如何通而為一，方內和方外
> 　同不同禮，人間世和逍遙場是否為一，知與行，才與德，普遍性和
> 　特殊性如何統一等的問題，這些可以說都涵在其系統中。〔註37〕

誠如莊耀郎先生所云，《莊子》中雖存在著這些問題，但卻不可斷然否定「人人皆可逍遙」的普遍原則，對於前所謂「聖人之才」的爭議，吾寧可從鍾泰之說，將其視作「激勵語」，藉以激勵人追求生命境界的超拔，否則莊子之說不免失其實踐之價值而流於空宕。

## 二、適性的逍遙

### （一）郭象《注》中「適性」的逍遙

　　莊子的逍遙思想，乃是由「心」上論，所據以判別的標準在於主體生

---

　　而不為義，澤及萬世而不為仁，長於上古而不為老，覆載天地刻彫眾形而不
　　為巧。此所遊已。」《莊子集釋》，頁 278～281。
〔註37〕莊耀郎：《郭象玄學》，頁 58。

命境界是否達「無待」，唯至「乘天地之正，而御六氣之辯，以遊无窮者，彼且惡乎待哉」的「至人、神人、聖人」之境，方可稱作「逍遙」。依判別的標準，我們亦可稱莊子的「逍遙」境界爲「無待的逍遙」。而正因莊子由「心」上論「逍遙」，又未明確地表明是否「人人皆可逍遙」，即「逍遙」是否具「普遍性」，故後人對此問題多所質疑。直至郭象注《莊》時，將此論題納入其「逍遙」觀中，解決了莊子思想中「逍遙」是否具普遍性之疑慮。郭象云：

> 夫小大雖殊，而放於自得之場，則物任其性，事稱其能，各當其分，逍遙一也，豈容勝負於其間哉！〔註38〕（「逍遙遊第一」句下注）

> 苟足於其性，則雖大鵬無以自貴於小鳥，小鳥無羨於天池，而榮願有餘矣。故小大雖殊，逍遙一也。〔註39〕（〈逍遙遊〉「我決起而飛，槍榆枋，時則不至而控於地而已矣，奚以之九萬里而南爲？」句下注）

《莊子》中，本在藉大鵬、小鳥之別，揭示主體生命境界的不同，並未正視兩者間的客觀現實差距。郭象則突出大鵬與小鳥間的客觀現實差距，並泯齊客觀現實上「大、小」的差距，以爲只要「物任其性，事稱其能」而至「足於其性」，回歸於自己本有的性分而至「適性」，則兩者皆可登「逍遙」之境而無高下之別，因而言「逍遙一也」。若就「人」而言，同樣是有「小大之別」，此「小大」一般而言，雖可就外在形軀而言，但更可進一步指謂人所稟受之性分。而郭象之性分論，依莊耀郎先生之說，僅具自然的稟受之義，偏向於對特殊性的一面〔註40〕。人所稟受的自然之性殊異，具個別性與特殊性，且於出生之時便已定，其稟性大者自可達無待的逍遙，然稟性小者，雖無法至無待的逍遙，卻可藉「適性」達逍遙之境。易言之，郭象將莊子判定逍遙的

---

〔註38〕郭慶藩：《莊子集釋》，頁1。

〔註39〕郭慶藩：《莊子集釋》，頁9。

〔註40〕莊耀郎云：「郭象的性分論不重在傳統對於性作根源性的探討方式，也不賦予形上的性格，而只有自然的稟受之義。雖然他也說過『仁義是性』的話，究其實仍是偏向於對特殊性的一面展開他的理論。主要的論點是人事即性分之實現，性分即人事之根據，內外相符應。現實上所見之事，在理論上都出於性分之內，即所謂『徒識已然之見事耳，未知已然之出於自然也。』，已然之見事即指『分』而言，自然即指『性』而言，若權作仔細的分析，也可以說『性』偏向內在的根據義，『分』則偏向外在所處的位置，各依其性，各安其位，則謂之得性安分。」《郭象玄學》，頁130。

標準，由「無待」轉爲「適性」，由主體工夫的超昇轉向極其性分、適性安命的理境，解決了莊子思想中「逍遙」是否具普遍性之疑慮。

郭象詮釋逍遙理境，反覆不斷論說者，即是「適性」一旨，在足於性分之後，萬物皆可登逍遙之境。《莊子》「若夫乘天地之正，而御六氣之辯，以遊无窮者，彼且惡乎待哉！」下的注文，郭象更加詳盡地分析此理：

> 天地者，萬物之總名也。天地以萬物爲體，而萬物必以自然爲正，自然者，不爲而自然者也。故大鵬之能高，斥鴳之能下，椿木之能長，朝菌之能短，凡此皆自然之所能，非爲之所能也。不爲而自能，所以爲正也。故乘天地之正者，即是順萬物之性也；御六氣之辯者，即是遊變化之塗也；如斯以往，則何往而有窮哉！所遇斯乘，又將惡乎待哉！此乃至德之人玄同彼我者之逍遙也。苟有待焉，則雖列子之輕妙，猶不能以無風而行，故必得其所待，然後逍遙耳，而況大鵬乎！夫唯與物冥而循大變者，爲能無待而常通，豈〔獨〕自通而已哉！又順有待者，使不失其所待，所待不失，則同於大通矣。故有待無待，吾所不能齊也；至於各安其性，天機自張，受而不知，則吾所不能殊也。夫無待猶不足以殊有待，況有待者之巨細乎！〔註41〕（「若夫乘天地之正，而御六氣之辯，以遊无窮者，彼且惡乎待哉！」句下注）

此段注文應先注意者，乃郭象正面承認有「有待、無待」的分別。莊耀郎先生云：「如果依逍遙是生命境界的呈現，是一內容眞理言之，則此境界所代表的意義，和它所憑藉以達致的工夫歷程當密切不可分，也必然相一致的，這也就是『以教定宗』的意思，從工夫之內容規定所達到的境界，則郭象自己也必須承認有待、无待的分別，則『逍遙一也』如何可能？」〔註42〕若就工夫進路論逍遙，「至人、神人、聖人」自當可藉由工夫進路層層剝解有待，以至於無待，故郭象勢必承認有「有待、無待」之分別，既然承認，又如何言「逍遙一也」？即上所言，以泯齊性分差別的「適性」方式解決此問題。郭象順莊子「有待、無待」之別，將達致逍遙的過程分作兩種：一爲「至德之人玄同彼我者之逍遙也」，一爲「必得其所待，然後逍遙耳」。「至德之人玄同彼我者之逍遙也」，「至德之人」乃〈逍遙遊〉中的「至人、神人、聖人」，至

---

〔註41〕郭慶藩：《莊子集釋》，頁20。
〔註42〕莊耀郎：《郭象玄學》，頁61。

德之人由工夫進路所達的逍遙境界，自是符合莊子所謂「無待的逍遙」。然而「必得其所待，然後逍遙耳」者為一般人，其因性分之限，無法達至莊子無待的逍遙，但卻可藉由前者的「順有待者，使不失其所待」達至「適性」的逍遙，於此狀況下，所謂「適性」、「任性」、「足於其性」、「稱能」、「當分」、「自得」等本為實然意義之概念，遂一轉而為價值之所在〔註43〕。易言之，有待者之逍遙必賴無待者的「順有待者，使不失其所待」以保證之。由此看來，「逍遙一也」的「一」，並非指兩者的逍遙具有相同的內容，而是一同於「足於性分」。若以判斷「逍遙」的標準而言，莊子式的「逍遙」可稱作「無待的逍遙」，而郭象式的「逍遙」則可稱「適性的逍遙」〔註44〕。此外，牟宗三論此段云：

> 分別說，則有待無待不能齊也。然通過至人之逍遙，使有待者不失其所待，而同登逍遙之域，皆渾化於道術之中，則至人之無待亦無殊於芸芸者之有待。此為一整個渾化之大無待。在此「大無待」中，「無待猶不足以殊有待，況有待者之巨細乎」？此亦可說整個是一「詭辭為用」之一大詭辭所成之大無待。〔註45〕

牟氏將郭象「適性的逍遙」中，有待者通過至人無待的逍遙以得其所待後一同登逍遙之境，稱作「一整個渾化之大無待」，皆渾化在道術之中，故可言「至人之無待亦無殊於芸芸者之有待」，所「無殊」者，即前段言一於「足於性分」也。

## （二）劉孝標之《注》語

郭象的《莊子注》義理高遠，劉義慶《世說新語·文學篇》第三十二條云：「《莊子·逍遙遊》篇，舊是難處，諸名賢所可鑽味，而不能拔理於郭向

---

〔註43〕林聰舜云：「客觀而言，萬物並非真能達到逍遙自在，就萬物自身而言，逍遙僅為由至人之心觀照下，萬物不復有依待遷流相之自爾獨化境界，萬物之逍遙乃繫屬於主體之觀照而來。至人之心既為一『價值』之超越主體，則其觀照活動即為一價值實現活動，故於此種『與物冥而循大變』之道心觀照下，『適性』、『任性』、『足於其性』、『稱能』、『當分』、『自得』等本為實然意義之概念，遂一轉而為價值之所在，而同歸逍遙矣。」《向郭莊學之研究》（台北：文史哲出版社，1981.12初版），頁56。

〔註44〕此處將莊子的「逍遙」稱作「無待的逍遙」，而將郭象的「逍遙」稱作「適性的逍遙」，乃是依莊耀郎先生《郭象玄學》一書所論，藉以凸顯莊子、郭象二人「逍遙」義之別。參見《郭象玄學》，頁61。

〔註45〕牟宗三：《才性與玄理》（台北：台灣學生書局，2002.8修訂版九刷），頁186。

之外。〔註46〕」故知當時論「逍遙」者無人能出其右。又云：「支道林在白馬寺中，將馮太常共語，因及〈逍遙〉。支卓然標新理於二家之表，立異義於眾賢之外，皆是諸名賢尋味之所不得，後遂用支理。〔註47〕」劉義慶以為支道林的「逍遙」義超拔於郭象之說，後遂沿用支氏之說〔註48〕。劉孝標注此段時，羅列了郭象與支道林之說，今將藉劉孝標所列分析二家之說，判別二家「逍遙」義。

> 向子期、郭子玄逍遙義曰：「夫大鵬之上九萬，尺鷃之起榆枋，小大雖差，各任其性，苟當其分，逍遙一也。然物之芸芸，同資有待，得其所待，然後逍遙耳。唯聖人與物冥而循大變，為能無待而常通。豈獨自通而已！又從有待者不失其所待，不失，則同於大通矣。」〔註49〕

牟宗三於《才性與玄理》一書中，曾針對此段注語進行詳盡地分析，並將之分作「理上說」、「分別說」、「圓融說」三層〔註50〕。以下茲引述牟氏之說，並隨文梳理：

**1、理上說**

「夫大鵬之上九萬，尺鷃之起榆枋，小大雖差，各任其性，苟當其分，逍遙一也。」牟氏解此云：

> 小大之差是由對待關係比較而成。落於對待方式下觀萬物，則一切皆在一比較串中。此為比較串中大小之依待。長短、夭壽、高下串中之依待亦然。此為量的形式關係中之依待。在量的形式關係中之依待所籠罩之「現實存在」又皆有其實際條件之依待。此為質的實際關係中之依待。在此兩種依待方式下觀萬物，則無一是無待而自足者。亦即無一能逍遙而自在。……依莊子，逍遙必須是在超越或破除此兩種依待之限制中顯，此為逍遙之「形式的定義」。

---

〔註46〕劉義慶：《世說新語》（台北：藝文印書館，1959），頁135。

〔註47〕劉義慶：《世說新語》，頁135。

〔註48〕《世說新語》中，稱《莊子注》時每每以「向、郭」稱之，而《莊子注》到底是郭象自著或是郭象竊占向秀《莊子注》，亦是眾說紛紜。然本處所欲討論者乃以郭象為主，故不深究《莊子注》作者之爭，故當引文提及「向、郭」時，仍以「郭象」一人稱之。

〔註49〕劉義慶：《世說新語》，頁135～136。

〔註50〕牟宗三：《才性與玄理》，頁181～184。

「理上說」中，先由理上作一般的陳述，將「依待」分作「量的形式關係中之依待」與「質的實際關係中之依待」。所謂「量的形式關係中之依待」即為長短、夭壽、高下等，而「質的實際關係中之依待」乃是量的形式關係中的實際條件之依待。此層中乃就現實客觀的角度分析，萬物本有差別，故皆有所依待，若欲「逍遙」，則必須超越、衝破「量」與「質」的依待，牟氏稱此為逍遙之「形式的定義」。

### 2、分別說

「然物之芸芸，同資有待，得其所待，然後逍遙耳。唯聖人與物冥而循大變，為能無待而常通。」牟氏解此云：

> 「物之芸芸，同資有待，得其所待，然後逍遙耳」。此實不可說逍遙。……「唯聖人與物冥而循大變，為能無待而常通」。此即明標「惟聖人」始能超越或破除此限制網，而至真正之逍遙。然則真正之逍遙絕不是限制網中現實存在上的事，而是修養境界上的事。此屬於精神生活之領域，不屬於現實物質生活之領域。此為逍遙之真實定義，能體現形式定義之逍遙而具體化之者。此聖人修養境界上之真實逍遙，即支遁所明標之「逍遙者，明至人之心也」。……然人能自覺地作虛一而靜之工夫，以至聖人或至人之境界，而大鵬尺鷃，乃至草木瓦石，則不能作此修養之工夫。故「放於自得之場，逍遙一也」，此一普遍陳述，若就萬物言，則實是一觀照之境界。即以至人之心為根據而來之觀照，程明道所謂「萬物靜觀皆自得」者是也。並非萬物真能客觀地至乎此「真實之逍遙」。就萬物自身言，此是一藝術境界，並非一修養境界。凡藝術境界皆繫屬於主體之觀照。隨主體之超昇而超昇，隨主體之逍遙而逍遙。所謂「一逍遙一切逍遙」，並不能脫離此「主體中心」也。

「理上說」中，為「逍遙」定下「形式的定義」，而於「分別說」中為「逍遙」定下「真實定義」。所謂「真實定義」，乃表明了「逍遙」是修養境界上的事，隸屬於精神生活之領域，並不存在於現實物質生活中。並進一步說明，唯有聖人能體現形式定義之逍遙而具體化之，達至真正之逍遙。緊接著區分人與萬物的不同，人能夠自覺地作虛一而靜的工夫，臻達聖人、至人的逍遙境界，此為「修養境界」，故為「無待」。然而萬物並不能自覺地作虛一而靜的工夫，因此所謂「放於自得之場，逍遙一也」，僅是一「觀照境界」、「藝術境界」，

乃以至人之心爲根據而來的觀照，隨主體逍遙而逍遙，因此爲「有待」。總言之，此層中藉由逍遙的「眞實定義」區分出兩種不同的逍遙：一爲聖人「無待」的逍遙，乃自覺地作虛一而靜的工夫，是屬於精神生活之領域；一爲萬物「有待」的逍遙，因無法自覺地作虛一而靜的工夫，故是「觀照境界」、「藝術境界」，隨主體逍遙而逍遙。

### 3、圓融說

「豈獨自通而已！又從有待者不失其所待，不失，則同於大通矣。」牟氏解此云：

> ……「豈獨自通而已？又從有待者，不失其所待。不失，則同於大通矣。」此言聖人（或至人）無爲而治之功化。……不以仁義名利好尚牽挽天下，則物物含生抱樸，各適其性，此即所謂「從有待者，不失其所待」。此「不失其所待」之功化，亦含有觀照之藝術境界在內。……而道家之功化則爲道化之治。道化之治重視消極意義之「去碍」。……在去碍之下，渾忘一切大小、長短、是非、善惡、美醜之對待，而皆各回歸其自己。性分具足，不相凌駕。各是一絕對之獨體。如是，「則雖大鵬無以自貴於小鳥，小鳥無羨於天池，而榮願有餘矣。故小大雖殊，逍遙一也」。（郭象逍遙遊注語）芸芸眾生，雖不能自覺地作工夫，然以至人之去碍，而使之各適其性，天機自張，則亦即「使不失其所待」，而同登逍遙之域矣。此即所謂「不失，則同於大通矣」。「同於大通」者，無論聖人之無待與芸芸者之有待，皆渾化於道術之中也。此即所謂聖人之功化。功化與觀照一也。在「去礙」之下，功化即是觀照，觀照即是功化。觀照開藝術境界，功化顯渾化之道術。在去礙之下，一切浮動皆止息矣。浮動息，則依待之限制網裂矣。

「圓融說」中，說明了道家的道化之治，重在「去礙」，渾忘一切彼是的對立，足其性分。在「分別說」中，雖以爲僅聖人能自覺地作工夫而達眞正之逍遙，萬物則無法自覺地作工夫，緊是隨主體地觀照，一逍遙一切逍遙。但「圓融說」中，將此二者渾化，無論是聖人無待的修養境界，抑或是萬物有待的觀照境界，皆渾化於道術之中。易言之，即在聖人的去礙下，萬物皆各適其性，不失其所待，無論聖人、萬物，同登於「逍遙」的境界，此謂之「同於大通」，故云「功化與觀照一也」。

綜而言之，牟宗三將劉孝標《注》中所記的郭象逍遙義分作三層立說，先由「理上說」，定出逍遙之「形式的定義」；接著再由「分別說」，定出「逍遙」之「眞實定義」，並區別出人與萬物「逍遙境界」之不同，一爲「無待」，一爲「有待」；最後，於「圓融說」中將有待、無待渾化於道術之中，使聖人、萬物，同登於「逍遙」的境界，此乃義理上必然的要求。在郭象「適性的逍遙」義理架構下，圓滿地解決了《莊子》「無待的逍遙」所面臨的難題，使「逍遙」具有普遍性，此正爲郭象「逍遙」義之創見。

### （三）郭象「適性的逍遙」所面臨的困境

在郭象「適性的逍遙」義理架構下，成功地解決了《莊子》「無待的逍遙」中所面臨的難題，使「逍遙」具有普遍性。但在這看似圓滿具足的「逍遙」理論中，難道眞是牢不可破乎？吳怡云：

> 向、郭注逍遙遊的錯誤，最主要的關鍵就是未能把握自然兩字的眞義。按照中國哲學對自然兩字的用法，本是指宇宙人生的必然法則。由於這種法則，不是出於天帝的安排，也不是由於人爲的設施，而完全是它本身自己如此的，所以自然在宇宙來說，是指物性的自己如此；在人生來說，是指人性的自己如此。物性的自己如此是物性的本然，其本身並沒有價值的因素。而人性卻不然，其本身是有價值意義存在的。〔註51〕

吳怡指出郭象未能掌握「自然」的眞義，其以爲「自然」本指宇宙人生的必然法則，是它本身自己如此的。落在人生而言，指人性的自己如此，人性有其光明、積極的一面，故有價值意義可言；若是落在宇宙而言，僅是指物性的自己如此，此不過爲萬物生理的基本欲求，並無價值意義可言。而郭象的「適性」，所適從者若爲「物性」之一面，以爲只要能滿足萬物生理的基本欲求，便可至逍遙，此不免有使萬物走向消極頹敗之虞。

而林聰舜以爲：

> 向郭逍遙義於至人化境之把握，雖頗相應於莊子之原義，然化境之天機畢竟多宣說不得，若無主體工夫之撐持，則極易視爲現成而流於光景之把捉。如是，聖人主觀心境所呈現之境界，即被誤認爲客觀事實之存在。且向郭之把握逍遙遊之境界義，既爲由其解悟而來，

---

〔註51〕吳怡：《逍遙的莊子》，頁14～15。

而非得之於修證，則與其謂彼等眞正契於聖人境界，毋寧謂彼等乃徒恃其智解妙悟，以求於俗世之行爲中，抹上逍遙乘物之玄境。由是，向郭所把握之聖人主觀化境遂漸向客觀義而趨，價值意義與現象意義乃告混淆。〔註52〕

林聰舜由「價值意義」與「現象意義」兩個觀點分析郭象的「逍遙」，以爲若就「價值意義」而言，郭象確實能相應於莊子之原義，但卻缺乏主體工夫之撐持，是由悟解而來，因此易將莊子逍遙的主觀化境漸趨向客觀義，使價值意義與現象意義相互混淆。易言之，郭象「適性的逍遙」缺乏主體工夫以保證之，若一味只求足性、適性，其結果可能最後僅是滿足人的性分，落實而言，亦只是滿足生理之基本欲求，然此並不具價值意義，更異於莊子由精神層面所開展出的「無待的逍遙」。

對照郭象注〈逍遙遊〉的章句與《世說新語》中劉孝標《注》所記載，其以「適性」解莊子「無待的逍遙」之困境，而「適性」反成爲其「適性的逍遙」之困境。所以如此，癥結即在郭象「適性」之「性」，僅具自然的稟受之義，而無價值意義，偏向於對特殊性的一面，若就現實面而言，即吳怡所言的「物性」。反觀莊子「無待的逍遙」，乃是就精神層面而論，非就現實層面而言，強調人自覺地由心上作工夫，層層剝落對外物的依恃，終達逍遙的境界。但郭象「適性」的義理架構中，有待者未自覺地由心上作工夫，反倒僅是自足於自然的性分。在《莊子·刻意》篇云：「刻意尚行，離世異俗，高論怨誹，爲亢而已矣；此山谷之士，非世之人，枯槁赴淵者之所好也。語仁義忠信，恭儉推讓，爲修而已矣；此平世之士，教誨之人，遊居學者之所好也。語大功，立大名，禮君臣，正上下，爲治而已矣；此朝廷之士，尊主強國之人，致功并兼者之所好也。就藪澤，處閒曠，釣魚閒處，无爲而已矣；此江海之士，避世之人，閒暇者之所好也。吹呴呼吸，吐故納新，熊經鳥申，爲壽而已矣；此道引之士，養形之人，彭祖壽考者之所好也。」（〈刻意〉，頁535）羅列了「山谷之士、平世之士、朝廷之士、江海之士、道引之士」，以爲他們未達「恬惔，寂漠，虛无，无爲」聖人之德，僅是世俗一曲之士。然而郭象卻注云：「此數子者，所好不同，恣其所好，各之其方，亦所以爲逍遙也。」〔註53〕純就諸人所好而言逍遙，故莊耀郎先生評之曰：

---

〔註52〕林聰舜：《向郭莊學之研究》，頁58。
〔註53〕郭慶藩：《莊子集釋》，頁536。

此不問往上超拔，而只妥協於世俗，不由心逆返以貞定生命，開一
理想之價值世界；只顧氣性之遂足，在現實中摩蕩，苟逐一時之遇，
實不可以說是至人之逍遙。〔註54〕

郭象逍遙論中，有待者「適性」的逍遙僅在與現實世界作妥協，自足於一己
的世界，不求自覺地由心上作工夫，向上超拔開出一理想的價值世界。雖然
有待者在與現實世界作妥協時，亦可得「快然有似天真」的境界，但正如前
所云：有待者之逍遙必賴無待者的「順有待者，使不失其所待」以保證之，
一旦「失其所待」，便無法逍遙矣，此皆肇因於無徹達之工夫以保證之。

　　總言之，郭象以「適性」的角度，解決莊子「無待的逍遙」論中所引發
的「普遍性」困難，藉由無待者的「豈獨自通而已哉！又順有待者，使不失
其所待」，使有待者「適性」，則有待、無待皆渾化於道術之中，聖人與萬物
同登於「逍遙」的境界。在看似圓滿的理論架構下，實則隱藏著使人性向下
墮的危機，因其「適性」之「性」，僅具自然的稟受之義，不免流於僅是滿足
物欲之限，而不由心上自覺地做工夫以保證之。儘管如此，卻不能否定掉郭
象對莊子逍遙義之創見〔註55〕。此外，郭象由「適性」論逍遙，自有其特殊
的時代意義，不可以現代思想抹滅之也〔註56〕。

---

〔註54〕莊耀郎：《郭象玄學》，頁69。

〔註55〕蘇新鋈盛讚郭象《注》，云：「總上就郭象對莊子人生論思想之闡發看，莊子
之人生論諸義，實要皆不外以一『心齋』之『心』為中心而展開，而郭象之
注，實亦甚能把握此精神。故象注之莊書人生論思想，不論是就養生、心齋
言，或就安命、逍遙言，其注之文字或有繁簡詳略之不同，以至其義對應於
原文之本身字句言，或亦有若干之出入與偏差，然就總括之根本思理之發明
言，象注之表現實仍乃極為精當相應者，且其成就實亦遠在魏、晉之一般名
賢之上也。」《郭象莊學平議》（台北：台灣學生書局，1980.10 初版），頁323。

〔註56〕林聰舜詳盡分析了郭象「適性的逍遙」所可能產生的外在社會環境。云：「（1）
於當時才性觀念之下，聖人（即至人）乃屬命定而不可企及，適性說若純就
至人主觀心境立論，則屬渺不可及，而與常人脫節。故須於客觀上賦當前之
俗境以一「當下即逍遙」之地位，以滿足玄學背景下，時人意在即當前之俗
境以見玄遠之要求，並彌補才性命定而不得轉化之缺憾。（2）對當時遊於羿
之彀中之知識分子入俗容跡以求苟命之行為，須由客觀上賦予一美麗之解
釋，以彌補其內心之創傷。（3）對身在魏闕、心懷江海之當道，暨浮湛富貴
之鄉又欲宅心玄遠之門第世閥之行為，亦須由客觀上賦予一美麗之說辭，使
彼等得以滿足其虛榮之玄心，且肯認生活型態不合當道之意之諸名士，其心
態僅為求其自身之適性，而非對朝廷之嘲諷，以杜彼等之殺機，而得相安共
存。向郭於此種內外交逼之影響下，遂轉由客觀上說明適性、自得、自足即
逍遙之理。如此，則眾人雖未能達至聖人之逍遙，然卻可於適性即逍遙之美

## 三、至人的逍遙

### （一）支遁由「心」上論「逍遙」

前已藉牟宗三之論，分析《世說新語・文學篇》第三十二條中關於郭象「逍遙」義的部分，緊接著分析其中關於支遁「逍遙」義的部分。

> 支氏〈逍遙論〉曰：「夫逍遙者，明至人之心也。莊生建言大道，而寄指鵬、鷃。鵬以營生之路曠，故失適於體外，鷃以在近而笑遠，有矜伐於心內。至人乘天正而高興，遊無窮於放浪；物物而不物於物，則遙然不我得，玄感不為，不疾而速，則逍然靡不適，此所以為逍遙也。若夫有欲，當其所足，足於所足，快然有似天真。猶饑者一飽，渴者一盈，豈忘烝嘗於糗糧，絕觴爵於醪醴哉？苟非至足，豈所以逍遙乎？」此向、郭之注所未盡。〔註57〕

支遁論逍遙，乃以「明至人之心」定其大旨，以為「至人乘天正而高興，遊無窮於放浪。」，其由「心」上論逍遙，標舉出一理想的精神境界，唯有至足者方可達逍遙的精神境界，而鵬與鷃，一「失適於體外」、一「有矜伐於心內」，皆未能逍遙，亦可知「逍遙」與自然本能的營求無關。此外，「物物而不物於物」具有本體論之意味，表示至人接物乃「不我得」和「不為」，即「逍遙」必以外物、忘我、無為為本。對比於莊子，支遁的「逍遙」境界與莊子藉由主體自覺地作工夫，層層剝落依待，超拔於世俗，以達「乘天地之正，而御六氣之辯，以遊无窮者」的境界相通。故可知支遁同於莊子以「心」論逍遙，故其逍遙義應較郭象「適性的逍遙」趨近莊子。

而支遁與郭象詮釋「逍遙」最大的區別，即在於其基本觀點的不同，造成達至逍遙的進路亦不相同。支遁既就「心」上說逍遙，此「心」當有「不我得」、「不為」之工夫，而至「不疾而速」、「逍然靡不適」之境，皆為「心」自覺地呈現〔註58〕。但郭象由「性」上論逍遙，以「任其性」、「當其分」言「適性的逍遙」，雖可由自足於其性分達逍遙，但不免流於僅是滿足生理的基

---

麗玄言下，安其所受，在概念中得其精神上之滿足。」《向郭莊學之研究》，頁59。

〔註57〕劉義慶：《世說新語》，頁136。

〔註58〕莊耀郎云：「向、郭的逍遙義和支遁道義最大的不同，或許可以由其論『心』與論『性』作一說明。支遁認為『逍遙者，明至人之心也。』由心以說逍遙，且此『心』之涵『不我得』，『不為』的工夫，以至於『不疾而速』，『逍然靡不適』的境界，皆此心自覺之呈現。」《郭象玄學》，頁68。

本欲求，而有下墮之可能。本段章句中，支遁分析了兩者的不同：第一種即郭象「適性地逍遙」，乃「猶饑者一飽，渴者一盈」，僅在求得形體上之滿足，此種偏於物欲的滿足，雖亦能有「快然有似天眞」的境界，但缺乏主體工夫的保證，故只是暫時的滿足，一旦失其所待便無法逍遙，因而支遁喻之爲「糗糧」、「醪醴」，僅是「自足」罷了。第二種即是「乘天地而高興，遊無窮於放浪」的至人，其由「不我得」、「不爲」的無爲工夫，由主體超拔上去，達至理想的精神境界，此方屬眞正的「逍遙」，是爲「至足」〔註59〕。支遁此處所論，在一定的程度上確實凸顯出郭象「適性的逍遙」所可能產生的問題。而在梁慧皎《高僧傳》中，記載了另一段有關支遁的「逍遙」義：

> 遁常在白馬寺與劉系之等談《莊子‧逍遙篇》云：「各適性以爲逍遙。」
>
> 遁曰：「不然，夫桀、紂以殘害爲性，若適性爲得者，彼亦逍遙矣。」
>
> 於是退而注〈逍遙篇〉，群儒舊學，莫不歎伏。〔註60〕

本段除了強調支遁的逍遙義超拔於各家外，更爲重要者在支遁駁斥郭象「適性的逍遙」云：「夫桀、紂以殘害爲性，若適性爲得者，彼亦逍遙矣。」以爲若適性便可稱逍遙，則桀、紂生性殘暴，只要能自足於其殘暴之性，亦可算逍遙。唐端正同意此種說法，云：「若以各適其性，各安其命爲無往而不可，則必至謂堯亦可，桀亦可，遊亦可，不遊亦可。」〔註61〕此說看似合理，亦能合理地駁斥郭象「適性」之弊，然而支遁其實引申過度，誤解道家論性之

---

〔註59〕廖明活云：「支遁進而比較兩種滿足：第一種是形體上的滿足，如『饑者一飽，渴者一盈』即是。當饑者蒙食，渴者得飲時，倒的確有得其所哉的快感（「快然有似天眞」）。但這種滿足是短暫的，更有待於外在條件（如食物和飲料）的存在與否，故非『至足』。支道林以『糗糧』『醪醴』況之。第二種是至人『乘天地而高興，遊無窮於放浪』的精神上滿足。至人心恒冥寂，感物斯動，無在而不自得，其滿足完全是建立在主體的隨遇而安上，而不在乎外在條件是否備足，故是完全獨立自主，不會隨著時空轉移而消失。這才是『至足』，方堪稱爲『逍遙』。支遁譬之爲『烝嘗』『觴爵』。順性主義者混淆了這兩種滿足，以爲適乎形體的嗜欲，便是莊周所謂逍遙。此無異乎爲了糗糧而忘記烝嘗，得到醪醴而放棄觴爵，眞是愚不可及矣。」〈莊子、郭象與支遁之逍遙觀試析〉，頁13。

〔註60〕慧皎：《高僧傳》（台北：廣文書局，1971.4初版），頁237～238。

〔註61〕唐端正云：「故莊子之遊，實有一超越於所化之上之精神意境。郭象不識此意境，又囿於所化之中，不明乎大鵬與蜩蟲皆一氣之化，乃不得不斤斤於性分之適，求合莊子無往不可之意。……今郭象不明所遇者皆一氣之化，徒言性分之適，乃謂無往不可，只是自足於其性，使莊子與化同遊之精神境界，陷而爲化中之一物，且以性分之適爲逍遙之極致，失之遠矣。此不可不察者二也。」《先秦諸子論叢》（台北：東大圖書有限公司，1981.5初版），頁132。

本義。大抵而言，道家論性之本義，乃是就自然而未經人爲扭曲而言，如「凡非眞性，皆塵垢也。」「不知其然而自然者，非性如何？」此處之「自然」，即在表示自己如此之眞性，如其自己而表現之。而「殘害」乃是後天受到私欲扭曲所造成者，並非自然，故不可將「殘害」視作道家人性的一部份。而支遁所以誤解郭象「適性」之意，依莊耀郎先生之說，主要有兩點原因：第一，支遁是由佛教立場之無明意識理解郭象「性分」義，因此造成不相應；第二，郭象論「理」與「自然」時，涵義通常相近，若讀者不能夠簡別出其「自然」中，不能有人爲刻意之成分與後天之牽引流當者，便會造成此種誤解〔註62〕。

### （二）支遁之說是否真能「標新理於二家之表」

最後，《世說新語》稱：

> 支卓然標新理於二家之表，立異義於眾賢之外，皆是諸名賢尋味之所不得，後遂用支理。〔註63〕

《高僧傳》與《世說新語》中皆特別稱讚支遁所闡發的逍遙義，以爲其「卓然標新理於二家之表」，由此我們便要問，支遁所標的「新理」爲何？而其所標之「新理」是否眞能超越郭象「逍遙」義？據上分析可知，支遁由「心」上詮釋「逍遙」，其與莊子藉由主體自覺地作工夫，層層剝落依待，超拔於世俗，以達「乘天地之正，而御六氣之辯，以遊无窮者」的境界相通，對比於郭象「適性的逍遙」，確實更近於莊子「逍遙」的本義。然而若謂支遁「卓然標新理於二家之表」，牟宗三則持反對意見，云：

> 支遁義只是分別說，實未眞能「標新理於二家之表」也。且未能至向、郭義之圓滿。然亦並不誤。〔註64〕

---

〔註62〕莊耀郎云：「除了支遁以佛教立場之無明意識來理解向、郭之『性分』義的所造成的不相應之外，郭象《注》的本身的模糊性也要負一些責任，如他說：『一生之內，百年之中，其坐起行止，動靜趣舍，情性知能，凡所有者，凡所無者，凡所爲者，凡所遇者，皆非我也，理自爾耳。』，郭象認爲一生之中所言所行，所有所無，所爲所遇皆理之自爾，而且他所說的『理』和『自然』常密切相關，涵義相近，如『物有自然，理有至極。』，『天理自然』，『天地以萬物爲體，而萬物必以自然爲正……故乘天地之正者，即是順萬物之性也。』，因此理、性和自然都相通作解，如不能簡其自然不能有人爲刻意之成分，後天之牽引流當者皆不屬之，此類誤解恐不能免。郭象的理論雖無悖於邏輯，但讀者卻易滋生誤解，產生歧義，支遁即是一例。」《郭象玄學》，頁70。

〔註63〕劉義慶：《世說新語》，頁135。

〔註64〕牟宗三：《才性與玄理》，頁184。

牟氏以爲支遁的逍遙義，僅達郭象逍遙義中的「分別說」一層，分別出逍遙的「眞實定義」，並未達「圓融說」，因此支遁的逍遙義未如郭象圓滿，但支遁的逍遙義亦無誤也。蘇新鋈亦由牟氏的「三層論」出發，評之曰：「故道林之逍遙義，實只有象注分別說之一層義旨。據此，則道林所言者實並未眞能『標新理於二家之表』，並未眞能更較象所言者圓滿高卓也。魏、晉時賢對秀、象與道林逍遙義優劣之評斷，實恰相反而不能與事實相符。而由此殆亦可見郭象之莊注逍遙義，以至其整個莊學成就之獨高，實遠在魏、晉一般名賢之上，並非魏、晉之一般名賢所能望其頸背者也。」〔註65〕蘇新鋈之意同於牟氏，支遁的逍遙義並未能「標新理於二家之表」，並以爲魏晉時賢對於二家逍遙義優略之判斷有誤，郭象的逍遙義方眞能超卓於諸家之上。此外，莊耀郎先生亦云：「因此，如果就『逍遙』理境之開拓而言，向、郭實已造一廣大，無物不可逍遙之境，言莊子所未言，道支遁所未道者，《世說》所言支遁逍遙義拔理於向、郭之外，恐怕只是溢美之詞。」〔註66〕可見，《世說新語》對二家逍遙義的判斷，未能究其實也〔註67〕。

綜而言之，支遁由「心」上論逍遙，故其義較之郭象更近於莊子「無待的逍遙」之本義；然而衡之於郭象「適性的逍遙」，支遁又不若郭象來得圓滿。故支遁的逍遙義實未能如《世說新語》所云，「標新理於二家之表」也。

---

〔註65〕蘇新鋈：《郭象莊學平議》，頁322。

〔註66〕莊耀郎：《郭象玄學》，頁72。

〔註67〕關於《世說新語》稱：「支卓然標新理於二家之表」，亦有人持正面意見。如廖明活云：「劉義慶盛稱支道林逍遙注爲『卓然標新理於二家（向秀和郭象）之表，立異議於眾賢之外』，而慧皎亦推舉之爲『標揭新理，才藻驚絕』。惟近賢如牟宗三與蘇新鋈則認爲支氏的逍遙觀非但未能拔理向郭之外，且更未及郭義之圓滿。平情而論，郭注較側重莊學第四重融會面的發揮，而支注則著力於第三重分別面的確立。理論上，有融會必先有分別，如是郭義亦可說是涵蘊了支義。但其實玄在申述莊學的融會面時，卻並不十分注意其分別面的闡明。祇講融會而不講分別，其實也說不上融會，亦可能祇是一種原始綜和，氣性的擴充而已。郭象或不至乎此，不過其論述用力輕重處，卻很容易使人生此誤解。如是支道林遮末出本，開跡顯冥，其立論不能不說是有重要的時代意義。當然，有末而無本，有冥而無跡，這又流於割裂，非眞無待。惟觀乎支遁形容其至人爲『乘天地』，『遊無窮』，『物物』，『玄感』和『不疾而速』等，其逍遙觀應不至於是沈冥滯本，以至『繫於有方』者。」〈莊子、郭象與支遁之逍遙觀試析〉，頁13。然據正文之分析，支遁的逍遙義確實僅是回歸於莊子本義，並無創造，故不如郭象以「適性」說逍遙來的圓滿，並順莊子「逍遙」本義向前推進一步。

在本節中，首先針對莊子所提出的「逍遙」境界作細部的分析，以瞭解「逍遙」的眞實內容。接著透過郭象與支遁二人的詮釋，進一步釐清《莊子》中的「逍遙」所可能產生的困境，即「逍遙」普遍性的問題。其中，郭象由「性」上論逍遙，主張萬物「各適其性」、「各足其性」即可達逍遙，因此郭象的逍遙義可稱作「適性的逍遙」；而對比於莊子之主張，則可稱「無待的逍遙」。至於支遁之說，雖前賢多溢美之言，以爲其「標新理於二家之表」，然而支遁實際上僅是繼承莊子之逍遙義，由「心」上論逍遙，透過主體自覺地作工夫，層層剝落依待，超拔於世俗，以達逍遙罷爾，較之於郭象，實未能有新意也。

## 第二節　心齋、坐忘──工夫論

於第二章第一節中，已就「外在客觀環境」與「內在主觀生命」二點，分析出莊子對個人生命困境之看法；於本章第二節中亦已說明莊子對治「人生困境」所提出的理想生命境界──「逍遙」。而論證時，反覆不斷地提及欲達逍遙之境，必賴有「積、厚」之功。此「積、厚」之功，並不同於儒家由「道德實踐」出發，莊子既反對人生命中種種的造作，故知此積厚之功乃是朝化掉此種種造作而努力。老子云：「爲學日益，爲道日損。損之又損，以至於無爲，無爲而無不爲。」〔註68〕正足以說明儒、道二家工夫論的不同。其中老子所欲「損」者，即是人生命中種種的造作；至莊子，亦是朝此方向作努力。《莊子》一書，洋洋灑灑數萬言，對於工夫論的提出乃採隨處點撥，並未有專篇集中地論析，所使用的詞彙亦有分歧。因此，欲分析莊子的工夫論，唯有掌握其思想之總旨進行深入剖析，並合以各篇中相關之說明以證成之，最後再將分歧的詞彙進行統整，方能全面掌地握莊子的工夫論以臻逍遙之境也。

對於莊子的工夫論的主張，單就「內七篇」中的說法便分歧不已，如：「吾喪我」「天鈞」、「兩行」、「心齋」、「才全而德不形」、「朝徹」、「見獨」、「坐忘」等。依《莊子》中所論，我們將其統之爲「心齋」、「坐忘」〔註69〕

---

〔註68〕樓宇烈校釋：《老子周易王弼注校釋》（台北：華正，1983.9），頁127～128。
〔註69〕徐復觀云：「〈逍遙遊〉中有『至人無己、神人無功、聖人無名』的三句話，以作爲『乘天地之正，而御六氣之辯（變）以遊無窮者』的根據。而三句話中，尤以『無己』爲關鍵；無己，則自然無功、無名。〈齊物論〉『今者吾喪我』的『喪我』，也即是『無己』。其眞實內容，實即所謂『心齋』與『坐忘』；

二旨。以下便依此兩大主旨，針對《莊子》中的工夫論進行歸納分析。

# 一、心齋——「聽之以氣」

## （一）「心齋」的工夫進路

關於「心齋」之說，《莊子》書中乃置於「顏回請行於仲尼」的寓言中，藉由仲尼之口託出，其云：

> 若一志，无聽之以耳而聽之以心，无聽之以心而聽之以氣！聽止於
> 耳，心止於符。氣也者，虛而待物者也。唯道集虛。虛者，心齋也。
>
> （〈人間世〉，頁147）

本段章句，應先留意者乃「聽止於耳」一句，按照前後句之文意與語序，當作「耳止於聽」才是，因此郭慶藩《集釋》中即引俞樾之說，論斷此句傳寫上出現錯誤〔註70〕。其次，整段章句可分解作三層理解：第一層為「无聽之以耳」，其因在「耳止於聽」；第二層為「无聽之以心」，其因在「心止於符」；第三層為「聽之以氣」，其因在「氣也者，虛而待物者也」。前兩層乃是採負面論述，最後一層則改採正面論述。其中所謂「聽」，就字面而言，自是指「聽取」之意，三層次中分別藉由「耳、心、氣」三種不同媒介來聽取外物，因憑藉之媒介不同而有不同的評價。其要旨在戒人以「耳」及「心」聽物，而改以「氣」聽物。然以「聽取」解此處的「聽」字，或過於狹隘而未能盡「心齋」之旨，若將「聽」意向外推闊，泛指個體與外界接觸的舉動，則更能彰顯出主客體間因憑藉不同的媒介接觸而產生之價值差異。但為何以「氣」與外物接觸，價值高於「耳」與「心」？又「耳」、「心」、「氣」三者該如何定義呢？特別是「氣」字，在莊子思想中又蘊含了甚麼樣的意義？以下不妨先分析諸家說法，藉此探求合宜的解釋。

王邦雄釋「心齋」云：

> 人與外界接構，初則出以耳目官覺，有其被動的感受，次則心知介
> 入，對「日夜相代乎前」的官覺印象主動的加以執取定著。由是主

---

這是莊子整個精神的中核；全書隨處都指點此一意味，隨處都可以用此種意味加以貫通。」《中國藝術精神》，（台北：台灣學生書局，1966.2 初版），頁70～71。

〔註70〕俞樾云：「上文云，無聽之以耳而聽之以心，無聽之以心而聽之以氣。此文聽止於耳，當作耳止於聽，傳寫誤倒也，乃申說無聽之以耳之義。」郭慶藩：《莊子集釋》，頁147～148。

體的心遂滯陷於物象流轉之中，而物之存在亦爲人的主觀心知所扭
曲而眞相不顯。無聽之以耳，就是人的生命不爲耳目官覺所牽扯攪
動；無聽之以心，就是人的心知不對官覺印象自加執取造作。聽止
於耳（當爲耳止於聽），就是「徇耳目內通而外於心知」；心止於符，
就是「不知耳目之所宜，而遊心乎德之和」；聽之以氣的虛而待物，
就是「至人之用心若鏡，不將不迎，應而不藏，故能勝物而不傷」，
聽之以心，是有執造作的心；聽之以氣，則無執無藏，不滯不留，
在吾心虛靜如鏡的明照下，不僅天地萬有皆有其順應自然之氣的生
命流行，而眞相自顯，且整體之道，因而亦有其全盤的如如朗現，
故曰唯道集虛。〔註71〕

透過王氏之論，可以對莊子「心齋」之說有初步地瞭解。第一層中以「耳」
應物時，此「耳」泛指人的「眼耳鼻舌」等感官而言，此類感官是爲感性的、
被動的，易隨外物牽引而使個體生命流蕩，故云「無聽之以耳」，以免「主體
的心遂滯陷於物象流轉之中」。第二層中以「心」應物時，此「心」應指「成
心」而言，成心因有所知見故對萬物有所執取，一旦以此「成心」應物，則
萬物的眞相皆爲成心蒙蔽而不顯，故云「無聽之以心」，以免「物之存在亦爲
人的主觀心知所扭曲而眞相不顯」。第三層中以「氣」應物，此「氣」表「生
命最原始之狀態」，其性質爲「虛而待物者」。所謂「虛而待物」即「無執無
藏，不滯不留」，亦是〈應帝王〉中所謂「至人之用心若鏡，不將不迎，應而
不藏，故能勝物而不傷」（〈應帝王〉，頁307）。能以「氣」應物，則萬物皆於
虛靜如鏡的明照下自顯其眞相。莊子在此所欲申說者，乃是說明主、客體間
接觸時，究竟當以何種媒介應物方能達「應物而不傷」的境界，顯然「聽之
以氣」的工夫是爲莊子所極力主張者。

### （二）「耳」、「心」、「氣」的相關疑問

　　於此，已大抵釐清章句中三個層次所表達的意義與莊子所欲申說之義
理。然而純就章句而言，似乎存在著某些疑問。首先，莊子主張「無聽之以
耳」，似有意否定人「生理感官」的企圖。其次，「無聽之以心」，又似乎有否
定人「心知之見」的企圖。第三，「心」、「氣」間是否有某種程度上的關聯，
兩者又是否有高下之別乎？以下將針對上述三個問題進行分析。

---

〔註71〕王邦雄：《中國哲學論集》（台北：台灣學生書局，1983.8 初版），頁89。

　　首先，莊子對「耳」──生理器官，「心」──心知之見，是否有將其否定掉之企圖。此關係著第二章中分析人內在主觀生命的困境時，第一、二層所欲對治者──「自然生命的紛馳」與「心理的情緒」。莊子反對生理感官對聲、色、味追求所產生的「嗜欲」與自然生命「生老病死」過程的執定，更反對以此內傷其常心。合以此處「無聽之以耳」、「無聽之以心」觀之，似有意將「生理感官」與「心知之見」完全否定掉。但若就「心齋」的工夫下看「生理感官」與「心知之見」，莊子實非主張將二者否定掉。高柏園云：

> 就工夫論而言，吾人是剝落耳與心之執以顯一虛靈不昧的心齋境界。然而此中對耳、心之剝落又僅只是「作用的保存」而非「本質的否定」。莊子並非是要取消耳目感官與心知之明，而僅是要在心齋的境界中真實地呈現出感官與心知的意義。〔註72〕

人之於「生理感官」，乃是天生所本有者，是為主體與客體接觸時最先依賴之媒介，因此不能也不可於現實生活中將其否定掉；而「心知之見」是主體藉以認識、瞭解客體的重要根據，更是無法將其否定。既不能於現實中否定掉「生理感官」，又無法不藉由「心知之見」認識、瞭解外物，則如何能「無聽之以耳」、「無聽之以心」耶？高柏園謂此為「作用的保存」，於「心齋」的工夫底下，人剝落「耳」與「心」之執著，使感官與心知能真實地應接外物。易言之，莊子真欲否定者，乃是對聲、色、味追求所產生的「嗜欲」、「生老病死」過程的執定以及心知的偏執之病，並非否定「生理感官」與「心知之見」。

　　關於「作用的保存」，牟宗三更精確地解釋云：

> 在道家則為玄智之妙用，其基本精神同也，同為一融通淘汰之精神。淘汰是汰除執、為，蕩相遣執；融通是消化封限而歸於玄德，令萬物各歸根復命而得自在也。……玄智亦成全一切德如仁義禮智等，同時亦成全天地萬物令歸自在。此種成全曰「作用的成全」，吾亦曾名之曰「作用的保存」。例如「絕聖棄智，絕仁棄義，絕學無憂」，此並非是從存有上棄絕而斷滅之也，其實義乃只是即于聖智仁義等，通過「上德不德」之方式或「無為無執」之方式，而以「無」成全之也。〔註73〕

---

〔註72〕高柏園：《莊子內七篇思想研究》，頁134。

〔註73〕牟宗三：《圓善論》（台北：台灣學生書局，1996.4二刷），頁281。

「作用的保存」又名之曰「作用的成全」，道家之要旨往往在此上顯。牟氏之論將其分作「存有層」與「作用層」二層，而莊子欲人「無聽之以耳」與「無聽之以心」的「無」，並非於「存有層」上否定「耳」與「心」，即如高柏園所謂的「非本質的否定」，乃是於「作用層」上否定「耳」與「心」，化除其偏執，目的在「融通淘汰」，更完好地表現「耳」與「心」，使其於「心齋」的工夫下真實地呈現出感官與心知的意義。

　　對於「耳」與「心」的定義既已明，緊接著所欲釐清者乃「心」、「氣」間的問題。第二節中論及莊子「無待的逍遙」時，以爲乃是就「心」而言，顯然「心」在莊子思想中扮演了重要且關鍵之地位，不當爲莊子所欲否定者。而唐君毅與徐復觀二人皆以爲「心齋」亦是就「心」而言，但若是就「心」而言，何以莊子論「心齋」之工夫時卻謂「无聽之以心而聽之以氣」。當然就之前的分析，我們可瞭解「无聽之以心」的「心」是就有所偏執的成心而言，並非是就虛靈明覺的常心而言。既然如此，莊子則可言「聽之以常心」，以作爲前後「心」意之別即可，何必改作「聽之以氣」。又既然已將其更易作「氣」，爲何不直接將此工夫稱作「氣齋」即可，何須仍以「心齋」名之。由此可見，「心齋」之工夫仍不脫「心」而言，唯此「心」並非就偏執的「成心」而言，是就虛靈明覺的「常心」而論。然莊子論述時，既可以「氣」易「心」，想見「心」、「氣」間必然有某種程度上之聯繫。以下引述唐君毅與徐復觀二家之說，以明「心」、「氣」間的問題。唐君毅釋「心齋」云：

> 此心齋之旨，則要在虛心一志，至乎其極，使其心之宅，足以待物而攝人，使人自止於其心之宅；而此心光之白，得自生於虛室。則人與鬼神，皆將來心，而宅於心之舍。斯可以言化及人矣。……此即謂心齋之功，唯在一其志，而盡其心之虛，至無心，而只有待物之氣。實則此無心者，唯是無一般之心。由心齋之功，至於至虛，只有氣以待物，仍是此心之事。〈德充符〉言「以其知，得其心；以其心，得其常心」。其言由知以至心，以至常心，正與此篇所謂以耳聽，以心聽，以氣聽三者相當。則心之虛，至於只以氣待物，即謂只以此由心齋所見得之常心，以待物也。人不以一般耳目之知與一般之心聽，而只以此虛而待物之氣或常心聽，即足以盡聽人之言，而攝入之。是即不同於「聽之以耳者」，止於知其聲，亦不同於一般「聽之以心」者，只求其心之意念，足與所聽者相符合；而是由心

之虛，至於若無心，使所聽之言與其義，皆全部攝入於心氣之事也。此時一己之心氣，唯是一虛，以容他人之言與其義，通過之、透過之。今以此爲待人接物之道，即道集於此虛；而所待所接之人物，亦以此而全部集於此己之虛之中，故能達於眞正之無人無己、忘人忘己之境。〔註74〕

唐氏之說強調了「心齋」仍是此「心」之事，故須虛心一志，至乎其極。其中並區分了《莊子》原文中的「心」、「氣」二者，以爲「无聽之以心」的「心」即是一般之心，乃是一般未經過修練的成心。然而「氣」，唐氏於說解時或言「虛而待物之氣」，或謂「常心」，似有意將二者劃上等號，則此「常心」顯然高於「一般之心」，乃是經由工夫所證成呈現一虛靈明覺之狀態。在唐氏之說中，雖有意將「常心」與「氣」二者作一統整，然卻未說明二者間是否具有一定程度上的關連。

　　而徐復觀釋「心齋」時，亦同意「心齋」仍是落於「心」上說，而非「氣」上說，其云：

按所謂無聽之以耳，是不讓外物停在耳（目）那裏辨別聲（色）的美惡。聽之以氣，即下文之所謂「徇（順）耳目内通，而外於心知」，即是讓外物純客觀地進來，純客觀地出去，而不加一點主觀上地心知的判斷。「聽止於耳」，俞樾以爲當作「耳止於聽」者近是，即是耳僅止於聽，而不加美惡分別之意。心止於符（應，與外物相應），也是同樣的意思。從上面所引的材料看來，莊子似乎是反心知而守氣，使人成爲一純生理地存在。但這與〈天下篇〉他批評愼到的「至於若無知之物而已，無用聖賢。夫塊不失道。豪傑相與笑之曰，愼到之道，非生人之行，而至死人之理」的情形，有什麼分別？眞的，有人因此便以爲〈齊物論〉是出於愼到。但如前所說，莊子既將形與德對立，以顯德之不同於形；則他所追求的必是一種精神生活，而不是塊然地生理生活。若此一看法爲不錯，則他所追求的精神生活，不能在人的氣上落腳，而依然要落在人的心上。因爲氣即是生理作用；在氣上開闢不出精神的境界；只有在人的心上才有此可能。既須落在人的心上，則他不能一往反知，而必須承認某種性質的知。就我的了解說，他的確是如此。並且他在上面所說的氣，實際只是

〔註74〕唐君毅《中國哲學原論‧原道篇式》，頁369～370。

心的某種狀態的比擬之詞，與老子所說的純生理之氣不同。這便是
他和慎到表面相同，而根本不同之所在。所以在前面所引的〈人間
世〉「氣也者，虛而待物者也」一句的下面，便接著說，「惟道集虛；
虛者：心齋也」。虛還是落在心上，而不能落在氣上。〔註75〕

徐復觀藉由莊子「形、德」對立的主張，判定莊子所欲追求者為精神生活，
而非生理生活，故知「心齋」必是落於「心」上說，方可開出精神境界。若
「心齋」落於「氣」上說，則為一純粹地生理境界，是無法開出精神境界。
最後，並論曰「他在上面所說的氣，實際只是心的某種狀態的比擬之詞，與
老子所說的純生理之氣不同」，所謂「心的某種狀態的比擬之詞」，即在表示
以「氣」來比擬常心的虛靈明覺之狀，其本身並不具有獨立的意義。因此，「心
齋」之說自然是與〈天下篇〉中評論慎到之說「非生人之行，而至死人之理」
之旨迥異。而其於《中國藝術精神》一書中論及「心齋」時，又云：

> 所謂心齋。心齋，是忘知的心的狀態。而如前所說，他的忘知，乃
> 是解消掉分解性之知，以使心只有知覺的作用。他說：「耳止於聽」，
> 是說耳僅作聽的知覺；「心止於符」，是說心僅作與聽的知覺相應的
> 知覺。又說：「徇耳目內通」，是說只順著耳目的感性知覺以內通於
> 心，而不作分析地、論理地活動的意思。他說：「無聽之以心，而聽
> 之以氣」，此處之心，是指分解之知的主體；此處之氣，是對心齋的
> 一種比擬的說法。心齋只有「待物」的知覺活動，而沒有主動地去
> 作分解性、概念性的活動，所以他便以氣作比擬。心從實用與分解
> 之知中解放出來，而僅有知覺的直觀活動，這即是虛與靜的心齋，
> 即是離形去知的坐忘。此孤立化、專一化的知覺，正是美地觀照得
> 以成立的重要條件。〔註76〕

在此段引文中，徐氏首先強調了「心齋，是忘知的心的狀態」，仍舊延續上段
中「心齋」是落於心上說之主張，而此「心」是呈現「忘知」的狀態。所謂
「忘知」，並非欲人忘卻知覺，乃是在強調「解消掉分解性之知，以使心只有
知覺的作用」，即前所謂「作用的保存」之意。一旦「知」具有分解性便會對
外物有所偏執，故必忘此分解性之知，使心僅具「知覺」之用。其次，徐氏

---

〔註75〕徐復觀：《中國人性論史‧先秦篇》（台北：台灣商務印書館，2003.10 第十三
　　　　次印刷），頁381～382。

〔註76〕徐復觀：《中國藝術精神》，（台北：台灣學生書局，1966.2 初版），頁74～75。

亦區分了《莊子》原文中的「心」、「氣」二者，以為「無聽之以心」的「心」是「分解之知的主體」，或可謂之作「成心」，會主動地對外物作分解，故不可以此應物，否則不見事物之全貌。至於「氣」，是「對心齋的一種比擬的說法」，即以「氣」來比擬在「心齋」工夫下忘知的心之狀態，僅具「待物」的知覺活動，而不主動地去作分解性、概念性的活動。

此外，陳鼓應釋「心齋」時，亦云：

> 所謂「心齋」乃是「養心」、「養氣」之法。

> 莊子說：「氣也者，虛而待物者也。唯道集虛，虛者，心齋也。」「虛而待物者」，指心境而言——空明之心，乃能涵容萬物。心和氣並非截然不同的兩種東西，心靈透過修養活動而達到空明靈覺的境地稱為氣。換言之，氣就是高度修養境界的空靈明覺之心。總之，莊子的「心齋」，乃是培養一種具有靈妙作用的心之機能，它可以完成個人高超的修養境界，卻不足以產生一種普遍有效用而來消解人間糾紛的方法。以「心齋」用之於應付暴虐的統治階層，實在是「不得已」的法度罷！〔註77〕

陳鼓應以為「心齋」即是「養心」與「養氣」之法，對於「心」、「氣」間之關係，以為「氣就是高度修養境界的空靈明覺之心」，對比於徐復觀「此處之氣，是對心齋的一種比擬的說法」的主張，二者頗為相似，唯陳氏直接將「心」喻作「氣」，而徐氏則以為「氣」是用以比擬「心齋」之境。故知「心、氣」二者並非截然不同的二物。又其於〈道家在先秦哲學史上的主幹地位〉一文中復云：

> 「心齋」(〈人間世〉)與「坐忘」(〈大宗師〉)是莊子心學中最為稱著的兩種精神修養境界。「心齋」是一種養心、養氣的方法，首先要「心志專一」(「若一志」)，……「心齋」最後說到養氣：「無聽之以心，而聽之以氣……氣也者，虛而待物者也。」「虛而待物」的「虛」，即喻指心達於空明之境。……而這裏所說的「氣」則為流動的生機，在「心」的上位；莊子將心靈活動達于極其純靜的境地，稱為「氣」。事實上，「氣」即是高度修養境界的空靈靈覺之心。這種心境所持著的純和之氣(〈達生〉篇：「純氣之守」)正是藝術心靈所涵含的「氣

---

〔註77〕陳鼓應：《老莊新論》(台北：五南圖書出版股份有限公司，2007.2 三版)，頁174。

韻生動」的創作精神狀態。……「心齋」著重在描述培養一個最具

靈妙作用的心之機能。〔註78〕

陳鼓應於此復云：「莊子將心靈活動達于極其純靜的境地，稱爲『氣』、『氣』
即是高度修養境界的空明靈覺之心」，其意仍不脫上段所言。然其云：「『氣』則
爲流動的生機，在『心』的上位」，似以爲「氣」高於「心」。然究其意，所謂「在
『心』的上位」的「心」，應是指一般未經工夫修養的成心而言，一旦經過工夫
修養之後，此虛靈明覺的常心，應與「氣」具有同等之高度而無分軒輊才是。

據上述之論，可將「心齋」工夫作一小結：

1.「無聽之以耳」：此「耳」作人「生理感官」解，是爲人與外物接觸時
最先依賴之媒介。但「生理感官」易流於對聲、色、味追求所產生的「嗜欲」，
因此主張「無聽之以耳」，然此「無」並非於「存有層」上否定生理感官，而
是「作用的保存」，目的在於心齋的工夫下眞實地呈現出生理感官的意義。

2.「無聽之以心」：此「心」是就人偏執的「成心」解，人一旦有偏執的
成心，則「知見」必然對外物有所偏見而不能如實地應物，因此主張「無聽
之以心」，然此「無」亦非於「存有層」上否定心知，而是「作用的保存」，
目的在於心齋的工夫下眞實地呈現出心知的意義。

3.「聽之以氣」：此「氣」表「生命最原始之狀態」，或可謂「對心齋的一
種比擬的說法」、「心靈透過修養活動而達到空明靈覺的境地稱爲氣」、「高度
修養境界的空明靈覺之心」，甚而可稱之爲「常心」，旨在表達主體與客體接
觸時，以虛靈明覺之常心相應，則能應物而不傷也。

## （三）無執的存有論

而藉由牟宗三之說，「心齋」實隱含了道家的無執的存有論。其言云：

道家並未首先以緣生觀萬物。病都在主觀方面的造作，造作即不自
然。造作底根源在心，故一切工夫都在心上作。這工夫即是「致虛
守靜」底工夫。……在虛靜中，觀復以歸根，復命，知常，即是明
照萬物之各在其自己也。「萬物竝作」是有。順其「竝作」而牽引下
去便是膠著之現象，此爲現象的有。「觀復」即是不牽引下去，因而
無執無著，故能明照萬物之各在其自己也。……「損」即是「致虛

---

〔註78〕陳鼓應〈道家在先秦哲學史上的主幹地位〉《道家文化研究》第十輯（台北：
文史哲出版社，200.8），頁33～34。

極」也。此是「為道」之方向，於此而有「無執的存有論」，此繫於無，明，至人，真人，乃至天人等等而言也。「為學日益」則又是另一方向，此即順緣生而執著之經驗知識，亦即「化而欲作」而不知歸返以後之事也。於此，吾人有「執的存有論」，有全部現象界，有種種定相，此則繫於有，無明，成心（莊子），情識，知性，等等而言也。老子於此方面，詞語簡略，然「為學日益」這一語即函這一切。至莊子而有「成心」之語；由成心而有是非，有競辯，有各種相封的執著。〔註79〕

據牟氏之說，老子與莊子所申說的存有論有二面：「執的存有論」、「無執的存有論」。所謂「執的存有論」，乃是藉由耳目感官、名言概念之偏執面對天地萬物，故莊子論述時採「寓言、重言、卮言」，即在避免因名言概念之偏執所傳導出的錯誤想法。而人若將耳目感官、名言概念所執定的世界，視作唯一的真實世界，則會造成人生命根本的顛倒與無明。至於「無執的存有論」，即在化除人對耳目感官、名言概念的執定，瞭解耳目感官及名言概念之使用，不過為一種「媒介」、「工具」，雖不能也不可取消此「媒介」、「工具」，但卻可尋求一種更好的表現方式，即於「心齋」的工夫下更好地表現耳目感官及名言概念。而此正為莊子以至於道家學說中最具價值意義的一環。

## 二、坐忘──「離形去知」

### （一）「坐忘」的工夫進路

關於「坐忘」之說，莊子同樣是利用「仲尼與顏回師徒」的寓言中表達出來，不過在此卻改藉由顏回之口托出，以下先引出相關原文。

> 顏回曰：「回益矣。」仲尼曰：「何謂也？」曰：「回忘仁義矣。」曰：「可矣，猶未也。」他日，復見，曰：「回益矣。」曰：「何謂也？」曰：「回忘禮樂矣。」曰：「可矣，猶未也。」他日，復見，曰：「回益矣。」曰：「何謂也？」曰：「回坐忘矣。」仲尼蹵然曰：「何謂坐忘？」顏回曰：「墮肢體，黜聰明，離形去知，同於大通，此謂坐忘。」仲尼曰：「同則无好也，化則无常也。而果其賢乎！丘也請從而後也。」（〈大宗師〉，頁282～285）

---

〔註79〕牟宗三：《現象與物自身》（台北：台灣學生書局，2004.9 七刷），頁430～435。

由本段章句看來,「坐忘」有著明顯的工夫層次歷程:

忘仁義→忘禮樂→墮肢體,黜聰明,離形去知,同於大通

其中「仁義」、「禮樂」向爲儒家義理所重者,故莊子此處主張「忘仁義」、「忘禮樂」,可視爲對儒家義理的對反。徐復觀云:

> 仁義若非出於實踐中的自覺,而僅把它當作道德的教條來看,則總以爲它僅是人與人相關涉時才發生的東西,與自己的性分距離得比較遠;道家,法家,乃至荀子,及西方的經驗主義者,都是這種態度。禮樂則直接關涉到各人的生活;但在莊子的立場,這些都是「侈於德」,「侈於性」〈駢拇〉的。所以先忘仁義,次忘禮樂。莊子所指的仁義禮樂,皆是落在人的形器拘限以內的作爲成就,其效用皆有所待。〔註80〕

莊子思想向來以爲仁義並無內在心性的根據,在〈內七篇〉中便已批判仁義之弊,如:「自我觀之,仁義之端,是非之塗,樊然淆亂,吾惡能知其辯!」(〈齊物論〉,頁93)「夫堯既已黥汝以仁義,而劓汝以是非矣,汝將何以遊夫遙蕩恣睢轉徙之塗乎?」(〈大宗師〉,頁 279)到了〈外、雜篇〉中,更是極力批判「仁義」。至於「禮樂」亦只是外在規範人行爲的工具,如其云:「及至聖人,屈折禮樂以匡天下之形,縣跂仁義以慰天下之心。」(〈馬蹄〉,頁341)總而言之,莊子將「仁義禮樂」視爲道德教條,用以框限人外在的行爲,與人內在的性分差距甚遠,故其效能未如儒家義理所宣稱之有用。此處的「仁義禮樂」除可視作對儒家義理的對反,更可將其意涵往前推進一步,將「仁義」、「禮樂」視爲人所處的「外在價值觀」與「外在生活規範」,而「忘」字之意,並非眞欲人忘掉「外在價值觀」與「外在生活規範」,而是欲以此爲基礎,向上超越、擺脫對「外在價值觀」的執定與超拔於「外在生活規範」之上。此意即是前所謂「作用的保存」,目的是在「坐忘」的工夫下更好地表現「外在價值觀」與「外在生活規範」。故知此「忘」字實含有工夫的意涵,而所欲忘者,皆爲外在環境對主體所設之封限。

「坐忘」的前兩層工夫義既明,第三層的工夫更是「坐忘」之精髓。所謂「墮肢體,黜聰明,離形去知,同於大通」,「墮肢體」即是「離形」、「黜聰明」即是「去知」,能夠「離形去知」,最後便可「同於大通」。然而其中的

---

〔註80〕徐復觀:《中國人性論史‧先秦篇》,頁399。

問題正同於「心齋」中之「無聽之以耳」、「無聽之以心」，似有意否定掉人外在的形骸與心知。此外，「離形去知」後的「同於大通」境界，又是個怎樣的境界呢？關於此問題，徐復觀云：

> 而莊子的「離形」，也和老子之所謂無欲一樣，並不是根本否定欲望，而是不讓欲望得到知識的推波助瀾，以至於溢出於各自性分之外。在性分之內的欲望，莊子即視爲性分之自身，同樣加以承認的。所以在坐忘的意境中，以「忘知」最爲樞要。忘知，是忘掉分解性的，概念性的知識活動；剩下的便是虛而待物的，亦即是徇耳目內通的純知覺活動。這種純知覺活動，即是美地觀照。〔註81〕

徐氏首先強調了「離形」，並非在否定人根本之欲望，僅是「不讓欲望得到知識的推波助瀾，以至於溢出於各自性分之外」，亦即是不使人的形軀與心知結合產生「嗜欲」，競逐於外物。由此可知，離形並非否定人外在的形骸，而意在超絕於形骸之上，不使形骸反役使人的主體。接著再進一步肯定「忘知」於「坐忘」工夫中扮演著樞要之地位。此「忘知」亦非使人忘掉「心知」，而是在使心知不作分解性、概念性的知識活動，即不對萬物作主觀的價值評價，因此便能夠虛而待物，應物不傷。易言之，「離形去知」的「離」、「去」，亦同解作「作用的保存」是也。陳鼓應亦云：

> 「墮肢體」和「離形」是同義的，說的並不是拋棄形體，而是超脫形體的極限，消解由生理所激起的貪欲。「黜聰明」和「去知」同義，意指擯棄由心智作用所產生的僞詐。貪欲和智巧都足以擾亂心靈，揚棄它們，才能使心靈從糾結桎梏中解放出來。〔註82〕

陳氏解說「墮肢體」與「黜聰明」，其大旨皆同於徐復觀之論，強調「超脫形體的極限，消解由生理所激起的貪欲」與「擯棄由心智作用所產生的僞詐」，能達「離形去知」，便可由「貪欲」與「智巧」中超拔出來，獲得心靈上之解脫。

此外徐復觀復云：

> 及至「墮枝體，黜聰明，離形去知」，突破了自己形器之所束限，以上昇到自己的德、性、心的原有位置，則「同於大通」。〈齊物論〉謂「恢恑憰怪，道通爲一」；所以「大通」指的即是道；「同於大通」，即是同於道。因爲如前所述，德、性，即客觀之道的內在化。「形」、

---

〔註81〕徐復觀：《中國藝術精神》，頁73。
〔註82〕陳鼓應：《老莊新論》，頁194。

「知」，即是一般人之所謂「己」，所謂「我」；離形去知，即是無己，喪我。無己的境界，即是同於道的境界。作為萬物根源的道，只是「一」，只是「同」，只是一切平等，所以說「同則無好也」。無好，即對萬物不干預以主觀的好惡，而一任萬物之自然，即是乘天地之正。道的本身即是化，不化便不能生萬物。此處之「常」，乃執滯之義，與莊子所說的「常心」的「常」不同。同於道，即同於化，所以說「化則無常也」；無常，即是御六氣之辯。坐忘、無己的精神生活。並不是反仁義禮樂的生活，而是超世俗之所謂仁義禮樂，即所謂「大仁」「大義」的生活。〔註83〕

本段引文有幾點值得留意者：

1. 「離形去知」意在「突破了自己形器之所束限，以上昇到自己的德、性、心的原有位置」。
2. 「同於大通」中，「大通」即是「道」，故「同於大通」即是「同於道」。
3. 「坐忘」工夫所達至者是為精神境界。

就此三點可知，「離形去知」與前所言「忘仁義」、「忘禮樂」，皆是「作用的保存」，非由本質上否定「仁義」、「禮樂」、「形」、「知」，乃求於「坐忘」的工夫下更好地表現「仁義」、「禮樂」、「形」、「知」。而在「離形去知」之後，莊子謂「同於大通」，其境界即是「道」的境界。最後，既以為「坐忘」工夫所達至者是為精神境界，則知「坐忘」應仍是就「心」上作工夫。在臻達「坐忘」工夫後，其心虛靈明覺，能夠坦然應物。誠如陳鼓應所云：

「離形」和「去知」是達到「坐忘」的兩道內省功夫。只有做到了「坐忘」，心靈才能開啟無礙，無所繫蔽：才能從一個形軀的我，一個智巧的我，提升出來，從個體小我通向廣大的外境，實現宇宙大我；才能臻至大通的境界，「同於大通」；才能和通萬物而無偏私，參與大化之流而不偏執——「同則無好也，化則無常也」。這便是大通境界的寫照。〔註84〕

於「形軀的我」、「智巧的我」中超拔出來後，心靈便能開啟無礙，對萬物無所偏執，不作價值的評斷，「至人之用心若鏡，不將不迎，應而不藏，故能勝物而不傷」也。

〔註83〕徐復觀：《中國人性論史・先秦篇》，頁 399。
〔註84〕陳鼓應：《老莊新論》，頁 194。

對「坐忘」工夫之分析大抵完成，最後仍須強調者在於「忘仁義→忘禮樂→墮肢體，黜聰明，離形去知，同於大通」的工夫歷程，是具有不可逆的性質，必循「仁義」、「禮樂」、「肢體」、「聰明」之順序始可完成「坐忘」的工夫。其理由在於愈是接近人具體生活者愈難改變，故肢體與聰明置於此工夫的末端。

## （二）與「坐忘」相關之寓言

在〈大宗師〉與〈達生〉二篇中，有兩則寓言更為具體地討論了「坐忘」工夫，以下將引此二則寓言，對「坐忘」作一補充說明。

〈大宗師〉中南伯子葵與女偊論「聖人之道」與「聖人之才」時，女偊云：

> 吾猶守而告之，參日而後能外天下；已外天下矣，吾又守之，七日而後能外物；已外物矣，吾又守之，九日而後能外生；已外生矣，而後能朝徹；朝徹，而後能見獨；見獨，而後能无古今；无古今，而後能入於不死不生。殺生者不死，生生者不生。其為物，無不將也，無不迎也；無不毀也，無不成也。其名為攖寧。攖寧也者，攖而後成者也。（〈大宗師〉頁252～253）

女偊話中說明了成聖的工夫歷程：

> 外天下→外物→外生→朝徹→見獨→无古今→不死不生 [註85]

工夫歷程的前三段，由負面立論，一連使用了三次「外」字，按郭象注云：「外，猶遺也。」[註86] 成玄英疏云：「外，遺忘也。」[註87] 由二人之說可知，「外」即「遺忘」之意，而徐復觀亦以為此「外」字是「忘」意，將具體物相互間的分別相，乃至存在相忘掉 [註88]。而莊子欲人所外者，分別為「天下」、「物」、「生」。此三者又該作何解耶？「天下」表示「外在價值」，「物」表示「外在

---

[註85] 封思毅：《莊子詮言》（台北：台灣商務印書館，1997.5 二版），頁33～37。

[註86] 郭慶藩輯：《莊子集釋》，頁253。

[註87] 郭慶藩輯：《莊子集釋》，頁253。

[註88] 徐復觀云：「在現實生活中，無一不互相對立，互相牽連，互相困擾，這如何能『獨』？於是莊子提出『忘』的觀念、『化』的觀念，以說明由虛靜之心所達到的效驗；在忘與化的效驗之上，自然能獨，亦自然能得到絕對的自由。……上文中的『外』，也是忘的意思。『忘』是把具體物相互間的分別相，乃至存在相忘掉。」《中國人性論史・先秦篇》，頁391～392。

的議論、規範」，「生」表示「生理器官」〔註89〕。對比於「坐忘」中所列之工夫進路：「外天下」即是「忘仁義」；「外物」即是「忘禮樂」；「外生」即是「墮肢體」、「離形」。王邦雄云：

> 此一精神修養生命鍛鍊的歷程，由外天下、外物、外生的逐層剝落，斬斷天下萬物的外緣，消解世俗功名的束縛，並超離形軀官能的負累，人的生命已由有待轉為無待。也就是在離形去知，無功無名之後，人的真君獨體才能凸顯，而有如朝陽初啓，遍照一切，朗現萬有，當下即是「天地與我並生，萬物與我為一」，已超越時空，無復有古今之別，而入於與天道同體流行的不死不生之境。〔註90〕

王氏以為藉由「外天下、外物、外生」的逐層剝落有待，遂能進入無待的境界。而此時人的真君獨體便能進入「朝徹」之境界。所謂「朝徹」即指人清晨初醒時，精神處於虛靈之狀態。接著便能「見獨」，「見獨」即能體會道體的絕對性，緊接著便能「无古今」，超越時間之限制，最後「入於不死不生」，即超越生死，不以死生掛心。人於此境界裡，對外物能「無不將也，無不迎也；無不毀也，無不成也」。莊子最後對此境界下了一註解——「攖寧」。所謂「攖寧」，郭象註云：「夫與物冥者，物縈亦縈，而未始不寧也。」〔註91〕其意在於心能隨物而化，然外化而內不化，如此便能不傷物，亦能不以物傷性，常保內在心境之平和。

而陳鼓應引王孝漁之論，將女偊所言之「成聖之道」分作兩個進程，其言云：

> 對「天下」、「物」、「生」能做到深切的省覺，徹底的透破，便可說是通過了掃除俗世雜欲，透破生命局限的第一進程，即如王孝漁先生所說的，突破了「三關」——「外天下」、「外物」、「外生」。三關既已突破，就可進入第二進程，王孝漁先生概括為「四悟」：一悟為「朝徹」。「朝徹」是指進道時的心靈狀態，由於物我兼忘，死生一觀，心靈便如朝陽初啓，呈現出清明朗澈的狀態。二悟為「見獨」，即「見道」，「道」是絕對無待的，因之以「獨」來指稱它。心靈達

---

〔註89〕 徐復觀云：「而所謂『忘己』，亦即前面所說的外生，乃是把所謂存在相也忘掉了。物因『己』而顯，忘己即同時忘物。忘己忘物，乃能從形器界各種牽連中超脫上去而無所待，而能見獨。」《中國人性論史·先秦篇》，頁392。

〔註90〕 王邦雄：《中國哲學論集》，頁96。

〔註91〕 郭慶藩輯：《莊子集釋》，頁255。

到清明透徹狀態，方能認識「道」的卓然獨立的眞體。三悟爲「無古今」。四悟爲「不死不生」。此兩悟描繪了體道的終極境界。「見獨」之人能超越一切的對立與界限，能突破時間的限制，進入不受死生觀念拘執的精神境界。「四悟」實爲進道過程中的心靈狀態。莊子最後歸結爲「攖寧」，即在擾亂中保持安寧。〔註92〕

體道的工夫歷程中，第一個進程爲「破三關」，「三關」分別爲：「外天下」、「外物」、「外生」。待三關破除後即可進入「四悟」的心靈狀態，「四悟」分別爲：「朝徹」、「見獨」、「無古今」、「不死不生」；最終可至「攖寧」。並特別強調了「無古今」與「不死不生」是爲體道的終極境界。

而在〈達生〉的「梓慶削木爲鐻」寓言中，梓慶之技藝驚人，引發魯侯之疑問，梓慶遂道出其削木爲鐻前的一套準備工夫，正同於「坐忘」工夫，其云：

> 梓慶削木爲鐻，鐻成，見者驚猶鬼神。魯侯見而問焉，曰：「子何術以爲焉？」對曰：「臣，工人，何術之有！雖然，有一焉。臣將爲鐻，未嘗敢以耗氣也，必齊以靜心。齊三日，而不敢懷慶賞爵祿；齊五日，不敢懷非譽巧拙；齊七日，輒然忘吾有四枝形體也。當是時也，无公朝，其巧專而外骨消；然後入山林，觀天性；形軀至矣，然後成見鐻，然後加手焉；不然則已。則以天合天，器之所以疑神者，其是與！」（〈達生〉，頁658～659）

由「未嘗敢以耗氣也，必齊以靜心」一語可知，梓慶亦是於心上作工夫。其進路爲：

不敢懷慶賞爵祿→不敢懷非譽巧拙→忘吾有四枝形體

「不敢懷慶賞爵祿」，乃對於外在的升官封爵、獎賞不動心，即「忘仁義」。「不敢懷非譽巧拙」，乃對外在的稱讚、詆毀無動於心，即「忘禮樂」。「忘吾有四枝形體」，乃超絕於外在形軀之上，即「墮肢體」。到此時便能「无公朝，其巧專而外骨消」，即「黜聰明」。最後進入林中擇取木材時，便能夠以「同於大通」的心境觀察樹木，選取最適合的木材作鐻，即「以天合天」，如此所成之鐻自然是能使「見者驚猶鬼神」也。梓慶削木爲鐻的過程，可說是「坐忘」工夫具體落實於現實生活上，一方面亦證實了「心齋」雖由心上作工夫而成一精神境界，但仍可向下落實於現實生活中，成就一極致的技藝。

---

〔註92〕陳鼓應：《老莊新論》，頁190。

對於「坐忘」的工夫進路至此已分析完畢，其大意可簡化為：

1. 「忘仁義」，即超越於「外在價值觀」之上，此「忘」字乃為「作用的保存」，非於存有層上否定之。

2. 「忘禮樂」，即超拔於「外在生活規範」之上，此「忘」字亦為「作用的保存」，非於存有層上否定之。

3. 「墮肢體」，即「離形」，目的在超絕於形骸之上，不使形骸反役使人的主體。而「墮」意同於「忘」，為「作用的保存」，非於存有層上否定之。

4. 「黜聰明」，即「去知」，目的在不對萬物作主觀的價值評價，則能夠虛而待物，應物不傷。而「黜」意亦同於「忘」，仍為「作用的保存」，非於存有層上否定之。

5. 「離形去知，同於大通」，即同於「大道之境」，是為一精神境界。

6. 女偊的「聖人之道」，更細膩地分析了「坐忘」的工夫歷程，而「梓慶削木為鐻」中，則將「坐忘」工夫具體落實於生活的技藝中，以明莊子思想並非空中樓閣，仍是有實現的可能。

## 三、兩種工夫論的比較

上兩小節中已單獨地分析過「心齋」與「坐忘」兩種工夫論，然而莊子理想的生命境界既如第二節所論僅是一「逍遙」，則所對應的工夫當為「一」而不該為「多」，因此底下將針對此兩種工夫論進行對比，以明二者間的關係。而按照上述分析，可將「心齋」與「坐忘」的工夫化作以下簡表：

| | 心　齋 | 坐　忘 |
|---|---|---|
| 工夫入路 | 常心（虛靈明覺的狀態） | |
| 超越外在價值觀束縛 | ╳ | 忘仁義 |
| 超越外在生活規範 | ╳ | 忘禮樂 |
| 超越形骸限制 | 无聽之以耳 | 墮肢體 |
| 超越心智偏執 | 无聽之以心 | 黜聰明 |
| 工夫所臻境界 | 聽之以氣 | 離形去知，同於大通 |

按上表可知，兩種工夫論皆在「心」上作工夫，而工夫的歷程中，在「超越形骸限制」、「超越心智偏執」、「工夫所臻境界」三點上相同。易言之，「无

聽之以耳」同於「墮肢體」;「无聽之以心」同於「黜聰明」;「聽之以氣」同於「離形去知,同於大通」。甚至在表達兩種工夫論時,皆假藉儒家人物之口託出。其中唯一不同者是「心齋」於「超越外在價值觀束縛」與「超越外在生活規範」二點上闕而未論,似有所不足。但若純就內部義理而言,「超越外在價值觀束縛」與「超越外在生活規範」二點對比於「超越形骸限制」、「超越心智偏執」二點,顯然前者之境界較低,後者層次較高。又於論「坐忘」時曾強調其工夫歷程具有「不可逆」性,同理可推知「心齋」雖未論「超越外在價值觀束縛」與「超越外在生活規範」二點,但實應已隱含對此二者的超越才是。再加之二者最後「工夫所臻境界」相同,故知「心齋」與「坐忘」無別,皆可由其達「逍遙」境界。

而徐復觀對於二者間的關係,表示:

> 心齋的「未始有回」,坐忘的「墮肢體,黜聰明」,都是「無己」、「喪我」。而無己、喪我的真實內容便是「心齋」;心齋的意境,便是坐忘的意境。達到心齋與坐忘的歷程,如下所述,正是美地觀照的歷程。而心齋,坐忘,正是美地觀照得以成立的精神主體。也是藝術得以成立的最後根據。〔註93〕

徐氏由藝術審美的角度出發,以為無己、喪我的真實內容便是「心齋」,而心齋的意境,便是「坐忘」的意境,即為「美地觀照的歷程」,強調二者間並無分別。

陳鼓應則以為二者略有分判,其云:

> 「坐忘」和「心齋」(〈人間世〉)都是進道的境界。「心齋」著重在敘說培養一個最具靈妙作用的心之機能,「坐忘」則更進一步提示出空靈明覺之心所展現出的大通境界。〔註94〕

其肯定了「心齋」與「坐忘」皆是「進道」的境界,故知二者就境界而言,並無高下之別。然二者所偏重者不同,「心齋」重說明培養一個最具靈妙作用的心之機能;「坐忘」則更進一步提示出空靈明覺之心所展現出的大通境界。而陳氏之說簡別了「心齋」與「坐忘」之異,提供了另一種看法,但基本上二者間應如徐復觀所言,是為個體自覺地透過層層剝解偏執、造作所臻達的精神境界。

---

〔註93〕徐復觀《中國藝術精神》,頁72。
〔註94〕陳鼓應:《老莊新論》,頁192。

　　行文至此，大抵已將「心齋」與「坐忘」之工夫歷程與境界分析完畢，至於《莊子》中其他與工夫論相關之章句，將於第四章中隨「理想人物」的分析一併進行討論。

# 第三節　小結

　　第二節中，首先針對莊子所提出的「逍遙」境界作細部的分析，以瞭解「逍遙」的真實內容。接著透過郭象與支遁二人的詮釋，進一步釐清《莊子》中的「逍遙」所可能產生的困境，即「逍遙」普遍性的問題。

　　一、莊子論「逍遙」，由「心」上作，藉由「小大之辯」與「四種不同的生命境界」，層層剝解「有待」，彰顯出「無待的逍遙」。然因莊子未明言「逍遙」是否具普遍性，遂引起後代學者之爭。

　　二、郭象由「性」上論逍遙，主張萬物「各適其性」、「各足其性」即可達逍遙，因此郭象的逍遙義可稱作「適性的逍遙」。郭象借「適性」說解決了莊子「逍遙」普遍性的疑慮，然卻因由「性」上說，不免有下墮之可能。

　　三、支遁之說，雖前賢多溢美之言，以為其「標新理於二家之表」，然而支遁實際上僅是繼承莊子之逍遙義，由「心」上論逍遙，透過主體自覺地作工夫，層層剝落依待，超拔於世俗，以達逍遙罷爾，較之於郭象，實未能有新意也。

　　第三節中，分別針對「心齋」與「坐忘」進行解析，並比較二者間是否有所區別。

## 一、心齋

　　1.「無聽之以耳」與「無聽之以心」：此「耳」作人「生理感官」解，是為人與外物接觸時最先憑藉之媒介，「心」則是就人偏執的「成心」解。至於「無」，並非於「存有層」上否定生理感官與心知，而是「作用的保存」，目的在於心齋的工夫下真實地呈現出生理感官與心知的意義。

　　2.「聽之以氣」：此「氣」表「生命最原始之狀態」，或可稱之為「常心」，旨在表達主體與客體接觸時，以虛靈明覺之常心相應，則能應物而不傷也。

　　3.「心齋」工夫隱含了道家的無執的存有論，是為道家義理中最具價值者。

## 二、坐忘

1.「忘仁義」與「忘禮樂」，即超越於「外在價值觀」與「外在生活規範」之上，此「忘」字乃為「作用的保存」，非於存有層上否定之。

2.「墮肢體」，即「離形」，目的在超絕於形骸之上，不使形骸反役使人的主體。而「墮」意同於「忘」，為「作用的保存」，非於存有層上否定之。

3.「黜聰明」，即「去知」，目的在不對萬物作主觀的價值評價，則能夠虛而待物，應物不傷。而「黜」意亦同於「忘」，仍為「作用的保存」，非於存有層上否定之。

4. 女偊的「聖人之道」，更細膩地分析了「坐忘」的工夫歷程，而「梓慶削木為鐻」中，則將「坐忘」工夫具體落實於生活的技藝中，以明莊子思想並非空中樓閣，仍是有實現的可能。

## 三、心齋與坐忘所臻達之境界並無不同，同為「逍遙」境界。

# 第四章　至人、神人、聖人、眞人

## 第一節　理想人格的開展

　　《莊子》中言及理想人格時，分別以「至人」、「神人」、「聖人」、「眞人」等不同詞彙表達之，而莊子對於「至人」、「神人」、「聖人」、「眞人」的論述亦有分別。如：〈逍遙遊〉云：「至人无己、神人无功、聖人无名。」（〈逍遙遊〉，頁 17）〈大宗師〉云：「天與人不相勝，是之謂眞人。」（〈大宗師〉，頁234～235）在此不免使人疑惑，何以莊子論述理想人格時需提及不同之詞彙，且對不同的辭彙下了不同之註解？莫非莊子思想中的理想人格具有多重類型？若眞具有多重類型，則彼此間是否有高下之別？若「至人」、「神人」、「聖人」、「眞人」所指皆歸向最終極的理想人格，那麼四者間究竟是爲「橫列式」的關係，抑或是「縱貫式」的關係？前者意指「至人」、「神人」、「聖人」、「眞人」四者爲最終極理想人格不同面向之描述，而終極之理想人格必藉此四者方可構成；後者即謂「至人」、「神人」、「聖人」、「眞人」爲達至終極理想人格前，工夫歷程所達至的不同境界，而若眞爲工夫歷程所達至的不同境界，則其先後次序又該如何排列？對於「至人」、「神人」、「聖人」、「眞人」四者間的關係，前賢多有論述，如：成玄英云：「至言其體，神言其用，聖言其名。故就體語至，就用語神，就名語聖，其實一也。」[註1] 鍾泰云：「『聖人』、『神人』、『至人』，雖有三名，至者聖之至，神者聖而不可知之稱。其實皆聖人也。」

---

〔註 1〕郭慶藩：《莊子集釋》（台北：河洛圖書出版社，1980.8 臺影印初版），頁22。

〔註 2〕吳怡云：「在《莊子》書中，真人、至人、神人，是同一層次的理想人物，而聖人則稍低一層次。」〔註 3〕前賢所論雖多，然卻未有一定論，故本章擬先探究《莊子》中「至人」、「神人」、「聖人」、「真人」之內涵及其境界，繼而釐析四者間的關係，最後再檢視《莊子》書中之人物是否有符合理想人格者。

　　本節將針對《莊子》中「至人」、「神人」、「聖人」、「真人」四種理想人格進行分析。首先將《莊子》書中與「至人」、「神人」、「聖人」、「真人」相關之章句提出進行分類，並將分類結果製成表格，接著在依表格內容進行分析。於表格分析完畢後，再就重要章句分析各理想人格之特點與特色。

# 一、「至人无己」——至人

　　首先，在針對「至人」細部分析前，先藉由「理想人格工夫分類表」對「至人」的具體內容進行全面地瞭解。而「理想人格工夫分類表」之分類標準說明如下：

　　對於《莊子》中「至人、神人、真人、聖人」四種理想人格之論述，將依照其所突出的工夫與境界作分類。至於分類標準，除依「第二章、生命困境及語言觀」「第一節、生命的困境」下「二、內在主觀生命」一小節中的生命困境分作：「自然生命的紛馳」、「心理的情緒」、「意念的造作」三大類外，又另加「體道境界」一大類，並於此四大類下再細分作若干小類。而因〈內篇〉與〈外、雜篇〉的作者之爭，再加以〈外、雜篇〉中的思想較為紛雜，因此於分類時，亦將〈內篇〉與〈外、雜篇〉分開，以利進行比較〔註4〕。以下將四大類的分類標準與其底下的若干小類作一簡單說明：

　　1、消解「自然生命的紛馳」

　　就人「自身」而言，人本然之欲望單純，飢則食、渴則飲、寒則衣，然於本然之欲望外，人們漸漸開始追求生理感官的刺激與享受，食物取美味者、

---

〔註 2〕鍾泰：《莊子發微》，（上海：上海古籍出版社，2002.4），頁 14～15。
〔註 3〕吳怡：《新譯莊子內篇解義》，（台北：三民書局，2004.1），頁 245～246。
〔註 4〕唐君毅云：「唯莊子之內篇，宜與其外雜篇分別而觀。內篇之每篇，其文大皆自分體段，合則可見一整個之思想面目，當是一人所著。外雜篇則內容甚複雜，可謂其後之道家言之一結集，其新義之所存，亦當分析而觀。」，《中國哲學原論‧原道篇弌》，（台北：臺灣學生書局，2004.10 全集校訂版三刷），頁 344。故偏就信而為莊子所作之部份而論。

服飾取華麗者，競逐於外物，遂迷失了自然之性。於外在形骸方面，人為有限的自然生命體，必定有其生命上的形軀限制與「生老病死」的過程，然卻往往因俗情與嗜欲的影響，對「生死」有所偏執。依「自然生命」對人所可能產生的困境，又可分作：

（1）形骸之限：外在形軀所帶來的客觀限制。

（2）生老病死的偏執：因俗情所導致的「樂生惡死」的偏執。

（3）嗜欲的產生：由人本然欲望所衍生出的嗜欲。

此大類大抵針對由人「本身」內在所可能產生的困境而言。

### 2、化解「心理的情緒」

指喜怒無常的心理情緒。人往往受到外在事物的影響，使內在的心境產生波動，因而產生喜怒哀樂之情。依「外在環境」對人之情緒所可能產生的影響，又可分作：

（1）利祿的痴迷：對於外在功名利祿所形成的痴迷而言。

（2）名聲的桎梏：對於外在名聲所形成的桎梏而言。

（3）事功的滯累：對於外在事功所形成的滯累而言。

（4）命限的困頓：對人間禍福所帶來的困頓而言。

此大類大抵針對「外在環境」對人內在心理情緒所可能產生的影響而言。

### 3、超化「意念的造作」

諸子百家興起，各派倡導其學說，凡思想合於己者為是，異於己者為非，自圇於自己的框線中。可分作：

（1）人我的互傷：以我的「價值觀」強加於他人之上。

（2）物我的相刃：以我的「價值觀」強加於外物之上。

（3）成心的圇限：以我的「價值觀」應世。

（4）意識型態作祟：偏重於諸子間，因見解不同所造成的相互攻訐。

此大類大抵針對人的「思想」與「價值觀」而言。

### 4、體道境界

凡論述上針對聖人體道的境界，且能超越上述「自然生命的紛馳」、「心理的情緒」、「意念的造作」三大類困境者而言。

### 5、負面意涵

本類是專門剋就「聖人」而言，乃指「儒家式聖人」，並對「儒家式聖人」與「仁義」作批判者。

另外，於引述《莊子》原文時，未避免有「斷章取義」之嫌，故屬於同段的論述，儘可能的不予以切割，而求其原貌呈現。

| 一、至 | | 人 | |
|---|---|---|---|
| | | 《莊子》原文 | 工夫所欲對治者 |
| 消解自然生命的紛馳 | 內篇 | 1　若然者，乘雲氣，騎日月，而遊乎四海之外。死生无變於己，而況利害之端乎！（〈齊物論〉，頁96） | 形骸之限、生老病死的偏執 |
| | | 2　死生存亡，窮達貧富，賢與不肖毀譽，飢渴寒暑，是事之變，命之行也；日夜相代乎前，而知不能規乎其始者也。故不足以滑和，不可入於靈府。使之和豫，通而不失於兌；使日夜无郤而與物為春，是接而生時於心者也。（〈德充符〉，頁212） | 生老病死的偏執、嗜欲的產生 |
| | 外、雜篇 | 1　子獨不聞夫至人之自行邪？忘其肝膽，遺其耳目，芒然彷徨乎塵垢之外，逍遙乎无事之業，是謂為而不恃，長而不宰。（〈達生〉，頁663） | 形骸之限 |
| | | 2　草食之獸不疾易藪，水生之蟲不疾易水，行小變而不失其大常也，喜怒哀樂不入於胸次。夫天下也者，萬物之所一也。得其所一而同焉，則四支百體將為塵垢，而死生終始將為晝夜而莫之能滑，而況得喪禍福之所介乎！棄隸者若棄泥塗，知身貴於隸也，貴在於我而不失於變。且萬化而未始有極也，夫孰足以患心！已為道者解乎此。（〈田子方〉，頁714） | 形骸之限、生老病死的偏執 |
| | | 3　夫至人者，上闚青天，下潛黃泉，揮斥八極，神氣不變。（〈田子方〉，頁725） | 形骸之限 |
| | | 4　彼至人者，歸精神乎无始而甘冥乎无何有之鄉。水流乎无形，發泄乎太清。（〈列禦寇〉，頁1047） | 形骸之限 |
| 化解心理的情緒 | 內篇 | 1　彼且蘄以諔詭幻怪之名聞，不知至人之以是為己桎梏邪？……天刑之，安可解！（〈德充符〉，頁204～205） | 名聲的桎梏 |
| | | 2　死生存亡，窮達貧富，賢與不肖毀譽，飢渴寒暑，是事之變，命之行也；日夜相代乎前，而知不能規乎其始者也。故不足以滑和，不可入於靈府。使之和豫，通而不失於兌；使日夜无郤而與物為春，是接而生時於心者也。（〈德充符〉，頁212） | 利祿的痴迷、名聲的桎梏 |

| 一、至人 | | | | |
|---|---|---|---|---|
| | | | 《莊子》原文 | 工夫所欲對治者 |
| 化解心理的情緒 | 外、雜篇 | 1 | 夫至人有世，不亦大乎！而不足以爲之累。天下奮棅而不與之偕，審乎无假而不與利遷，極物之眞，能守其本，故外天地，遺萬物，而神未嘗有所困也。（〈天道〉，頁486） | 利祿的痴迷 |
| | | 2 | 古之至人，假道於仁，託宿於義，以遊逍遙之虛，食於苟簡之田，立於不貸之圃。逍遙，无爲也；苟簡，易養也；不貸，无出也。古者謂是采眞之遊。（〈天運〉，頁519） | 事功的滯累 |
| | | 3 | 子獨不聞夫至人之自行邪？忘其肝膽，遺其耳目，芒然彷徨乎塵垢之外，逍遙乎无事之業，是謂爲而不恃，長而不宰。（〈達生〉，頁663） | 事功的滯累 |
| | | 4 | 任曰：「予嘗言不死之道。東海有鳥焉，其名曰意怠。其爲鳥也，翂翂翐翐，而似无能；引援而飛，迫脅而棲；進不敢爲前，退不敢爲後；食不敢先嘗，必取其緒。是故其行列不斥，而外人卒不得害，是以免於患。直木先伐，甘井先竭。子其意者飾知以驚愚，修身以明汙，昭昭乎如揭日月而行，故不免也。昔吾聞之大成之人曰：『自伐者无功，功成者墮，名成者虧。』孰能去功與名而還與眾人！道流而不明，居得行而不名處；純純常常，乃比於狂；削迹捐勢，不爲功名。是故无責於人，人亦无責焉。至人不聞，子何喜哉！」（〈山木〉，頁680） | 事功的滯累、名聲的桎梏 |
| | | 5 | 草食之獸不疾易藪，水生之蟲不疾易水，行小變而不失其大常也，喜怒哀樂不入於智次。夫天下也者，萬物之所一也。得其所一而同焉，則四支百體將爲塵垢，而死生終始將爲晝夜而莫之能滑，而況得喪禍福之所介乎！棄隸者若棄泥塗，知身貴於隸也，貴在於我而不失於變。且萬化而未始有極也，夫孰足以患心！已爲道者解乎此。（〈田子方〉，頁714） | 命限的困頓 |
| | | 6 | 天地有大美而不言，四時有明法而不議，萬物有成理而不說。聖人者，原天地之美而達萬物之理，是故至人无爲，大聖不作，觀於天地之謂也。（〈知北遊〉，頁735） | 事功的滯累 |
| | | 7 | 吾聞至人，尸居環堵之室，而百姓猖狂不知所如往。今以畏壘之細民而竊竊焉欲俎豆予于賢人之間，我其杓之人邪！吾是以不釋於老聃之言。（〈庚桑楚〉，頁771） | 事功的滯累 |

| 一、至　　　人 | | | | |
|---|---|---|---|---|
| | | | 《莊子》原文 | 工夫所欲對治者 |
| 超化意念的造作 | 內篇 | 8 | 夫富之於人，无所不利，窮美究埶，至人之所不得逮。（〈盜跖〉，頁1010） | 利祿的迷戀 |
| | | 1 | 至人神矣！大澤焚而不能熱，河漢冱而不能寒，疾雷破山飄風振海而不能驚。（〈齊物論〉，頁96） | 物我的相刃 |
| | | 2 | 古之至人，先存諸己而後存諸人。（〈人間世〉，頁134） | 人我的互傷 |
| | | 3 | 至人之用心若鏡，不將不迎，應而不藏，故能勝物而不傷。（〈應帝王〉，頁307） | 人我的互傷、物我的相刃 |
| | 外、雜篇 | 1 | 夫至人有世，不亦大乎！而不足以為之累。天下奮棟而不與之偕，審乎無假而不與利遷，極物之眞，能守其本，故外天地，遺萬物，而神未嘗有所困也。通乎道，合乎德，退仁義，賓禮樂，至人之心有所定矣。（〈天道〉，頁486） | 物我的相刃、意識型態作祟 |
| | | 2 | 古之至人，假道於仁，託宿於義，以遊逍遙之虛，食於苟簡之田，立於不貸之圃。逍遙，无為也；苟簡，易養也；不貸，无出也。古者謂是采眞之遊。（〈天運〉，頁519） | 人我的互傷、事功的滯累 |
| | | 3 | 至人潛行不窒，蹈火不熱，行乎萬物之上而不慄。（〈達生〉，頁633） | 物我的相刃 |
| | | 4 | 至人之於德也，不修而物不能離焉，若天之自高，地之自厚，日月之自明，夫何脩焉！（〈田子方〉，頁725） | 人我的互傷、物我的相刃 |
| | | 5 | 夫至人者，相與交食乎地而交樂乎天，不以人物利害相攖，不相與為怪，不相與為謀，不相與為事，翛然而往，侗然而來。是謂衛生之經已。（〈庚桑楚〉，頁789） | 人我的互傷、物我的相刃 |
| | | 6 | 夫流遁之志，決絕之行，噫，其非至知厚德之任與！覆墜而不反，火馳而不顧，雖相與為君臣，時也，易世而无以相賤。故曰：至人不留行焉。（〈外物〉，頁937） | 人我的互傷、成心的囿限 |
| | | 7 | 唯至人乃能遊於世而不僻，順人而不失己。彼教不學，承意不彼。（〈外物〉，頁938） | 人我的互傷 |
| | | 8 | 彼非至人，不能下人，下人不精，不得其眞，故長傷身。（〈漁父〉，頁1035） | 人我的互傷 |

| 一、至　　　　　人 | | | | |
|:---:|:---:|:---:|---|:---:|
| | | | 《莊子》原文 | 工夫所欲對治者 |
| 體道境界 | 內篇 | 1 | 至人无己。(〈逍遙遊〉，頁 17) | 聖人境界 |
| | 外、雜篇 | 1 | 不離於眞，謂之至人。(〈天下〉，頁 1066) | 聖人境界 |

## （一）〈內篇〉與〈外、雜篇〉間之異同

藉上表的歸類，首先可分析〈內篇〉與〈外、雜篇〉間之異同，將之簡化作下表：

| 一、至 | | 人 | | |
|:---:|:---:|:---:|:---:|:---:|
| 生　命　困　境 | | 〈內篇〉 | 篇幅比重 | 〈外、雜篇〉 |
| 1、消解「自然生命的紛馳」 | 形骸之限 | ○ | 1／11 | ○ |
| | 生老病死的偏執 | ○ | 2／11 | ○ |
| | 嗜欲的產生 | ○ | 1／11 | ✕ |
| 2、化解「心理的情緒」 | 利祿的痴迷 | ○ | 1／11 | ○ |
| | 名聲的桎梏 | ○ | 2／11 | ○ |
| | 事功的滯累 | ✕ | ── | ○ |
| | 命限的困頓 | ✕ | ── | ○ |
| 3、超化「意念的造作」 | 人我的互傷 | ○ | 2／11 | ○ |
| | 物我的相刃 | ○ | 2／11 | ○ |
| | 成心的囿限 | ✕ | ── | ○ |
| | 意識型態作祟 | ✕ | ── | ○ |

由此表可知，在第一類「自然生命的紛馳」中，〈內篇〉論及其中的三個面向，而〈外、雜篇〉則未論及「嗜欲的產生」。而第二類「心理的情緒」中，〈外、雜篇〉所論反較〈內篇〉全面，〈內篇〉並未論即「事功的滯累」與「命限的困頓」兩個面向。至於第三類「意念的造作」中，〈外、雜篇〉所論亦較〈內篇〉全面，〈內篇〉並未論及「成心的囿限」、「意識型態作祟」兩個面向。然總體而言，〈外、雜篇〉對於「至人」的論述似較〈內篇〉全面，篇幅亦較多。但仍是就對治人生的三大類困境努力，差別僅在於論述時，對於其中的面向有詳略之

別罷了！〈外、雜篇〉之說仍是在延續〈內篇〉之主張，並未另立新意。

就〈內篇〉中對治人生三大類困境所論之篇幅比重而言，三類幾乎相當，若欲嚴格區別，則似較偏重「人我的互傷」與「物我的相刃」兩個面向，而若與其他三種理想人格相較，確實「至人」論及「人我的互傷」與「物我的相刃」時比重最重。〔註5〕

### （二）「至人」之工夫與境界

上小節中藉由「量化」的分析，已初步瞭解「至人」於〈內篇〉與〈外、雜篇〉中之差異與「至人」於四種理想人格間所突出之特點。緊接著，將就表格中所錄之章句，分析「至人」之工夫與境界。〈內篇〉中，「至人」一詞首先出現於〈逍遙遊〉「至人无己，神人无功，聖人无名」（〈逍遙遊〉，頁17）一段，其中「至人」與「神人」、「聖人」並列，共同標示著「乘天地之正，而御六氣之辯，以遊无窮者」（〈逍遙遊〉，頁17）的無待境界。然而何謂「天地之正」、「六氣之辯」、「无窮者」，如何可「乘」、「御」、「遊」呢？郭象注云：「天地者，萬物之總名也。天地以萬物爲體，而萬物必以自然爲正，自然者，不爲而自然也。」〔註6〕成玄英疏云：「天地者，萬物之總名。萬物者，自然之別稱。〔註7〕」依二人之意，「天地」乃是「萬物」之總稱，而「萬物」即爲「天地」之散名。易言之，「天地」乃是一形上之理，不可得而見，不可得而聞，故必藉萬物以爲體，方可得而見、聞。而萬物既稟此形上之理而生，故其行當以自然爲準，不可違逆自然也。至於「六氣〔註8〕」一詞，各家說法

---

〔註5〕 此處以「量化」的方式分析理想人格，並不足以闡明理想人格之工夫與境界，但卻可由「量化」的對比、分析中瞭解各種理想人格所突出之面向與特點。而所謂「比重最重」，乃是就其於三大類人生困境中所佔之篇幅而言，或是與其他三種理想人格相比較而言，皆由「對比」之角度立論，而非絕對者。

〔註6〕 郭慶藩：《莊子集釋》，頁20。

〔註7〕 郭慶藩：《莊子集釋》，頁20。

〔註8〕 關於「六氣」所指，說法甚多，按成玄英與郭慶藩所錄分別爲：「六氣者，李頤云：平且朝霞，日午正陽，日入飛泉，夜半沆瀣，並天地二氣爲六氣也。又杜預云：六氣者，陰陽風雨晦明也。又支道林云：六氣，天地四時也。」《六氣》司馬云：陰陽風雨晦明也。李云：平旦爲朝霞，日中爲正陽，日入爲飛泉，夜半爲沆瀣，天玄地黃爲六氣。王逸注《楚辭》云：陵陽子《明經》言，春食朝霞，朝霞者，日欲出時黃氣也。秋食淪陰，淪陰者，日沒已後赤黃氣也。冬食沆瀣，沆瀣者，北方夜半氣也。夏食正陽，正陽者，南方日中氣也。並天玄地黃之氣，是爲六氣。沆，音戶黨反。瀣，音下界反。支云：天地四時之氣。◎慶藩案《釋文》引諸家訓六氣，各有不同。司馬以陰陽風雨晦（冥）〔明〕

較爲分歧，或以爲指「陰陽風雨晦明」，或以爲指「天地四時」，今就上句「乘天地之正」，而採用「陰陽風雨晦明」之說。而此境界郭象以爲「此乃至德之人玄同彼我者之逍遙也」，亦即是逍遙的境界。唯郭象之「逍遙」隸屬「適性的逍遙」，而莊子式之「逍遙」乃「無待」之逍遙。徐復觀釋「待」云：

> 莊子認爲人生之所以受壓迫，不自由，乃由於自己不能支配自己，而須受外力的牽連。受外力的牽連，即會受到外力的限制甚至是支配。這種牽連，在莊子稱之爲「待」，如「猶有所待者也」，「彼且惡乎待哉」，「化聲之相待，若其不相待」，「吾有待而然者耶」等是。要達到精神的自由解放，一方面要自己決定自己；同時要自己不與外物相對立，以得到澈底地諧和。〔註9〕

徐氏將「待」字解作「受到外力的限制甚至是支配」，因此人便不能自己作主，唯有化去外力的限制、支配自行作主，才可稱「無待」。而「乘天地之正，而御六氣之辯，以遊无窮者」正在形容「無待」境界，故云「彼且惡乎待哉」。易言之，此無待境界即是順從萬物之性，任其自然發展，對於世間萬事萬物之變化亦隨順之，不以己意干預。因能隨順，故能無待。而所謂「無待」，即是無所依

---

爲六氣，其說最古。李氏以平旦日中日入夜半並天玄地黃爲六氣，頗近牽強。王逸支遁以天地四時爲六氣。夫天地之氣，大莫與京，四時皆承天地之氣以爲氣，似不得以四時與天地並列爲六。王應麟云：六氣，少陰君火，太陰溼土，少陽相火，陽明燥金，太陽寒水，厥陰風木，而火獨有二。天以六爲節，故氣以六幕爲一備。《左傳》述醫和之言，天有六氣，（注云：陰陽風雨晦（冥）〔明〕也。）降生五味。即《素問》五六之數。（全祖望云：天五地（五）〔六〕，見於《大易》，天六地五，見於《國語》。〔故〕《漢志》云，五六天地之中合。然左氏之說，又與《素問》不同。）沈括《筆談》：六氣，方家以配六神，所謂青龍者，東方厥陰之氣也；其他取象皆如是。唯北方有二：曰玄武，太陽寒水之氣也；曰螣蛇，少陽相火之氣也，其在人爲腎，腎有二：左太陽寒水，右少陽相火，此坎離之交也。中央太（陽）〔陰〕十爲句陳，配脾也。六氣之說，聚訟棼如，莫衷一是。愚謂有二說焉：一，〈洪範〉雨暘燠寒風時爲六氣也。雨，木也；暘，金也；燠，火也；寒，水也；風，土也；是爲五氣。五氣得時，是爲五行之和氣，合之則爲六氣。氣有和有乖，乖則變也，變則宜有以御之，故曰御六氣之變。一，六氣即六情也。《漢書翼·奉傳》奉又引師說六情云：北方之情，好也，好行貪狼，申子主之；東方之情，怒也，怒行陰（餓）〔賊〕，亥卯主之；南方之情，惡也，惡行廉貞，寅午主之；西方之情，喜也，喜行寬大，己酉主之；上方之情，樂也，樂行姦邪，辰未主之；下方之情，哀也，哀行公正，戌丑主之。此二說似亦可備參證。」郭慶藩：《莊子集釋》，頁20～21。

〔註 9〕 徐復觀：《中國人性論史·先秦篇》（台北：台灣商務印書館，2003.10 第十三次印刷），頁389。

待，剝落主體對外在客觀條件的依待，使主體能超昇於外在客觀條件之上，悠遊自在。而「至人无己，神人无功，聖人无名」亦正爲莊子對此究極境界所下之結語。而何謂「至人无己」耶？單憑此一語實難以作確切的分析，今藉〈逍遙遊〉篇末莊子與惠施之辯嘗試詮釋「至人无己」一語。其云：

惠子謂莊子曰：「魏王貽我大瓠之種，我樹之成而實五石，以盛水漿，其堅不能自舉也。剖之以爲瓢，則瓠落無所容。非不呺然大也，吾爲其無用而掊之。」莊子曰：「夫子固拙於用大矣。宋人有善爲不龜手之藥者，世世以洴澼絖爲事。客聞之，請買其方百金。聚族而謀曰：『我世世爲洴澼絖，不過數金；今一朝而鬻技百金，請與之。』客得之，以說吳王。越有難，吳王使之將，冬與越人水戰，大敗越人，裂地而封之。能不龜手，一也；或以封，或不免於洴澼絖，則所用之異也。今子有五石之瓠，何不慮以爲大樽而浮乎江湖，而憂其瓠落無所容？則夫子猶有蓬之心也夫！」（〈逍遙遊〉，頁36～37）

惠子有五石大瓠，用以盛水卻「堅不能自舉」，剖之作水瓢卻又「瓠落無所容」，惠子因其無用，遂將五石大瓠打破。莊子指責惠子「夫子固拙於用大矣」、「夫子猶有蓬之心也夫！」〔註10〕並舉「不龜手之藥」爲例，說明宋人本擁有不龜手之藥，世世代代以「洴澼絖」爲業；後有客用百兩黃金買下，說服吳王，冬與越人水戰且大敗之，吳王因而裂地封之。同爲「不龜手之藥」，卻因用途之異，所收之功亦有別也。接著回應惠子，既有五石之大瓠，可以之爲大樽而浮乎江湖，又何必以世俗狹隘的器用觀視之，以爲必用以盛水或剖以爲瓢？合觀二者，惠子與宋人皆以己意出，執著於物之定用，強將自己的價值觀加諸於物上，未能順物之性遊於變化之塗。而莊子與客反能洞察物之本性，隨順之，而不囿世俗之價值觀與物之定用，故可得其大用。郭象謂「此章言物各有宜，苟得其宜，安往而不逍遙也。」〔註11〕各種事物皆有其自然之理，唯依其自然之理而順成之，方可成其大用、妙用。假若囿於一己成見，以自我偏執的價值觀強加於萬物之上，認爲萬物必有其定用定則，反傷其性也。後段文中惠子質疑莊子的學說如大樹樗一般，大而無用，莊子反指責惠子「何

---

〔註10〕陳鼓應云：「『蓬心』是指人的視野的短淺，胸襟的偏狹，這種視野短淺和胸襟偏狹成了人的心靈地自我封閉。」《十家論莊》（上海：上海人民出版社，2004.4），頁427。
〔註11〕郭慶藩：《莊子集釋》，頁39。

不樹之於无何有之鄉、廣莫之野，彷徨乎无爲其側，逍遙乎寢臥其下。不夭斤斧，物无害者，无所可用，安所困苦哉！」正同於前所論也〔註12〕。由此大抵可瞭解「至人无己」乃在說明至人能洞察萬事萬物的自然本性，不以己意傷物之性，反隨順之，使萬事萬物便皆可得其大用、妙用也。

此外，〈應帝王〉中對於至人境界有進一步之描寫：

> 至人之用心若鏡，不將不迎，應而不藏，故能勝物而不傷。
>
> （〈應帝王〉，頁307）

上段中以具體事例說明「无己」之功，此處則改以原則性的說明至人如何以「无己」之方式應物。「至人之用心若鏡」，郭象注云：「鑒物而無情。」〔註13〕所謂「無情」，非狹義的解作「無感情」，而是超越地表示「無偏私之情」。至人鑒物無偏私、好惡之情，其心如鏡般明澈，面對萬物「不將不迎，應而不藏」，則萬事萬物便皆可如其本然呈現。易言之，至人無偏私之情，正使至人不以其情應物，故能不傷物之性；亦正因不以其情應物，故亦不傷己，此所謂「勝物而不傷」也。所謂「不傷」，程兆雄釋云：

> 能不傷己，便不傷物；能不傷物，便能勝物。故勝物所以不傷，而
>
> 不傷亦正所以勝物。……莊子之學，是生命之學；而生命之學，則
>
> 正是不傷之學。〔註14〕

程兆雄之說強調因「不傷」故能「勝物」，此正爲「生命之學」、「不傷之學」。而〈德充符〉中所云：「吾所謂无情者，言人之不以好惡內傷其身，常因自然而不益生也。」（〈德充符〉，頁221），強調「無情」可「不以好惡內傷其身」與「因自然而不益生」正同此說。總而言之，至人的生命承載了萬事萬物，但卻不因此傷己之性，亦不傷物之性，正顯出至人境界之高，亦對「至人无己」下了完整之註解。其他如「夫至人者，相與交食乎地而交樂乎天，不以人物利害相攖，不相與爲怪，不相與爲謀，不相與爲事，翛然而往，侗然而

---

〔註12〕 〈逍遙遊〉云：「惠子謂莊子曰：『吾有大樹，人謂之樗。其大本擁腫而不中繩墨，其小枝卷曲而不中規矩，立之塗，匠者不顧。今子之言，大而無用，眾所同去也。』莊子曰：『子獨不見狸狌乎？卑身而伏，以候敖者，東西跳梁，不辟高下；中於機辟，死於罔罟。今夫斄牛，其大若垂天之雲。此能爲大矣，而不能執鼠。今子有大樹，患其无用，何不樹之於无何有之鄉、廣莫之野，彷徨乎无爲其側，逍遙乎寢臥其下。不夭斤斧，物无害者，无所可用，安所困苦哉！』」，頁39～40。

〔註13〕 郭慶藩：《莊子集釋》，頁309。

〔註14〕 程兆雄：《道家思想》，（台北：明文書局，1985），頁400。

來。是謂衛生之經已。」（〈庚桑楚〉，頁 789）「唯至人乃能遊於世而不僻，順人而不失己。彼教不學，承意不彼。」（〈外物〉，頁 938）亦同此意。

而〈齊物論〉中則對至人有近乎神話的描寫：

> 至人神矣！大澤焚而不能熱，河漢沍而不能寒，疾雷破山飄風振海而不能驚。若然者，乘雲氣，騎日月，而遊乎四海之外。死生无變於己，而況利害之端乎！（〈齊物論〉，頁 96）

莊子藉由王倪之口說出「至人」的境界。就章句本身之描述，極具「神異」性，而崔大華即以爲莊子理想人格具有「神異」性，如：「對於理想人格『眞人』的精神狀態或境界的細膩描述，實際上可以分解、歸納爲兩方面內容：超脫與神異。」〔註15〕、「其中『聖人』、『至人』出現的次數比『眞人』還多，但所表述的精神境界的內容，也主要還是超脫、神異這樣兩個方面。」〔註16〕等。大抵崔大華對於《莊子》中此類的章句皆歸納作「神異」，雖然其書中亦對「神異」作過分析，然而以「神異」釋莊子之語言仍有不適，畢竟《莊子》語言風格特殊，往往僅在藉語言以傳意，若以「神異」釋之，不免使人對理想人格產生負面之聯想。而牟宗三曾針對「至人神矣」的「神」字作一精闢的分析，其以爲：

> 中國人所說的「神」具有兩層意義：一爲儒道二家所說之「神」，大體爲「境界義」；另一層乃是就民俗學而論，即一般鬼神之「神」。而儒道二家兩種意義的「神」皆有，唯其不停留在後者而論。道家的「神」即爲「自然」，乃是由修道往裡入說神，此道即「玄智」、「玄理」。修道所達成的是一種精神境界，且此「神」的意義每一個人修養達最高境界時便呈現。〔註17〕

由牟氏之說可知，雖道家論「神」時，亦可指稱「鬼神」，然而其卻向更高層次邁進，由修道往裡入說神，使「神」字成爲「境界義」，表示個人修養之最高境界。此外，劉榮賢亦云：

> 內篇中出現「神」字的八處中，雖也有指「鬼神」之義者。然大多數因於莊子「天地與我爲一，萬物與我並生」的心物合一觀念之故，都意指聖人與天地合流的清通不測的生命意態。此「神」義乃是聖

---

〔註15〕 崔大華：《莊學研究》（北京：人民出版社，1997.5 第 3 次印刷），頁 150。
〔註16〕 崔大華：《莊學研究》，頁 150～151。
〔註17〕 牟宗三主講 盧雪崑記錄：〈莊子〈齊物論〉講演錄（十二）〉，《鵝湖月刊》329 期（2002.11），頁 1。

人之「德」的外現境界。〔註18〕

劉榮賢亦以爲〈內篇〉中之「神」字，多表達「天地與我爲一，萬物與我並生」的心物合一觀念，乃聖人之「德」的外現境界。由上述二人之說可知，所謂「至人神矣」並非指至人具有如鬼神般的神異法術，而是指至人經由修道所臻的最高精神境界。而此境界爲何呢？「大澤焚而不能熱，河漢沍而不能寒，疾雷破山飄風振海而不能驚。」即爲此境界的具體描述。此段看似神異，然究其實莊子亦不過以誇張的譬喻手法表示至人與物冥合，於是能使「物無變於己」，而其所以能無變於己，乃是因「至人无己」、「至人之用心若鏡」，故能「勝物而不傷」，非眞以爲至人可承受「大澤焚」、「河漢沍」、「疾雷破山飄風振海」。〈達生〉篇中對至人亦有類似的描寫：「至人潛行不窒，蹈火不熱，行乎萬物之上而不慄。」（〈達生〉，頁633）此處至人亦非眞能「潛行不窒」、「蹈火不熱」，不過仍是在強調至人之境乃物無變於己，此思想脈絡大抵亦是承「至人無己」、「至人用心若鏡」而來。

　　莊子對「至人」之論述，突出了「人我的互傷」與「物我的相刃」二面，強調不以我之「價值觀」強加於他人、他物之上，尊重他人、他物之個別性、殊異性，以求人我、物我間能互不傷也。

## 二、「神人无功」——神人

　　「神人」之「理想人格工夫分類表」如下：

| 二、神 | | | 人 | |
|---|---|---|---|---|
| | | | 《莊子》原文 | 工夫所欲對治者 |
| 消解自然生命的紛馳 | 內篇 | 1 | 藐姑射之山，有神人居焉，肌膚若冰雪，淖約若處子。不食五穀，吸風飲露。乘雲氣，御飛龍，而遊乎四海之外。其神凝，使物不疵癘而年穀熟。吾以是狂而不信也。（〈逍遙遊〉，頁27～28） | 形骸之限 |
| | 外、雜篇 | 1 | 上神乘光，與形滅亡，此謂照曠。致命盡情，天地樂而萬事銷亡，萬物復情，此之謂混冥。（〈天地〉，頁443） | 形骸之限 |

---

〔註18〕劉榮賢：《莊子外雜篇研究》（台北：聯經出版社，2004.4初版），頁244。

| 二、神　　　　　人 | | | | |
|---|---|---|---|---|
| | | | 《莊子》原文 | 工夫所欲對治者 |
| 化解心理的情緒 | 內篇 | 1 | 藐姑射之山，有神人居焉，肌膚若冰雪，淖約若處子。不食五穀，吸風飲露。乘雲氣，御飛龍，而遊乎四海之外。其神凝，使物不疵癘而年穀熟。吾以是狂而不信也。（〈逍遙遊〉，頁 27～28） | 事功的滯累 |
| | | 2 | 此果不材之木也，以至於此其大也。嗟乎神人，以此不材！（〈人間世〉，頁 177） | 事功的滯累（論「不材之材」） |
| | | 3 | 故解（以）之〔以〕牛之白顙者與豚之亢鼻者，與人有痔病者不可以適河。此皆巫祝以知之矣，所以爲不祥也。此乃神人之所以爲大祥也。（〈人間世〉，頁 177） | 事功的滯累（論「不材之材」） |
| | 外、雜篇 | 1 | 是以神人惡眾至，眾至則不比，不比則不利也。故无所甚親，无所甚疏，抱德煬和以順天下，此謂真人。（〈徐无鬼〉，頁 865） | 事功的滯累 |
| 超化意念的造作 | 內篇 | 1 | 此果不材之木也，以至於此其大也。嗟乎神人，以此不材！（〈人間世〉，頁 177） | 成心的囿限論（「不材之材」） |
| | | 2 | 故解（以）之〔以〕牛之白顙者與豚之亢鼻者，與人有痔病者不可以適河。此皆巫祝以知之矣，所以爲不祥也。此乃神人之所以爲大祥也。（〈人間世〉，頁 177） | 成心的囿限論（「不材之材」） |
| | 外、雜篇 | 1 | 上神乘光，與形滅亡，此謂照曠。致命盡情，天地樂而萬事銷亡，萬物復情，此之謂混冥。（〈天地〉，頁 443） | 物我的相刃 |
| | | 2 | 是以神人惡眾至，眾至則不比，不比則不利也。故无所甚親，无所甚疏，抱德煬和以順天下，此謂真人。（〈徐无鬼〉，頁 865） | 人我的互傷 |
| | | 3 | 聖人之所以駴天下，神人未嘗過而問焉。（〈外物〉，頁 943） | 人我的互傷 |
| 體道境界 | 內篇 | 1 | 神人无功。（〈逍遙遊〉，頁 17） | 聖人境界 |
| | 外、雜篇 | 1 | 不離於精，謂之神人。（〈天下〉，頁 1066） | 聖人境界 |

## （一）〈內篇〉與〈外、雜篇〉間之異同

藉上表的歸類，首先可分析〈內篇〉與〈外、雜篇〉間之異同，將之簡化作下表：

| 二、神　　　　　人 | | | | |
|---|---|---|---|---|
| 生　命　困　境 | | 〈內篇〉 | 篇幅比重 | 〈外、雜篇〉 |
| 1、消解「自然生命的紛馳」 | 形骸之限 | ○ | 2／7 | ○ |
| | 生老病死的偏執 | × | ── | × |
| | 嗜欲的產生 | × | ── | × |
| 2、化解「心理的情緒」 | 利祿的痴迷 | × | ── | × |
| | 名聲的桎梏 | × | ── | × |
| | 事功的滯累 | ○ | 3／7 | ○ |
| | 命限的困頓 | × | ── | × |
| 3、超化「意念的造作」 | 人我的互傷 | × | ── | ○ |
| | 物我的相刃 | × | ── | ○ |
| | 成心的囿限 | ○ | 2／7 | × |
| | 意識型態作祟 | × | ── | × |

由此表可知，在第一類「自然生命的紛馳」中，〈內篇〉與〈外、雜篇〉皆僅論及「形骸之限」。而在第二類「心理的情緒」中，〈內篇〉與〈外、雜篇〉亦皆僅論及「事功的滯累」。至於第三類「意念的造作」方面，〈內篇〉所論偏於「成心的囿限」，〈外、雜篇〉所論則偏向「人我的互傷」與「物我的相刃」。總體而言，〈內篇〉與〈外、雜篇〉對於「神人」的論述，因篇幅較其他三種理想人格少，故有偏於一隅之傾向，特別在「自然生命的紛馳」與「心理的情緒」二類中，所論及之面向完全相同，但仍是就對治人生的三大類困境努力，差別僅在於論述時，對於其中的面向有詳略之別罷了！

就〈內篇〉中對治人生三大類困境所論之篇幅比重而言，三類幾乎相當，若欲嚴格區別，則似較偏重「事功的滯累」一面。若與其他三類理想人格相比，確實「神人」論及「事功的滯累」時比重最重。

## （二）「神人」之工夫與境界

上小節中藉由「量化」的分析，已初步瞭解「神人」於〈內篇〉與〈外、雜篇〉中之差異與「神人」於四種理想人格間所突出之特點。緊接著，將就

表格中所錄之章句，分析「神人」之工夫與境界。《莊子》書中「神人」一詞出現的次數，於四種理想人格中當屬最少，其首見於〈逍遙遊〉中「至人无己、神人无功、聖人无名」，與「至人」、「聖人」共同標舉一「乘天地之正、御六氣之辯、以遊无窮者」的無待境界，而此境界已於「至人」處論畢，故不再贅述之。此僅就「神人无功」一脈絡論「神人」之面向，然單憑此語難以斷定「神人无功」的確切意涵，故藉〈逍遙遊〉中藐姑射之山的神人詮釋此語，其云：

> 肩吾問於連叔曰：「吾聞言於接輿，大而无當，往而不返。吾驚怖其言，猶河漢而无極也；大有逕庭，不近人情焉。」連叔曰：「其言謂何哉？」曰：「藐姑射之山，有神人居焉，肌膚若冰雪，淖約若處子。不食五穀，吸風飲露。乘雲氣，御飛龍，而遊乎四海之外。其神凝，使物不疵癘而年穀熟。吾以是狂而不信也。」連叔曰：「然，瞽者无以與乎文章之觀，聾者无以與乎鐘鼓之聲。豈唯形骸有聾盲哉？夫知亦有之。是其言也，猶時汝也。之人也，之德也，將旁礴萬物以為一世蘄乎亂，孰弊弊焉以天下為事！之人也，物莫之傷，大浸稽天而不溺，大旱金石流土山焦而不熱。是其塵垢粃穅，將猶陶鑄堯舜者也，孰肯以物為事！宋人資章甫而適諸越，越人斷髮文身，無所用之。堯治天下之民，平海內之政，往見四子藐姑射之山，汾水之陽，窅然喪其天下焉。」（〈逍遙遊〉，頁28～31）

肩吾聞畢接輿之言後，評論曰：「大而无當，往而不返。」、「猶河漢而无極也」、「不近人情焉」，即肩吾以為接輿之言漫無邊際、不切實際且不合乎人之常情，於是以此問於連叔，連叔遂讓肩吾道出其所聞。自「肌膚若冰雪」至「使物不疵癘而年穀熟」一段，在描述藐姑射山神人的外形與行為。乍見之，確實極為特異，近似於神話，正如肩吾所言「不近人情焉」。然此與前節論及至人「大澤焚而不能熱」等語時相同，皆是「謬悠之說，荒唐之言，無端崖之辭」，不可實看之。必明其所指，斷不可自困於詞章華藻間而失其大意。所謂「肌膚若冰雪，淖約若處子」，就文字表面而論，在言神人的肌膚白如冰雪，性情柔弱如待嫁的閨女，如此看來神人無異是一絕色美女。但成玄應疏云：「冰雪取其潔淨，綽約譬以柔和」〔註19〕依成疏之意，「冰雪」、「綽約」非單純地在形容神人的外貌及性情，而是借以喻指神人

---

〔註19〕郭慶藩：《莊子集釋》，頁28。

之德，其心潔淨，應物時如實地照見，而其性柔和，不以己傷物，正因「潔淨」、「柔和」，故物亦不傷己。郭象則以爲處子者，在云「不以外傷內」；成疏亦云「處子不爲物傷」〔註20〕，故可知神人虛以應物，不爲物傷也。「乘雲氣，御飛龍，而遊乎四海之外」，此段所論似爲特異，神人既可乘坐雲氣，又可駕馭飛龍，而雲遊天下。然此亦在強調神人超脫形骸之限制，精神向上超昇遊於無窮，而非肉體可乘雲氣，御飛龍也。此正同於前「乘天地之正，御六氣之辯，以遊无窮者」的無待境界，亦即是「逍遙」之境。而對於神人的描述最爲特別者，即在「其神凝，使物不疵癘而年穀熟」一語，到底「神凝」與「年穀」間有何關係呢？按字句表面之意：神人精神專一，便可使農作物免於災害，因而年年五穀豐收。何以神人僅精神專一便可得此功？欲明此理，必就「其神凝」入手，「其」指神人；「神」指「精神」；「凝」指專注、專一。郭象注此句云：「遺身而自得，雖淡然而不待，坐忘行忘，忘而爲之，故行若曳枯木，止若聚死灰，是以云其神凝也。」〔註21〕成玄英疏云：「聖人形同枯木，心若死灰，本迹一時，動寂俱妙，凝照潛通，虛懷利物。」〔註22〕二人皆以「神凝」爲神人的修養工夫。於〈庚桑楚〉中對庚桑楚的描寫，亦頗似此處的神人，其言云：

> 老聃之役有庚桑楚者，偏得老聃之道，以北居畏壘之山，其臣之畫然知者去之，其妾之挈然仁者遠之；擁腫之與居，鞅掌之爲使。居三年，畏壘大壤。畏壘之民相與言曰：「庚桑子之始來，吾洒然異之。今吾日計之而不足，歲計之而有餘。庶幾其聖人乎！子胡不相與尸而祝之，社而稷之乎？」庚桑子聞之，南面而不釋然。弟子異之。
> 庚桑子曰：「弟子何異於予？夫春氣發而百草生，正得秋而萬寶成。夫春與秋，豈无得而然哉？天道已行矣。吾聞至人，尸居環堵之室，而百姓猖狂不知所如往。今以畏壘之細民而竊竊焉欲俎豆予于賢人之間，我其杓之人邪！吾是以不釋於老聃之言。」

（〈庚桑楚〉，頁769～771）

庚桑楚乃老聃的門人，由「偏得老聃之道」，可知庚桑楚乃老聃眾多門人中的得道者；得道後，居住於北方的畏壘山中。「其臣之畫然知者去之，其妾

---

〔註20〕郭慶藩：《莊子集釋》，頁28。
〔註21〕郭慶藩：《莊子集釋》，頁30。
〔註22〕郭慶藩：《莊子集釋》，頁30。

之挈然仁者遠之」，就文字表面而言，其僕役中有智慧者走了，奴婢中自以為是仁者的亦疏遠了。成疏云：「言人以仁智為臣妾，庚桑子悉棄仁智以接事君子也。」〔註23〕依其意，莊子旨在批判儒家的「仁義禮智」，儒家以為必以仁智應世，但以「智」應世必生巧偽之心，以「仁」應世必有物我之分，故必「去之」、「遠之」。與庚桑楚所居者，所使者乃為「擁腫」、「鞅掌」。按成疏之意：「擁腫鞅掌，皆淳朴自得之貌也。」〔註24〕此謂與庚桑楚所居者乃淳樸者，供其役者乃率性之人，歸於淡然，居住三年後，畏壘大豐收。此頗似前述藐姑射山神人的「其神凝，使物不疵癘而年穀熟。」畏壘之民以為庚桑楚「庶幾其聖人乎」，遂商議欲尊以為君。庚桑楚得老聃之道，北居於畏壘之山，摒棄仁智，以淳樸、率性之道接物，竟能使畏壘大豐收，其功盡在「擁腫之與居，鞅掌之為使」。至於畏壘的老百姓，始見庚桑楚時皆視其為怪異之人，直至「畏壘大壤」，方察覺其神妙處，故欲尊之以為君。但庚桑子聞之卻不釋然，庚桑楚的弟子不瞭解其師「不釋然」之因，反怪其師。自「夫春氣發而百草生」至「豈无得而然哉」乃在形容「天道已行矣」，夫春生夏長秋收冬藏，乃天地自然之道、自然常理，不容人為於其間，唯有順成之也。而畏壘所以能大壤，正因神人循天地運行以順成之、長成之，看似有功於民，然其僅是順天地之德也，故有其功但無功相，此即所謂「脗然喪其天下焉」，神人亦不自恃其功也。「吾聞至人，尸居環堵之室，而百姓猖狂不知所如往。」一段在言至人體道，故其居於環堵之室而不以為意，但常人徒見至人之迹，而不明其所以迹，見至人居於環堵之室便紛紛起而傚仿，自以為如此便稱得上得道也。今畏壘之民徒見庚桑楚之迹，便欲舉以為君，然得道之人豈弊弊焉以天下為事，而出以作世人之楷模、典範乎？此處所論庚桑楚之事，正可作〈逍遙遊〉中神人的「其神凝，使物不疵癘而年穀熟」、「脗然喪其天下焉」之補論。

連叔聞畢接輿之言，指責肩吾：「然，瞽者无以與乎文章之觀，聾者无以與乎鐘鼓之聲。豈唯形骸有聾盲哉？夫知亦有之。是其言也，猶時汝也。」連叔先舉例說明盲者無法見到織布紋路的華美，聾者無法聽到鐘鼓的樂聲，表示人外在之形骸有聾、盲的情形，再進一步說明人之智慧亦有聾盲的可能。福永光司云：

---

〔註23〕郭慶藩：《莊子集釋》，頁770。
〔註24〕郭慶藩：《莊子集釋》，頁770。

他們稱肉體上視覺機能的障礙者爲瞽，聽覺機能障礙者爲聾；但瞽
與聾並不只限于肉體上才有，精神上也一樣有，他們正是精神上的
瞽者，精神上的聾者。……他們的精神對于至大的世界是瞎了眼的，
對于根源的一的世界是聾了耳的；因之，他們只能固執事象之表面
的差別與對立，繫情于詞令之修飾等末梢的變換。〔註25〕

此說正表明了人之智慧亦有聾盲的可能，如肩吾聞接輿之言，不知其言之
神妙，反責怪其言誇大不實，此正爲「知之聾盲」。連叔接著再論「神人」
之功：「之人也，之德也，將旁礴萬物以爲一世蘄乎亂，孰弊弊焉以天下爲
事！」神人之功廣被萬物，世人希冀其出以治天下，平定世間紛擾，但神
人豈會汲汲營營於治理天下，其所以應世的方式即在於前所謂「其神凝」，
則萬物自能「不疵癘而年穀熟」。「之人也，物莫之傷，大浸稽天而不溺，
大旱金石流土山焦而不熱」一段，正在重申接輿所謂「淖約若處子」，神人
無心以應物，故不傷物，物亦不能傷己；後兩句則在誇飾神人之境，即便
「大浸稽天」、「大旱金石流土山焦」也能「不溺」、「不熱」，以明神人不爲
物傷之旨。而「是其塵垢粃穅，將猶陶鑄堯舜者也，孰肯以物爲事！」一
段，旨在貶抑儒家所推崇的堯舜，堯舜汲汲於治世，未若神人「不以物爲
事」，即治世而不顯功相。下舉具體事例說明：「宋人資章甫而適諸越，越
人斷髮文身，無所用之。」宋國人賣禮冠至越國，然越國近江湖，越國人
斷髮文身以避蛟龍之患，故宋國的禮冠對於越國人而言毫無用處，以風俗
之異藉以表明宋國的價值觀不適用於越國。推而擴之，堯若以其所謂「仁
義禮樂」治天下，所得之效果不亦同於越人之無所用章甫。易言之，莊子
在批判儒家欲標舉「仁義禮樂」爲天下共同的價值標準，用以治天下，而
忽略了天下之大各有其不同之標準，若強以一價值標準套用於所有人身
上，反倒使天下紛亂不已。最後，「窅然喪其天下焉」，即言堯雖治天下，
卻已忘治理天下之功。

　　由上所論，可推知所謂「神人无功」即在言「窅然喪其天下焉」。神人非
隱居高山僻野而不應世，其應世、治世的方式即在於「其神凝」，則物「不疵
癘而年穀熟」。而莊子所以將神人託之於絕垠之外、推之於視聽之表，旨在明
神人之境的玄妙，非眞謂神人避居於高山僻野！而莊子所謂「神人无功」，其

---

〔註25〕福永光司著，陳冠學譯：《莊子》（台北：三民書局，1977.8 四版），頁104。

實亦承自老子而來，其云：「功成事遂，百姓皆謂我自然」〔註26〕，在老子的思想中，聖人之治在於順天下之人以治之、因順之，故百姓日用之而不知，而聖人既使天下治，然百姓不知上有聖人，不知其所以能成，在於聖人的無爲而治，反倒以爲是自然而成者。論及至此，可知「神人无功」一語，即治之而不顯功相，無事功的滯累，百姓皆以爲自然也。

〈徐无鬼〉中論「暖姝者」、「濡需者」、「卷婁者」時，後云：

是以神人惡眾至，眾至則不比，不比則不利也。（〈徐无鬼〉，頁865）

此處言神人不願眾人歸附他，何以如此，乃因眾人至則「不比」，「不比」便「不利」也。此「不比」、「不利」當何解也。成玄英疏云：「比，和也。夫眾聚則不和，豈比而利之！」〔註27〕宣穎曰：「眾雖至而也，則不與親比。不與親比，則人亦不以爲利而就之矣。」〔註28〕鍾泰云：「『比』，周也。謂有至者，必有不至者，人不可以盡合，是不周也。『不比則不利』者，既有不周，則不能無傷害，是不利也。〈庚桑楚篇〉曰『至仁無親』，以無親爲至仁，則有親即非仁之至。此言眾至則不比、不利，蓋言有親之不仁，以申『至仁無親』之旨。」〔註29〕按成玄英之意，「比」訓爲「和」，眾人至則紛爭多，故不和也。而宣穎則將「比」解作「親比」，眾人聚集後便有親疏之別，有親疏之別便生比較心，因此不和也。至於鍾泰則將「比」訓爲「周」也，其以爲若眾人至，則必定會有未至者，如此便不周全，不周全便有所傷害，故不利也。並以爲此在申說「至仁無親」之旨。大抵三人之說皆通，合三人之說，即神人不願眾人歸附他，因一旦眾人至，則不免有親疏之別，而對於那些未至者又不周全，故曰「不比」；而神人之於天下，誠如太陽般照見天下萬物，並無私心、私意，故謂「至仁無親」。

因「不比」便「不利」，而此「利」字又當何解耶？〈大宗師〉中論及聖人時曾云：「利澤施乎萬世，不爲愛人」（〈大宗師〉，頁232），此謂聖人的恩澤施於萬世，卻不標榜愛人。郭象注云：「夫白日登天，六合俱照，非愛人而照之也。故聖人之在天下，煖焉若春陽之自和，故蒙澤者不謝；凄乎若秋霜之自降，故凋落者不怨也。」〔註30〕聖人施恩澤於萬世正如陽光遍照大地，

〔註26〕樓宇烈校釋：《老子周易王弼注校釋》（台北：華正，1983.9），頁41。

〔註27〕郭慶藩輯：《莊子集釋》，頁866。

〔註28〕宣穎：《莊子南華經解》（台北：宏業書局，1997），頁73。

〔註29〕鍾泰著：《莊子發微》，頁586～587。

〔註30〕郭慶藩：《莊子集釋》，頁232。

萬物皆蒙其恩澤，並無偏私；而聖人的恩澤亦廣被天下萬物，並無偏私之情，萬物皆蒙其恩，並不獨厚某人、某物也。而「不利」的「利」字當可由此解之，神人之「利」必達「施乎萬世，不爲愛人」，一旦神人有了親疏之別，便會生偏私之情，於是對某人、某物獨厚之，便無法達「利澤施乎萬世，不爲愛人」，此亦即鍾泰所云：「申『至仁無親』之旨」也。

除上所述，莊子透過「神人」另表達了以「不材之材」處世之思想：

> 南伯子綦遊乎商之丘，見大木焉有異，結駟千乘，隱將芘其所藾。
> 子綦曰：「此何木也哉？此必有異材夫！」仰而視其細枝，則拳曲而
> 不可以爲棟梁；俯而視其大根，則軸解而不可以爲棺槨；咶其葉，
> 則口爛而爲傷；嗅之，則使人狂酲，三日而不已。子綦曰：「此果不
> 材之木也，以至於此其大也。嗟乎神人，以此不材！」
>
> （〈人間世〉，頁 176～177）
>
> 故解之以牛之白顙者與豚之亢鼻者，與人有痔病者不可以適河。此
> 皆巫祝以知之矣，所以爲不祥也。此乃神人之所以爲大祥也。
>
> （〈人間世〉，頁 177）

商之丘的大木所以能全生，在於其細枝「拳曲而不可以爲棟梁」，大根「軸解而不可以爲棺槨」，若舐其葉則「口爛而爲傷」，若聞之則「使人狂酲，三日而不已」，而「牛之白顙者」、「豚之亢鼻者」、「人有痔病者」所以能得生，正因其「白顙」、「亢鼻」、「痔病」。合二者觀之，其所以能「全生」、「保生」，正因其「無用之用」、「不材之材」。所謂「無用之用」乃與「世俗之用」對舉，「世俗之用」者乃限於一定功用、定用而與彼爲功，此「彼」即指他人、社會、國家。若如此，則木必早夭於斤斧，至於牛、豚、人便早成爲巫祝之祭品而夭折。而「無用之用」者，不求所用，故能全生保性。前所述「商之丘的大木」、「牛之白顙者」、「豚之亢鼻者」、「人有痔病者」即因生理之缺陷而不爲世之所用，反成全其大用，而爲「無用之用」，因而能保生、全生。至於所謂「不材之材」亦是此意，世人皆以爲其無所用而爲不材，而其正因「通體不材，可謂全生之大才。」〔註31〕

此外，所謂「此皆巫祝以知之矣，所以爲不祥也。此乃神人之所以爲大祥也」，則標舉出世俗巫祝之見與神人之不同，巫祝以其「白顙」、「亢鼻」、「痔

---

〔註31〕郭慶藩：《莊子集釋》，頁 177。

病」為不祥，不足以成為祭品而棄之不用，但神人卻因其「白顙」、「亢鼻」、「痔病」而無法成為祭品，而視之為大祥。依此可知二者對於「祥」之定義不同，巫祝乃是以是否能成為祭品而論斷之，而神人則是以是否能全生而論斷之，故神人方會稱「牛之白顙者」、「豚之亢鼻者」、「人有痔病者」為大祥，此即郭象所謂「夫全生者，天下之所謂祥也，巫祝以不材為不祥而弗用也，彼乃以不祥全生，乃大祥也。神人者，無心而順物者也。故天下所謂大祥，神人不逆。」〔註32〕莊子於此提出「神人」質疑世俗之觀點，高度肯定了世俗所謂「不祥」者的生命價值。故可推知，神人之「神」亦可是指個體對於世俗之觀念與規範的轉換能力，而通過此轉換能力，個體方能體驗生命由執著中超拔出來的存在狀態。〔註33〕

深究莊子設立神人之用心，乃是企圖將人「精神化」地描述，而藉由此描述，呈顯一生命之內在精神所能臻達之高度〔註34〕，此乃是收攝於個體生命之逍遙而論。另一則是欲通過此超乎常理之生命狀態的描述，顯豁精神之作用的不可思議。易言之，莊子即是藉由超乎常人能力之描寫，強調精神之超拔躍昇所能夠產生的不可思議的作用。〔註35〕

綜而言之，神人之所以為神人，就在於其施功化於人間時能夠不著痕跡，而一切生命之本然狀態遂能於其功化下存而不失也。故知莊子論神人時，側重其功化之一面。

## 三、「聖人无名」──聖人

「聖人」之「理想人格工夫分類表」如下：

---

〔註32〕郭慶藩：《莊子集釋》，頁179。

〔註33〕陳盈慧云：「則神人之『神』，即不是意指個體擁有超卓於他人之神妙玄奇的能力，而是意指個體對於世俗之觀念與規範的轉換能力。在莊子的思想中，通過此轉換能力，個體方能夠體驗一種有別於陷溺於人間世的存在存態；而此存在狀態，即是一生命由痛苦之中超拔出來的存在狀態。」（台北：台灣師範大學國文研究所碩士論文，陳鼓應先生指導，2003年），頁184。

〔註34〕葉海煙云：「莊子並不滯留於一般物理意義的自然，而向精神世界勇猛精進；他之所以塑造『神人』，便是企圖將『人』精神化，把『純精神之人』當作是生命超升的最高指標，並因此肯定生命的物質成分是可能對生命的超升造成妨礙的。」語見葉海煙，《莊子的生命哲學》，（台北：東大圖書公司，1999），頁186～187。

〔註35〕陳盈慧：《莊子聖人觀之研究》，頁183。

| 三、聖 | | | 人 | |
|---|---|---|---|---|
| | | | 《莊子》原文 | 工夫所欲對治者 |
| 消解自然生命的紛馳 | 內篇 | 1 | 是於聖人也，胥易技係，勞形怵心者也。且也虎豹之文來田，猨狙之便執斄之狗來藉。（〈應帝王〉，頁 295） | 形骸之限 |
| | 外、雜篇 | 1 | 夫聖人，鶉居而鷇食，鳥行而无彰；天下有道，則與物皆昌；天下无道，則脩德就閒；千歲厭世，去而上僊；乘彼白雲，至於帝鄉；三患莫至，身常无殃；則何辱之有！（〈天地〉，頁 421） | 形骸之限 |
| | | 2 | 故曰：「通天下一氣耳。」聖人故貴一。（〈知北遊〉，頁 733） | 生老病死的偏執 |
| 化解心理的情緒 | 內篇 | 1 | 吾聞諸夫子，聖人不從事於務，不就利，不違害，不喜求，不緣道，无謂有謂，有謂无謂，而遊乎塵埃之外。夫子以爲孟浪之言，而我以爲妙道之行也。吾子以爲奚若？（〈齊物論〉，頁 97） | 利祿的痴迷、事功的滯累 |
| | | 2 | 名實者，聖人之所不能勝也，而況若乎！（〈人間世〉，頁 139） | 名聲的桎梏 |
| | | 3 | 天下有道，聖人成焉；天下無道，聖人生焉。（〈人間世〉，頁 183） | 事功的滯累 |
| | | 4 | 故聖人有所遊，而知爲孽，約爲膠，德爲接，工爲商。聖人不謀，惡用知？不斵，惡用膠？无喪，惡用德？不貨，惡用商？四者，天鬻也。天鬻者，天食也。既受食於天，又惡用人！有人之形，无人之情。有人之形，故羣於人，无人之情，故是非不得於身。眇乎小哉，所以屬於人也！警乎大哉，獨成其天！（〈德充符〉，頁 217） | 事功的滯累 |
| | | 5 | 故聖人之用兵也，亡國而不失人心；利澤施乎萬世，不爲愛人。（〈大宗師〉，頁 232） | 事功的滯累 |
| | | 6 | 是於聖人也，胥易技係，勞形怵心者也。且也虎豹之文來田，猨狙之便執斄之狗來藉。（〈應帝王〉，頁 295） | 名聲的桎梏 |
| | 外、雜篇 | 1 | 故聖人觀於天而不助，成於德而不累，出於道而不謀，會於仁而不恃，薄於義而不積，應於禮而不諱，接於事而不辭，齊於法而不亂，恃於民而不輕，因於物而不去。物者莫足爲也，而不可不爲。不明於天者，不純於德；不通於道者，無自而可；不明於道者，悲夫！（〈在宥〉，頁 398） | 事功的滯累 |

| 三、聖 | | | 人 | |
|---|---|---|---|---|
| | | | 《莊子》原文 | 工夫所欲對治者 |
| 化解心理的情緒 | 外雜篇 | 2 | 夫聖人，鶉居而鷇食，鳥行而无彰；天下有道，則與物皆昌；天下无道，則脩德就閒；千歲厭世，去而上僊；乘彼白雲，至於帝鄉；三患莫至，身常无殃；則何辱之有！（〈天地〉，頁421） | 名聲的桎梏 |
| | | 3 | 執道者德全，德全者形全，形全者神全。神全者，聖人之道也。託生與民並行而不知其所之，汒乎淳備哉！功利機巧必忘夫人之心。若夫人者，非其志不之，非其心不爲。雖以天下譽之，得其所謂，謷然不顧；以天下非之，失其所謂，儻然不受。天下之非譽，无益損焉，是謂全德之人哉！我之謂風波之民。（〈天地〉，頁436） | 名聲的桎梏 |
| | | 4 | 天樂者，聖人之心，以畜天下也。（〈天道〉，頁463） | 事功的滯累 |
| | | 5 | 道无以興乎世，世无以興乎道，雖聖人不在山林之中，其德隱矣。（〈繕性〉，頁554） | 事功的滯累 |
| | | 6 | 知窮之有命，知通之有時，臨大難而不懼者，聖人之勇也。由處矣，吾命有所制矣。（〈秋水〉，頁596） | 命限的困頓 |
| | | 7 | 聖人者，原天地之美而達萬物之理，是故至人无爲，大聖不作，觀於天地之謂也。（〈知北遊〉，頁735） | 事功的滯累 |
| | | 8 | 今吾日計之而不足，歲計之而有餘。庶幾其聖人乎！子胡不相與尸而祝之，社而稷之乎？（〈庚桑楚〉，頁769） | 事功的滯累 |
| | | 9 | 聖人并包天地，澤及天下，而不知其誰氏。（〈徐无鬼〉，頁852） | 事功的滯累 |
| | | 10 | 故聖人，其窮也使家人忘其貧，其達也使王公忘爵祿而化卑。其於物也，與之爲娛矣；其於人也，樂物之通而保己焉；故或不言而飲人以和，與人並立而使人化。父子之宜，彼其乎歸居，而一閒其所施。（〈則陽〉，頁878） | 命限的困頓、利祿的痴迷 |
| | | 11 | 聖人之愛人也，人與之名，不告則不知其愛人也。若知之，若不知之，若聞之，若不聞之，其愛人也終无已，人之安之亦无已，性也。（〈則陽〉，頁882） | 事功的滯累 |

| 三、聖　　　　　人 | | | |
|---|---|---|---|
| | | 《莊子》原文 | 工夫所欲對治者 |
| 化解心理的情緒 | 外雜篇 | 12 | 孔子之楚，舍於蟻丘之漿。其鄰有夫妻臣妾登極者，子路曰：「是稷稷何爲者邪？」仲尼曰：「是聖人僕也。是自埋於民，自藏於畔。其聲銷，其志無窮，其口雖言，其心未嘗言，方且與世違而心不屑與之俱。是陸沉者也，是其市南宜僚邪？」（〈則陽〉，頁894～895） | 事功的滯累、名聲的桎梏 |
| | | 13 | 故曰，道之眞以治身，其緒餘以爲國家，其土苴以治天下。由此觀之，帝王之功，聖人之餘事也，非所以完身養生也。今世俗之君子，多危身棄生以殉物，豈不悲哉！凡聖人之動作也，必察其所以之與其所以爲。（頁971～972） | 事功的滯累 |
| | | 14 | 客乃笑而還，行言曰：「仁則仁矣，恐不免其身；苦心勞形以危其眞。嗚呼，遠哉其分於道也！」子貢還，報孔子。孔子推琴而起，曰：「其聖人與！」（〈漁父〉，頁1025～1026） | 事功的滯累 |
| 超化意念的造作 | 內篇 | 1 | 是以聖人不由，而照之於天，亦因是也。是亦彼也，彼亦是也。彼亦一是非，此亦一是非。果且有彼是乎哉？果且无彼是乎哉？彼是莫得其偶，謂之道樞。樞始得其環中，以應无窮。是亦一无窮，非亦一无窮也。故曰莫若以明。（〈齊物論〉，頁66） | 成心的囿限 |
| | | 2 | 名實未虧而喜怒爲用，亦因是也。是以聖人和之以是非而休乎天鈞，是之謂兩行。（〈齊物論〉，頁70） | 成心的囿限 |
| | | 3 | 是故滑疑之耀，聖人之所圖也。爲是不用而寓諸庸，此之謂以明。（〈齊物論〉，頁75） | 成心的囿限 |
| | | 4 | 六合之外，聖人存而不論；六合之內，聖人論而不議。春秋經世先王之志，聖人議而不辯。故分也者，有不分也；辯也者，有不辯也。曰：何也？聖人懷之，眾人辯之以相示也。故曰辯也者有不見也。夫大道不稱，大辯不言，大仁不仁，大廉不嗛，大勇不忮。道昭而不道，言辯而不及，仁常而不成，廉清而不信，勇忮而不成。五者园而幾向方矣，故知止其所不知，至矣。孰知不言之辯，不道之道？若有能知，此之謂天府。注焉而不滿，酌焉而不竭，而不知其所由來，此之謂葆光。（〈齊物論〉，頁83） | 成心的囿限、意識型態作祟 |

| 三、聖　　　　人 | | | | |
| --- | --- | --- | --- | --- |
| | | | 《莊子》原文 | 工夫所欲對治者 |
| 超化意念的造作 | 內篇 | 5 | 吾聞諸夫子，聖人不從事於務，不就利，不違害，不喜求，不緣道，无謂有謂，有謂无謂，而遊乎塵埃之外。夫子以爲孟浪之言，而我以爲妙道之行也。吾子以爲奚若？（〈齊物論〉，頁 97） | 物我的相刃 |
| | | 6 | 奚旁日月，挾宇宙？爲其脗合，置其滑涽，以隷相尊。眾人役役，聖人愚芚，參萬歲而一成純，萬物盡然，而以是相蘊。（〈齊物論〉，頁 100） | 成心的圍限 |
| | | 7 | 故聖人有所遊，而知爲孽，約爲膠，德爲接，工爲商。聖人不謀，惡用知？不斲，惡用膠？无喪，惡用德？不貨，惡用商？四者，天鬻也。天鬻者，天食也。既受食於天，又惡用人！有人之形，无人之情。有人之形，故羣於人，无人之情，故是非不得於身。眇乎小哉，所以屬於人也！謷乎大哉，獨成其天！（〈德充符〉，頁 217） | 物我的相刃、人我的互傷 |
| | | 8 | 故聖人之用兵也，亡國而不失人心；利澤施乎萬世，不爲愛人。（〈大宗師〉，頁 232） | 人我的互傷 |
| | | 9 | 故聖人將遊於物之所不得遯而皆存。善妖善老，善始善終，人猶效之，又況萬物之所係，而一化之所待乎！（〈大宗師〉，頁 244） | 物我的相刃 |
| | | 10 | 夫聖人之治也，治外乎？正而後行，確乎能其事者而已矣。（〈應帝王〉，頁 291） | 人我的互傷（政治論） |
| | 外、雜篇 | 1 | 故聖人觀於天而不助，成於德而不累，出於道而不謀，會於仁而不恃，薄於義而不積，應於禮而不諱，接於事而不辭，齊於法而不亂，恃於民而不輕，因於物而不去。物者莫足爲也，而不可不爲。不明於天者，不純於德；不通於道者，無自而可；不明於道者，悲夫！（〈在宥〉，頁 398） | 物我的相刃、人我的互傷 |
| | | 2 | 夫聖人，鶉居而鷇食，鳥行而无彰；天下有道，則與物皆昌；天下无道，則脩德就閒；千歲厭世，去而上僊；乘彼白雲，至於帝鄉；三患莫至，身常无殃；則何辱之有！（〈天地〉，頁 421） | 物我的相刃 |

| 三、聖　　人 | | | |
|---|---|---|---|
| | | 《莊子》原文 | 工夫所欲對治者 |
| 超化意念的造作 | 外、雜篇 | 3 | 執道者德全，德全者形全，形全者神全。神全者，聖人之道也。託生與民並行而不知其所之，汒乎淳備哉！功利機巧必忘夫人之心。若夫人者，非其志不之，非其心不爲。雖以天下譽之，得其所謂，謷然不顧；以天下非之，失其所謂，儻然不受。天下之非譽，无益損焉，是謂全德之人哉！我之謂風波之民。（〈天地〉，頁436）| 成心的囿限 |
| | | 4 | 夫尊卑先後，天地之行也，故聖人取象焉。（〈天道〉，頁469）| 物我的相刃 |
| | | 5 | 由中出者，不受於外，聖人不出；由外入者，無主於中，聖人不隱。（〈天運〉，頁517）| 人我的互傷 |
| | | 6 | 予蓬蓬然起於北海而入於南海也，然而指我則勝我，鰌我亦勝我。雖然，夫折大木，蜚大屋者，唯我能也。故以眾小不勝爲大勝也。爲大勝者，唯聖人能之。（〈秋水〉，頁594）| 成心的囿限 |
| | | 7 | 聖人藏於天，故莫之能傷也。（〈達生〉，頁636）| 物我的相刃 |
| | | 8 | 有人，天也；有天，亦天也。人之不能有天，性也，聖人晏然體逝而終矣！（〈山木〉，頁694）| 物我的相刃 |
| | | 9 | 且夫博之不必知，辯之不必慧，聖人以斷之矣！若夫益之而不加益，損之而不加損者，聖人之所保也。（〈知北遊〉，頁743）| 成心的囿限 |
| | | 10 | 聖人遭之而不違，過之而不守。調而應之，德也；偶而應之，道也；帝之所興，王之所起也。（〈知北遊〉，頁745）| 物我的相刃 |
| | | 11 | 聖人之愛人也終无已者，亦乃取於是者也。（〈知北遊〉，頁763）| 人我的互傷 |
| | | 12 | 聖人處物不傷物。不傷物者，物亦不能傷也。唯无所傷者，爲能與人相將迎。（〈知北遊〉，頁765）| 物我的相刃 |
| | | 13 | 羿工乎中微而拙乎使人无己譽。聖人工乎天而拙乎人。（〈庚桑楚〉，頁813）| 物我的相刃 |
| | | 14 | 故聖人，其窮也使家人忘其貧，其達也使王公忘爵祿而化卑。其於物也，與之爲娛矣；其於人也，樂物之通而保己焉；故或不言而飲人以和，與人並立而使人化。父子之宜，彼其乎歸居，而一閒其所施。（〈則陽〉，頁878）| 人我的互傷、物我的相刃 |

| 三、聖　　　　人 | | | | |
| --- | --- | --- | --- | --- |
| | | | 《莊子》原文 | 工夫所欲對治者 |
| 超化意念的造作 | 外、雜篇 | 15 | 聖人達綢繆，周盡一體矣，而不知其然，性也。復命搖作而以天爲師，人則從而命之也。憂乎知而所行恆无幾時，其有止也若之何！（〈則陽〉，頁880） | 人我的互傷 |
| | | 16 | 夫聖人未始有天，未始有人，未始有始，未始有物，與世偕行而不替，所行之備而不洫，其合之也若之何？（〈則陽〉，頁885） | 物我的相刃、人我的互傷 |
| | | 17 | 孔子之楚，舍於蟻丘之漿。其鄰有夫妻臣妾登極者，子路曰：「是稷稷何爲者邪？」仲尼曰：「是聖人僕也。是自埋於民，自藏於畔。其聲銷，其志無窮，其口雖言，其心未嘗言，方且與世違而心不屑與之俱。是陸沉者也，是其市南宜僚邪？」（〈則陽〉，頁894～895） | 人我的互傷 |
| | | 18 | 與其譽堯而非桀，不如兩忘而閉其所譽。反无非傷也，動无非邪也。聖人躊躇以興事，以每成功。（〈外物〉，頁930） | 物我的相刃、意識型態作祟 |
| | | 19 | 聖人之所以駴天下，神人未嘗過而問焉；賢人之所以駴世，聖人未嘗過而問焉。（〈外物〉，943） | 人我的互傷 |
| | | 20 | 故聖人法天貴眞，不拘於俗。（〈漁父〉，頁1032） | 物我的相刃 |
| | | 21 | 聖人安其所安，不安其所不安；眾人安其所不安，不安其所安。（〈列禦寇〉，頁1045） | 物我的相刃、人我的互傷 |
| | | 22 | 聖人以必不必，故无兵；眾人以不必必之，故多兵；順於兵，故行有求。兵，恃之則亡。（〈列禦寇〉，頁1046） | 物我的相刃、人我的互傷 |
| 體道境界 | 內篇 | 1 | 聖人无名。（〈逍遙遊〉，頁17） | 聖人境界 |
| | 外、雜篇 | 1 | 聖人之靜也，非曰靜也善，故靜也；萬物无足以鐃心者，故靜也。水靜則明燭鬚眉，平中準，大匠取法焉。水靜猶明，而況精神！聖人之心靜乎！天地之鑑也，萬物之鏡也。夫虛靜恬淡寂漠无爲者，天地之平而道德之至，故帝王聖人休焉。休則虛，虛則實，實則倫矣。虛則靜，靜則動，動則得矣。靜則无爲，无爲也則任事者責矣。无爲則俞俞，俞俞者憂患不能處，年壽長矣。夫虛靜恬淡寂漠无爲者，萬物之本也。（〈天道〉，頁457） | 聖人境界的綜合描述 |

| 三、聖 人 | | | | |
|---|---|---|---|---|
| | | | 《莊子》原文 | 工夫所欲對治者 |
| 體道境界 | 外、雜篇 | 2 | 若夫不刻意而高，无仁義而修，无功名而治，无江海而閒，不道引而壽，无不忘也，无不有也，澹然无極而眾美從之。此天地之道，聖人之德也。故曰，夫恬淡寂漠虛无无爲，此天地之平而道德之質也。故曰，聖人休休焉則平易矣，平易則恬淡矣。平易恬淡，則憂患不能入，邪氣不能襲，故其德全而神不虧。（〈刻意〉，頁537～538） | 聖人境界的綜合描述 |
| | | 3 | 故曰，聖人之生也天行，其死也物化；靜而與陰同德，動而與陽同波；不爲福先，不爲禍始；感而後應，迫而後動，不得已而後起。去知與故，遁天之理。故无天災，无物累，无人非，无鬼責。其生若浮，其死若休。不思慮，不豫謀。光矣而不燿，信矣而不期。其寢不夢，其覺无憂。其神純粹，其魂不罷。虛无恬惔，乃合天德。（〈刻意〉，頁539） | 聖人境界的綜合描述 |
| | | 4 | 純素之道，唯神是守；守而勿失，與神爲一；一之精通，合於天倫。野語有之曰：「眾人重利，廉士重名，賢人尚志，聖人貴精。」（〈刻意〉，頁546） | 聖人貴精 |
| | | 5 | 夫知者不言，言者不知，故聖人行不言之教。（〈知北遊〉，頁731） | 聖人之教 |
| | | 6 | 有不能以有爲有，必出乎无有，而无有一无有。聖人藏乎是。（〈庚桑楚〉，頁800） | 聖人境界 |
| | | 7 | 介者拸畫，外非譽也；胥靡登高而不懼，遺死生也。夫復謵不餽而忘人，忘人，因以爲天人矣。故敬之而不喜，侮之而不怒者，唯同乎天和者爲然。出怒不怒，則怒出於不怒矣；出爲无爲，則爲出於无爲矣。欲靜則平氣，欲神則順心，有爲也。欲當則緣於不得已，不得已之類，聖人之道。（〈庚桑楚〉，頁815） | 聖人境界的綜合描述 |
| | | 8 | 故道之所在，聖人尊之。（〈漁父〉，頁1035） | 聖人尊道 |
| | | 9 | 以天爲宗，以德爲本，以道爲門，兆於變化，謂之聖人。（〈天下〉，頁1075） | 聖人境界 |

## （一）〈內篇〉與〈外、雜篇〉間之異同

藉上表的歸類，首先可分析〈內篇〉與〈外、雜篇〉間之異同，將之簡化作下表：

| 三、聖 | | 人 | | |
|---|---|---|---|---|
| 生 命 困 境 | | 〈內篇〉 | 篇幅比重 | 〈外、雜篇〉 |
| 1、消解「自然生命的紛馳」 | 形骸之限 | ○ | 1／20 | ○ |
| | 生老病死的偏執 | × | —— | ○ |
| | 嗜欲的產生 | × | —— | × |
| 2、化解「心理的情緒」 | 利祿的痴迷 | ○ | 1／20 | ○ |
| | 名聲的桎梏 | ○ | 2／20 | ○ |
| | 事功的滯累 | ○ | 4／20 | ○ |
| | 命限的困頓 | × | —— | ○ |
| 3、超化「意念的造作」 | 人我的互傷 | ○ | 3／20 | ○ |
| | 物我的相刃 | ○ | 3／20 | ○ |
| | 成心的囿限 | ○ | 5／20 | ○ |
| | 意識型態作祟 | ○ | 1／20 | ○ |
| 4、儒家式聖人 | 對儒家式聖人的批判 | × | —— | ○ |

由此表可知，在第一類「自然生命的紛馳」中，〈內篇〉僅論及「形骸之限」，〈外、雜篇〉除論及「形骸之限」，亦論及「生老病死的偏執」。而第二類「心理的情緒」中，〈內篇〉並未論及「命限的困頓」，〈外、雜篇〉則全面地分析了其中的四個面向。至於第三類「意念的造作」，〈內篇〉與〈外、雜篇〉皆全面地分析其中的四個面向。總體而言，「聖人」一詞於《莊子》中所佔篇幅最多，所蘊含之思想亦較駁雜，特別值得一提者，即〈外、雜篇〉論及「聖人」時，除大部分與「理想人格」相關聯外，又有部分「聖人」代表了「儒家式聖人」，並對其大力批判。雖然〈內篇〉中亦曾批判儒家思想，但卻未曾將「聖人」用作負面之意涵，故知「儒家式聖人」乃是〈外、雜篇〉中所歧出之思想，且與本章理想人格不符，故將其移至第五章中討論。除卻「儒家式聖人」一類，〈內篇〉與〈外、雜篇〉論及「聖人」時，仍是就對治人生三大類困境而言，思想上並無歧出。

就〈內篇〉中對治人生三大類困境所論之篇幅比重而言，顯然偏向於「意

念的造作」，其中對「成心的圍限」之論述更是豐富，對比於其他三種理想人格，確實「聖人」論及「成心的圍限」時比重最重。

### （二）「聖人」之工夫與境界

上小節中藉由「量化」的分析，已初步瞭解「聖人」於〈內篇〉與〈外、雜篇〉中之差異與「聖人」於四種理想人格間所突出之特點。緊接著，將就表格中所錄之章句，分析「聖人」之工夫與境界。《莊子》中對「聖人」一詞的使用最爲頻繁，其意涵亦最爲豐富，細察書中對「聖人」之論述，大抵而言，〈內篇〉乃是作爲一「理想人格」；而〈外、雜篇〉中則非必就「理想人格」而言，如〈駢拇〉、〈馬蹄〉、〈胠篋〉篇中所論之「聖人」是以「仁義禮樂」思想爲進路，屬於「儒家式聖人」，因而強力批判。但因本章所論之標準，乃是取符合莊子思想之理想人格，因此關於「儒家式聖人」的部分，將移至第五章討論。

〈內篇〉中，「聖人」一詞多出現於〈齊物論〉，然其首度出現則在〈逍遙遊〉中，與「至人」、「神人」共同標舉一「乘天地之正，而御六氣之辯，以遊无窮者」的無待境界。今即從此處之「聖人」論起，所謂「聖人无名」，單憑此一語，亦難判定其確定之意涵，將藉〈逍遙遊〉中「堯讓天下於許由」寓言闡述「聖人无名」，其言云：

> 堯讓天下於許由，曰：「日月出矣而爝火不息，其於光也，不亦難乎！時雨降矣而猶浸灌，其於澤也，不亦勞乎！夫子立而天下治，而我猶尸之，吾自視缺然，請致天下。」許由曰：「子治天下，天下既已治也。而我猶代子，吾將爲名乎？名者，實之賓也。吾將爲賓乎？鷦鷯巢於深林，不過一枝；偃鼠飲河，不過滿腹。歸休乎君，予无所用天下爲。庖人雖不治庖，尸祝不越樽俎而代之矣。」

（〈逍遙遊〉，頁22）

許由乃堯時的賢者，隱居於箕山。堯以爲自己能力有所不足，知道許由爲一賢者，遂有意將天下讓與許由。堯首先舉出兩個譬喻：「日月出矣而爝火不息，其於光也，不亦難乎！時雨降矣而猶浸灌，其於澤也，不亦勞乎！」當日月出來照耀萬物時，若仍拿著小火把照物，似乎無太大的功效；當季節雨降臨潤澤萬物時，若仍用人力灌漑，亦似乎無太大的功效。此處堯將許由比作「日月」、「時雨」，而將自比作「爝火」、「浸灌」，其目的在退己進人。莊子所以將許由比作「日月」、「時雨」，而將堯比作「爝火」、「浸灌」，目的無非在批

判儒家仁義禮樂的人文教化。所以舉「日月出矣」、「時雨降矣」，因二者皆為大自然的現象，即為天道自然運行的法則，人唯隨順之而不可改也。易言之，君人治天下，唯隨順百姓之性，此即為「自然」。但儒家卻「黥汝以仁義，而劓汝以是非矣」，強以仁義扭曲人本有的自然本性，「爝火」、「浸灌」乃在喻指人為造作，儒家以自己的一套標準強加於天下百姓身上，而忽略其本有的自然本性，此不亦「難乎」、「勞乎」，更進一步顯示出許由與堯間明顯的境界差異。於兩則譬喻後，堯道出其真正目的：「夫子立而天下治，而我猶尸之，吾自視缺然，請致天下。」許由之德如「日月」、「時雨」，若能出以治理天下，則天下必定能夠平治，堯之能力比之於許由仍有所虛欠，若仍佔住君位，不免慚愧，故欲將天下讓與許由。堯的「禪讓」行為，大抵代表儒家德治的傳統。而許由面對堯的禪讓，則展現出道家性格。許由答曰：「子治天下，天下既已治也。而我猶代子，吾將為名乎？」天下於堯的治理下既已安定，許由若出以取代堯之君位，莫非是偏執於君王之名聲？在此，許由表達其不執著於君王的名位，因治天下者本為堯。「名者，實之賓也。」此二句乃全文之關鍵，亦為許由拒絕堯「禪讓」之主因。莊子以為「名、實」兩者間有主、客之別，而「實」為「主」、「名」為「賓」；「實」表實際治理之功、「名」表君王之位，許由不祈慕君王之名望及地位，故斷然拒絕。許由自比「鷦鷯」、「偃鼠」，故云「鷦鷯巢於深林，不過一枝；偃鼠飲河，不過滿腹。」鷦鷯於深林中築巢，其本性所需僅是一根樹枝即可；而偃鼠好飲水，但其所需之水量僅是填飽肚子便可。鷦鷯與偃鼠面對茂密的樹林與豐沛的河流，其所汲取者不過是其性分所需者罷了，於其性分之外者，亦不多取。許由藉此二物之喻，表明自己取於性分所需者便足矣。「歸休乎君，予无所用天下為。庖人雖不治庖，尸祝不越樽俎而代之矣。」許由不以為自己對治天下有何功用，故請堯回去，並表示人各司其職，即便有人怠忽其職，然非己之職司亦不代之而行。按整段文意，皆在表明「名者，實之賓也。」許由不為「名」、不為「賓」，蓋世人往往執著於外在之名，而忽略其本有的本質。唯「聖人」能超脫世俗之「名」，不為外在之名聲所羈絆。此處莊子僅正面論及許由之不求名，並未論及好名所可能產生之弊病。然〈人間世〉中「顏回將之衛，請行於仲尼」一段，則說明了好名之弊。仲尼云：

> 且昔者桀殺關龍逢，紂殺王子比干，是皆修其身以下傴拊人之民，
> 以下拂其上者也，故其君因其修以擠之。是好名者也。昔者堯攻叢

枝、胥敖，禹攻有扈，國爲虛厲，身爲刑戮，其用兵不止，其求實
无已，是皆求名實者也，而獨不聞之乎？名實者，聖人之所不能勝
也，而況若乎！（〈人間世〉，頁 139）

莊子以爲關龍逢、比干、堯、禹皆爲好名者。關龍逢乃夏桀時的賢臣，比干乃
商紂的叔父，關龍逢與比干二人皆修養自身的德行，以臣之位代君愛撫百姓，
並以臣之位違逆君王的意志，而他們的君主則因二人之修養而毒害之、殘殺
之，莊子以爲關龍逢與比干爲「好名者」，二人亦因其「名」而遭殺身之禍。
堯與禹亦因好「聖君」之名，攻打他人之國，而使他國成爲廢墟，人民流離失
所。此皆爲「好名」之弊，聖人固難以承擔「名」之患，更何況是一般人。

總而言之，在「聖人无名」一語中，表達著「聖人」能夠超脫外在世俗
之名聲，不以此爲羈絆，故能無待逍遙。

而〈齊物論〉中論及「聖人」時，另說明了幾種工夫境界。

## 1. 莫若以明

物无非彼，物无非是。自彼則不見，自知則知之。故曰彼出於是，
是亦因彼。彼是方生之說也。雖然，方生方死，方死方生；方可方
不可，方不可方可：因是因非，因非因是。是以聖人不由，而照之
於天，亦因是也。是亦彼也，彼亦是也。彼亦一是非，此亦一是非。
果且有彼是乎哉？果且无彼是乎哉？彼是莫得其偶，謂之道樞。樞
始得其環中，以應无窮。是亦一无窮，非亦一无窮也。故曰莫若以
明。（〈齊物論〉，頁 66）

此段章句主要在闡述「成心」之執著。世俗之價值觀於價值判斷時往往採「二
分法」，即非「是」即「非」。而「是、非」之標準往往取決於自身之立場，
即凡與己同者皆爲「是」，與己異者皆爲「非」，故云「物无非彼，物无非是」。
此處之「彼、是」即「非、是」之意。凡由自身褊狹之價值觀判斷事物，必
然因成心之限而有所蒙蔽，久而久之便以「自我」爲中心，至此不唯於事物
判斷上有所偏執，甚而與他人形成對立，不知所謂「彼、是」其實是相互依
恃、相互助長。此即如陶國璋云：「莊子是從世間的相對性，直下透悟是非
之彼、此爲一種互倚互持的結構，所以他透過詭辭辯證的方式，逐一剝落是
非之對偶關係，直至達到無所差別的齊物境界。〔註 36〕」而「方生方死，

---

〔註 36〕牟宗三講述，陶國璋整構：《莊子齊物論義理演析》（台北：書林出版公司，
　　　1999.4 一版），頁 71。

方死方生」一段，學者多就「死生變化」立論，如牟宗三即云：

> 「彼是方生」的「生」就是死。生、死兩端站不住，生、死一樣。
> 可與不可一樣。「方生」就是剛剛生。剛剛生就是剛剛死；剛剛死
> 就是剛剛生。那麼，生、死這兩端不能成立。要說生，通通生；要
> 說死，通通死。結果是無死無生。所以說「方生方死，方死方生」。
> 〔註37〕

牟氏即是就「死、生」角度詮釋此段，以為是對客觀上剎那死、生作事實之
論述。然而衡以全段皆在論「成心」之圍限，故此段應仍由此角度切入，方
合於莊子原意。即「方生方死，方死方生」在表達彼是對立之分別心，往往
是時而升起、時而消逝，兩者不斷地循環，具有不確定性〔註38〕。若欲不墮
入此「彼、是」對立關係之循環中，唯有「照之於天」、「莫若以明」。於「照
之於天」、「莫若以明」下，方能將你所肯定者肯定住、所否定者否定住。此
「明」字，牟宗三釋之曰：

> 「明」這個地方就代表那個不隱蔽的道、不隱蔽的言。下面接著就
> 把這個「明」烘托出來。這就是「齊物論」，就是把是非化掉。從「明」
> 這個層次返過來就可以瞭解那個不隱蔽的道、不隱蔽的言。這就是
> 莊子的思路。……「明」這個境界一定是在是非相對之外，是一個
> 絕對的層次。絕對的層次就沒有是非的爭辯。〔註39〕

此「明」即表「不隱蔽的道、不隱蔽的言」，可化除「是、非」，不陷入「是、
非」之相對結構中，是為一絕對之層次、境界。人若能「以明」待物，則可
剝落成心之圍限，免於與他人之對立狀態。若非欲講求「是、非」，則順「是」
或「非」之路爭辯，便無窮無盡，永無休止，故謂「是亦一无窮，非亦一无
窮也」。至於舉「道樞」，意仍在言破除成心之圍限，由「是、非」之偏執中
超脫而出。

---

〔註37〕牟宗三主講 盧雪崑記錄：〈莊子〈齊物論〉講演錄（四）〉，《鵝湖月刊》322
　　　　期（2002.4），頁3。
〔註38〕王先謙云：「然其說隨生隨滅，隨滅隨生，浮游無定。郭以此言死生之變，非
　　　　是。」《莊子集解》（北京：中華書局，1999.12），頁14。周雅清云：「『方生
　　　　方死』所欲表達者，乃指生命中，彼此對待的念頭，或彼此對待的分別，都
　　　　是時起時滅、時滅時起。」〈〈齊物論〉詮釋及其疑義辨析〉，《中國學術年刊》
　　　　第二十七期——秋季號（2005.9），頁32～33。
〔註39〕牟宗三主講 盧雪崑記錄：〈莊子〈齊物論〉講演錄（二）〉，《鵝湖月刊》320
　　　　期（2002.2），頁8。

### 2. 天鈞、兩行

> 勞神明爲一而不知其同也，謂之朝三。何謂朝三？狙公賦芧，曰：「朝
> 三而暮四」，眾狙皆怒。曰：「然則朝四而暮三」，眾狙皆悅。名實未
> 虧而喜怒爲用，亦因是也。是以聖人和之以是非而休乎天鈞，是之
> 謂兩行。（〈齊物論〉，頁70）

此「天鈞」、「兩行」仍是在強調「成心」之圍限。所謂「朝三暮四」、「朝四
暮三」，即隱含了「彼、是」之觀點，而囿於「成心」之偏執。故云：「名實
未虧而喜怒爲用，亦因是也。」其外在客觀之情形並未改變，然卻因本身偏
執之情影響內在心境的平和。而聖人放下「是、非」之對立，不偏不倚，此
即「天鈞」之意，亦即是「中道」。而「兩行」則意指超越彼此之對立，達彼
亦可、此亦可的境界。而「天鈞、兩行」其意同於「道樞」，牟宗三云：

> 「聖人和之以是非，而休乎天鈞。」這是上文「彼是莫得其偶，謂
> 之道樞。樞始得其環中，以應無窮。」的另一種說法，兩段文章意
> 思一樣。……「天鈞」就是這個「樞」。「休乎天鈞」就是說，你要
> 在「天鈞」那個地方停止，你處於環中才能應無窮。這樣講就是「是
> 之謂兩行。」要不然不能「兩行」呀。〔註40〕

牟氏即肯定「天鈞、兩行」其意同於「道樞」，而「天鈞」即是「樞」，凡欲
止息「彼、是」之爭，唯有停留於「天鈞」、「道樞」處，「兩行」乃道樞之具
體呈現。總而言之，「天鈞」、「兩行」兼具「消融義」、「實踐義」、「歷程義」，
能相融「彼、是」之爭辯，剝落成心的偏執，化除人我對立〔註41〕。

〈齊物論〉中論及「聖人」，多涉及「意念的造作」之人生困境，旨在化
解「成心的圍限」與「意識型態作祟」，以求達「物我」、「人我」之不傷。除
此之外，〈內篇〉中之聖人亦涉及對外在事物所採取的基本態度及對應方法，
如〈應帝王〉云：

> 肩吾見狂接輿。狂接輿曰：「日中始何以語女？」肩吾曰：「告我：
> 君人者以己出經式義度，人孰敢不聽而化諸！」狂接輿曰：「是欺德
> 也：其於治天下也，猶涉海鑿河而使蚊負山也。夫聖人之治也，治

---

〔註40〕牟宗三主講　盧雪崑記錄：〈莊子〈齊物論〉講演錄（六）（七）〉，《鵝湖月刊》
　　　　324期（2002.6），頁3。
〔註41〕陶國璋云：「所以天鈞或兩行是消融義，是實踐義，亦是歷程義；動態地兼融
　　　　於經驗的對偶而反顯的無相境界。」《莊子齊物論義理演析》，頁105。

外乎？正而後行，確乎能其事者而已矣。且鳥高飛以避矰弋之害，

鼷鼠深穴乎神丘之下以避熏鑿之患，而曾二蟲之無知！」

（〈應帝王〉，頁289～291）

上文中狂接輿以爲日中始所謂「君人者以己出經式義度，人孰不敢聽而化諸」之治是「欺德」。日中始治理天下之法乃是以禮法、仁義作爲準則，則天下無有不受其感化者，由此可推知日中始乃是偏向以儒家之道作爲治理天下之法。但狂接輿以爲若是「以己出經式義度」，國君完全憑藉一己之私意立定禮法以約束人民，而忽視了人民內在之性，則此「經式義度」必然會束縛個體之生命，故狂接輿以爲這樣的治國方式乃是虛僞不眞實，欲藉此治平天下，無疑是「涉海鑿河而使蚉負山」。而人民亦會如鳥高飛於天空以避網箭之害，鼷鼠深藏於神社以躲煙鏟之禍一般，思尋逃避此束縛之法，而狂接輿以爲眞能平治天下之法乃是「正而後行，確乎能其事者而已矣。」端正生命之內的事，確定其能做些什麼，此即是正己之性，使其合於性分，按郭象注云：「各正性命之分也」、「不爲其所不能」﹝註42﹞。成玄英疏云：「順其正性而後行化」、「順其實性，於事有能者，因而任之，此於分內，不論於外者也。」﹝註43﹞此皆強調聖人之治乃是以「治內」爲要，即順應人民之內在生命的本然眞性而行其治道。易言之，國君若順應人民內在生命的本然眞性而治之，便可避免以外在禮法、仁義爲準則治天下之弊。而聖人之治對外則在順人民內在生命之本然眞性而行，而其自身之生命亦應與道化合，方能進一步以道化合天下。

而〈大宗師〉又云：

故聖人之用兵也，亡國而不失人心；利澤施乎萬世，不爲愛人。

（〈大宗師第六〉，頁232）

所謂「亡國而不失人心」，按郭象注云：「因人心之所欲亡而亡之，故不失人心也。」﹝註44﹞人民所欲如何，聖人則從之，此正如上所謂順人民而行。而所謂「利澤施乎萬世，不爲愛人」，則表示聖人之治天下也，若陽光普照萬物，無所偏頗。總言之，聖人之治即在於對他人本然眞性的啓發，而由此人人皆可開顯其內在生命之本然狀態。

﹝註42﹞ 郭慶藩：《莊子集釋》，頁291。

﹝註43﹞ 郭慶藩：《莊子集釋》，頁291。

﹝註44﹞ 郭慶藩：《莊子集釋》，頁232。

　　「聖人」於《莊子》中出現極為頻繁，其意涵亦特別豐富。若順「聖人无名」一語詮釋，則表達了聖人超脫於世俗之名聲地位，不為外在價值觀影響內在心境之平和。然其中一部份之「聖人」又在對治「意念的造作」，以求「天鈞」、「兩行」之境界。而又有一部份之「聖人」說明了治平天下之法。

## 四、「天與人不相勝」——眞人

　　「眞人」之「理想人格工夫分類表」如下：

| 四、眞　　　　人 | | | |
|---|---|---|---|
| | | 《莊子》原文 | 工夫所欲對治者 |
| 消解自然生命的紛馳 | 內篇 | 1 | 古之眞人，其寢不夢，其覺无憂，其食不甘，其息深深。眞人之息以踵，眾人之息以喉。屈服者，其嗌言若哇。其耆欲深者，其天機淺。（〈大宗師〉，頁228） | 嗜欲的形成 |
| | | 2 | 古之眞人，不知說生，不知惡死；其出不訢，其入不距；翛然而往，翛然而來而已矣。（〈大宗師〉，頁229） | 生老病死的偏執 |
| | | 3 | 死生，命也，其有夜旦之常，天也。人之有所不得與，皆物之情也。彼特以天為父，而身猶愛之，而況其卓乎！人特以有君為愈乎己，而身猶死之，而況其眞乎！（〈大宗師〉，頁241） | 生老病死的偏執、形骸之限 |
| | 外、雜篇 | 1 | 古之眞人，知者不得說，美人不得濫，盜人不得劫，伏戲黃帝不得友。死生亦大矣，而无變乎己，況爵祿乎！若然者，其神經乎大山而無介，入乎淵泉而不濡，處卑細而不憊，充滿天地，既以與人，己愈有。（〈田子方〉，頁727） | 生老病死的偏執、 |
| 化解心理的情緒 | 內篇 | 1 | 古之眞人，不逆寡，不雄成，不謨士。若然者，過而弗悔，當而不自得也。若然者，登高不慄，入水不濡，入火不熱。是知之能登假於道者也若此。（〈大宗師〉，頁226） | 事功的滯累 |
| | | 2 | 不忘其所始，不求其所終；受而喜之，忘而復之，是之謂不以心捐道，不以人助天，是之謂眞人。（〈大宗師〉，頁229） | 事功的滯累 |
| | | 3 | 古之眞人，其狀義而不朋，若不足而不承；與乎其觚而不堅也，張乎其虛而不華也；邴邴乎其似喜乎！崔乎其不得已乎！滀乎進我色也，與乎止我德也；厲乎其似世乎！謷乎其未可制也；連乎其似好閉也，悗乎忘其言也。（〈大宗師〉，頁234） | 事功的滯累 |

| 四、真 人 | | | | |
|---|---|---|---|---|
| | | | 《莊子》原文 | 工夫所欲對治者 |
| 化解心理的情緒 | 內篇 | 4 | 以刑爲體，以禮爲翼，以知爲時，以德爲循。以刑爲體者，綽乎其殺也；以禮爲翼者，所以行於世也；以知爲時者，不得已於事也；以德爲循者，言其與有足者至於丘也；而人真以爲勤行者也。故其好之也一，其弗好之也一。其一也一，其不一也一。其一與天爲徒，其不一與人爲徒。天與人不相勝也，是之謂真人。（〈大宗師〉，頁234～235） | 事功的滯累 |
| | 外、雜篇 | 1 | 古之真人，知者不得說，美人不得濫，盜人不得劫，伏戲黃帝不得友。死生亦大矣，而无變乎己，況爵祿乎！若然者，其神經乎大山而無介，入乎淵泉而不濡，處卑細而不憊，充滿天地，既以與人，己愈有。（〈田子方〉，頁727） | 事功的滯累、利祿的痴迷 |
| | | 2 | 是以神人惡眾至，眾至則不比，不比則不利也。故无所甚親，无所甚疏，抱德煬和以順天下，此謂真人。（〈徐无鬼〉，頁865） | 事功的滯累 |
| 超化意念的造作 | 內篇 | 1 | 且有真人而後有真知。何謂真人？古之真人，不逆寡，不雄成，不謨士。若然者，過而弗悔，當而不自得也。若然者，登高不慄，入水不濡，入火不熱。是知之能登假於道者也若此。（〈大宗師〉，頁226） | 人我的互傷、物我的相刃、成心的囿限 |
| | | 2 | 不忘其所始，不求其所終；受而喜之，忘而復之，是之謂不以心捐道，不以人助天，是之謂真人。（〈大宗師〉，頁229） | 成心的囿限 |
| | | 3 | 若然者，其心志，其容寂，其顙頯；凄然似秋，煖然似春，喜怒通四時，與物有宜而莫知其極。（〈大宗師〉，頁230～231） | 物我的相刃 |
| | | 4 | 古之真人，其狀義而不朋，若不足而不承；與乎其觚而不堅也，張乎其虛而不華也；邴邴乎其似喜乎！崔乎其不得已乎！滀乎進我色也，與乎止我德也；厲乎其似世乎！警乎其未可制也；連乎其似好閉也，悗乎忘其言也。（〈大宗師〉，頁234） | 物我的相刃、人我的互傷 |
| | | 5 | 以刑爲體，以禮爲翼，以知爲時，以德爲循。以刑爲體者，綽乎其殺也；以禮爲翼者，所以行於世也；以知爲時者，不得已於事也；以德爲循者，言其與有足者至於丘也；而人真以爲勤行者也。故其好之也一，其弗好之也一。其一也一，其不 | 成心的囿限、意識型態作祟 |

| 四、真 | | | 人 | |
|---|---|---|---|---|
| | | | 《莊子》原文 | 工夫所欲對治者 |
| 超化意念的造作 | 內篇 | 5 | 一也一。其一與天爲徒，其不一與人爲徒。天與人不相勝也，是之謂眞人。（〈大宗師〉，頁234～235） | |
| | 外、雜篇 | 1 | 古之眞人，知者不得說，美人不得濫，盜人不得劫，伏戲黃帝不得友。死生亦大矣，而无變乎己，況爵祿乎！若然者，其神經乎大山而無介，入乎淵泉而不濡，處卑細而不憊，充滿天地，既以與人，己愈有。（〈田子方〉，頁727） | 物我的相刃 |
| | | 2 | 是以神人惡眾至，眾至則不比，不比則不利也。故无所甚親，无所甚疏，抱德煬和以順天下，此謂眞人。（〈徐无鬼〉，頁865） | 人我的互傷 |
| | | 3 | 古之眞人，以天待人，不以人入天。古之眞人，得之也生，失之也死；得之也死，失之也生。（〈徐无鬼〉，頁866） | 物我的相刃、人我的互傷 |
| | | 4 | 夫免乎外內之刑者，唯眞人能之。（〈列禦寇〉，頁1053） | 物我的相刃 |
| 體道境界 | 外、雜篇 | 1 | 能體純素，謂之眞人。（〈刻意〉，頁546） | 聖人境界 |
| | | 2 | 關尹老耼乎！古之博大眞人哉！（〈天下〉，頁1098） | 聖人境界 |

## （一）〈內篇〉與〈外、雜篇〉間之異同

藉上表的歸類，首先可分析〈內篇〉與〈外、雜篇〉間之異同，將之簡化作下表：

| 四、真 | | 人 | | |
|---|---|---|---|---|
| 生 命 困 境 | | 〈內篇〉 | 篇幅比重 | 〈外、雜篇〉 |
| 1、消解「自然生命的紛馳」 | 形骸之限 | ○ | 1／17 | × |
| | 生老病死的偏執 | ○ | 2／17 | ○ |
| | 嗜欲的產生 | ○ | 1／17 | × |
| 2、化解「心理的情緒」 | 利祿的痴迷 | × | ── | ○ |
| | 名聲的桎梏 | × | ── | × |
| | 事功的滯累 | ○ | 4／17 | ○ |
| | 命限的困頓 | × | ── | × |

| 四、真 | | 人 | | |
|---|---|---|---|---|
| 生 命 困 境 | | 〈內篇〉 | 篇幅比重 | 〈外、雜篇〉 |
| 3、超化「意念的造作」 | 人我的互傷 | ○ | 2／17 | ○ |
| | 物我的相刃 | ○ | 3／17 | ○ |
| | 成心的囿限 | ○ | 3／17 | × |
| | 意識型態作祟 | ○ | 1／17 | × |

　　由此表可知，在第一類「自然生命的紛馳」中，〈內篇〉全面地分析了其中的三個面向，而〈外、雜篇〉僅述及「生老病死的偏執」。而第二類「心理的情緒」中，〈內篇〉僅論及「事功的滯累」，〈外、雜篇〉除論及「事功的滯累」，亦提及「利祿的痴迷」。至於第三類「意念的造作」，〈內篇〉全面地分析了其中的四個面向，〈外、雜篇〉則偏向了「人我的互傷」與「物我的相刃」兩個面向。總體而言，〈內篇〉對眞人的論述較爲全面，篇幅亦較〈外、雜篇〉多。但亦皆就對治人生的三大類困境作努力，並無歧出。

　　就〈內篇〉中對治人生三大類困境所論之篇幅比重而言，顯然是偏向「意念的造作」一類。然而對比於其他三種理想人格，「聖人」論及「意念的造作」一類時，比重又較「眞人」多，反倒是「自然生命的紛馳」一類，「眞人」所佔之比例較重。

## （二）「真人」之工夫與境界

　　上小節中藉由「量化」的分析，已初步瞭解「眞人」於〈內篇〉與〈外、雜篇〉中之差異與「眞人」於四種理想人格間所突出之特點。緊接著，將就表格中所錄之章句，分析「眞人」之工夫與境界。〈內篇〉中對「眞人」之論述，全集中於〈大宗師〉一篇，大抵可分作四大段：

> 古之眞人，不逆寡，不雄成，不謨士。若然者，過而弗悔，當而不自得也。若然者，登高不慄，入水不濡，入火不熱。是知之能登假於道者也若此。（〈大宗師〉，頁226）

就第一段章句而言，所謂「不逆寡、不雄成、不謨士」，即指眞人不以其「眞知〔註45〕」凌駕寡者；而於功成之際，不會自恃其功；更不會處心積慮地行事。

---

〔註45〕陳鼓應云：「先有『眞人』的開放心靈、開闊視野、超脫心胸，才能培養『眞知』。這『眞知』是能知主體透過他對宇宙、人生的深刻體驗後所表現出來的。可見，莊子所謂的『知』，乃是主體性之知。何謂『眞知』？莊子所謂的『眞知』，是要了解萬物變化流轉的眞象——要洞察萬物的變化（〈至樂〉篇所說

一般人所以「逆寡、雄成、謨士」，皆起於人後起的「心知」，此「心知」非得之於天的「眞知」，乃是後起的成心。而此「心知」便會妨礙其本身「知」之流行。而「過而弗悔」之「悔」字，依唐君毅解作「專指一種常人所恆有之本今日是與利爲標準，以悔其過往之所爲之悔。」〔註46〕由此推知，此「悔」之標準乃是以「是非利害」爲準，一般人最易犯之毛病即是於選擇時，若選本項事物時，便後悔未選擇他項；而若是選擇他項時，又後悔未選擇本項。更有進者以自己之所是，而非議他人所是。此「悔」不同於對自己過失眞正之悔恨，進而改過。「當而不自得」乃指眞人不以其行得當而自得，然一般人則會以其行得當而自得，此亦源於人之心知對其所得而自得，因而有所黏滯，故而阻礙當下生命心知的流行。唯眞人有所「過、當」時，不會「悔、得」，此因眞人不會以得失擾心，此即郭象「直自全當而無過耳，非以得失經心者也。」〔註47〕。

> 古之眞人，其寢不夢，其覺无憂，其食不甘，其息深深。眞人之息
> 以踵，眾人之息以喉。屈服者，其嗌言若哇。其耆欲深者，其天機
> 淺。（〈大宗師〉，頁228）

第二段章句則自眞人起居生活，見眞人之精神生命。所謂「其寢不夢」，即指眞人睡覺時，不會作夢。所以「不夢」，乃因其無意想；一般人所以有夢，則是因平時慾望之未遂，而於夢中得故。「其覺无憂」是指眞人隨遇而安，故無所憂患；而一般人所以「憂」，據唐君毅表示乃「指一般人之憂其未來之利害得失之憂」〔註48〕。一般人未若眞人隨遇而安之，故會對現在與未來之生活有所憂慮。「其食不甘」意謂著眞人不滯溺於感官的享受，故不甘。而一般人之「甘」，唐君毅解作「自甘其甘之心」〔註49〕，常人陷溺於口腹耳目感官的享受，故「自甘其甘」。上述三者，大抵皆起於人慾望上的貪念，但此並不指眞人無欲無求，僅是眞人順天而行而不有所陷溺。此外，眞人之息與一般人不同，眞人心境平和，其氣可至於腳跟，而一般人隨事物之變而影響其心，故未若眞人心靜之平和，其氣息亦混亂。最後，再次強調人之嗜欲，此即前

---

的「觀化」），在大化流行中安於所化（「安化」）；並且還要了解人在自然界所
處的地位：人和自然是不可分割的整體，人與自然是親和的關係。」《老莊新
論》（台北：五南圖書出版股份有限公司，2007.2 三版），頁 188。
〔註46〕唐君毅：《中國哲學原論・原道篇弍》，頁 385。
〔註47〕郭慶藩：《莊子集釋》，頁 227。
〔註48〕唐君毅：《中國哲學原論・原道篇弍》，頁 388。
〔註49〕唐君毅：《中國哲學原論・原道篇弍》，頁 388。

所謂一般人欲望貪念，此貪念非天生者，乃人所後起者，一般人生命之生機若陷溺後天所形成的嗜欲中，便失去超越此嗜欲的機會，真人則能越此嗜欲，順天而行者也。

> 古之真人，不知説生，不知惡死；其出不訢，其入不距；翛然而往，翛然而來而已矣。不忘其所始，不求其所終；受而喜之，忘而復之，是之謂不以心捐道，不以人助天。是之謂真人。若然者，其心志，其容寂，其顙頯；淒然似秋，煖然似春，喜怒通四時，與物有宜而莫知其極。（〈大宗師〉，頁229～231）

第三段章句乃就真人面對死亡之態度而言。真人對死生並無「悅、惡」之情，應時而生，應時而死。將死生視作自然的變遷，故以順應自然之心看待生死，此超越對死生的成見，乃郭象所謂「與化為體者也」、「泰然而任之也」〔註50〕。所謂「不忘其所始，不求其所終」，乃表示真人對於死生之變化，皆忘之矣，全然順任自然生命之流行，隨遇而適。故下云「受而喜之，忘而復之」，對於生之有，真人正面受之，除順受之外，更忘其現有之生，然後復返其原，始能不忘其所自始。「于生之正有，即唯當正面受之，然亦不當只順此生之正有者，以向于其未來；更當自忘其現有之生，以復返于其原，然後能不忘其所自始。」〔註51〕最後便能夠達「不以心捐道」、「不以人助天」之真人境界。而後文「心志、容寂、顙頯、淒然似秋、煖然似春」皆在表達真人之生命情調，而最後達「與物有宜而莫知其極」的境界，無心無情於萬物，故能與萬物相冥合而和諧，又因其無心無情，萬物亦無從得知真人境界之極。

> 古之真人，其狀義而不朋，若不足而不承；與乎其觚而不堅也，張乎其虛而不華也；邴邴乎其似喜乎！崔乎其不得已乎！滀乎進我色也，與乎止我德也；厲乎其似世乎！謷乎其未可制也；連乎其似好閉也，悗乎忘其言也。以刑為體，以禮為翼，以知為時，以德為循。以刑為體者，綽乎其殺也；以禮為翼者，所以行於世也；以知為時者，不得已於事也；以德為循者，言其與有足者至於丘也，而人真以為勤行者也。故其好之也一，其弗好之也一，其一也一，其不一也一。其一與天為徒，其不一與人為徒。天與人不相勝也，是之謂真人。（〈大宗師〉，234～235）

---

〔註50〕郭慶藩：《莊子集釋》，頁229。
〔註51〕唐君毅：《中國哲學原論・原道篇式》，頁391。

最後一段章句，要在言眞人接世之態度及氣象。眞人並非爲一獨立高山之境，其必與世人相接，此中便指涉了一「天人不相勝」而圓融爲一的具體圓融之境。眞人接世，無論其「好」或「不好」，皆無心以順之，因眞人深知「好、惡」之情乃出自後天的情感，無論「一」或「不一」，眞人均等同視之，故可達天人相契合之境界〔註52〕。此外，牟宗三亦以爲無論「好」或「弗好」皆是「迹」，當其好而能冥而不滯於好，弗好而能冥不滯於弗好，即迹冥圓融時，便能不失其一，不失其生命之灑脫與自在〔註53〕。

〈大宗師〉中對於眞人的論述共見於此四段，而循此四段引文看來，乃是由內而外逐漸擴大、深入，而達「天與人不相勝」之境，如此似可謂其有一工夫與境界之層次昇進而言。其實此四段原文僅是對眞人不同角度之描述，而非層次之高下。而所以會以爲此四段有層次之昇進，乃是誤將「言說次序」視作「價值次序」。〔註54〕蓋言說之時不得不有先後之順序，而莊子由內而外之論說順序不必爲價值次序。

綜而言之，上述四段對眞人的論述即爲「墮肢體，黜聰明，離形去知，同於大通。」之「坐忘」工夫，藉由「坐忘」剝落人對形軀、心知之執，而超越形軀及心知之限制，與物相感通，交互作用，達到與大道通而爲一的境界。

## 第二節　才全而德不形——兀者

《莊子》書中所出現之人物極爲繁多，對「理想人格」的提出，大抵以「至人、神人、聖人、眞人」爲主。而在《內篇・德充符》中，集中地出現一羣形象鮮明且特別的角色——「兀者、惡人」，如王駘、申徒嘉、叔山无趾、哀駘它、闉跂支離无脤、甕盎大癭等人，莊子對「兀者、惡人」外在的描寫，若非形貌醜陋，便是今所謂的「殘障人士」，依世俗的審美標準，其共同的特

---

〔註52〕陳德和云：「『天人的契合爲一』誠是眞人的最佳寫照。然天人之所以尚待契合爲一，正是預告了天人之分隔。換言之，凡眞人之圓化天人、兩忘其道，都得先有一段天人之對立，筆者因此敢說『從天人的超越區分到辯證融合』是人格理想極成圓現之共同型模。」〈畸人與眞人——莊子大宗師的超越性和圓融性〉，《鵝湖月刊》219期（1993.9），頁53。

〔註53〕牟宗三：《圓善論》，（台北：學生書局，1996.4），頁283。

〔註54〕高柏園：《莊子內七篇思想研究》（台北：文津出版社，2000.5初版二刷），頁182。

色即在於「外在形骸具有缺陷」，然卻無礙於其「內在之德」的修養。而其他篇章中，亦曾論及「右師、支離疏、支離叔、滑介叔」等人，大抵與〈德充符〉中之「兀者、惡人」相似。基於此鮮明地特色，特將《莊子》書中的「兀者」單獨提出作進一步的分析，以察其於《莊子》書中的寄寓與功用，並分析其與「理想人格」間是否具有關連性。

## 一、「兀者」的義涵

### （一）《莊子》中「兀者」之意義

在對全書「兀者」分析前，擬先對「兀者」一詞下定義。〈德充符〉中，主要出現的人物計有六人：「王駘、申徒嘉、叔山无趾、哀駘它、闉跂支離无脹、甕㼜大癭」。其中，莊子稱其爲「兀者」者，分別爲「王駘、申徒嘉、叔山无趾」三人。而所謂「兀」，成玄英《疏》直云：「刖一足曰兀。」，王叔岷云：「《釋文》：『李云：「刖足曰兀。」駘音臺。』奚侗云：『兀借爲𨂂，𨂂爲跀之或體。《說文》：「跀，斷足也。」下文屢見兀字，亦同。』案朱駿聲《說文通訓定聲》引此文及李注，已云：『兀，叚借爲跀。』」按以上諸家之意，「兀」乃指「斷足」，覈以《莊子》原文：王駘「視喪其足猶遺土也」、申徒嘉「人以其全足笑吾不全足者多矣」、叔山无趾「吾唯不知務而輕用吾身，吾是以亡足。」可知，「兀者」確實爲「斷足者」。除此三人外，〈養生主〉中的「右師」亦可歸「兀者」一類。

至於「哀駘它、闉跂支離无脹、甕㼜大癭」三人，莊子稱哀駘它爲「惡人」，並謂其「以惡駭天下」，可見其外在形骸的主要問題不在於「斷足」，而是「惡」。成玄英《疏》云：「言衛國有人，形容醜陋，內德充滿，爲物所歸。而哀駘是醜貌，因以爲名。」〔註55〕鍾泰云：「『惡』，醜也。『它』同駝，俗所謂駝背也。以其駘鈍可哀，設爲此名耳。」〔註56〕按二家之說，所謂「惡」，即指其面貌醜陋，由莊子將其命名爲「哀駘它」，可推測此人應爲「駝背者」。又何以「駝背者」會被稱之爲「惡」耶？此不外乎其形貌異於眾人，則眾人便以之爲怪，以之爲醜。而諸家依「闉跂支離无脹、甕㼜大癭」之名，對二人外型亦有解說。成玄英《疏》云：「闉，曲也，謂攣曲企踵而行。脹，脣也，謂肢體坼裂，傴僂殘病，復無脣也。㼜，盆也。脰，頸也。肩肩，細小貌也。

---

〔註55〕郭慶藩：《莊子集釋》，頁207。
〔註56〕鍾泰：《莊子發微》，頁118。

而支離殘病，企腫而行，瘤癭之病，大如盆甕。」〔註57〕林希逸云：「闉跂，曲背也；支離，傴之貌也；無脤，無脣也。傴曲缺脣，醜之甚也。肩肩者，細長之貌也。甕㼜大癭，項瘤者也。」〔註58〕鍾泰云：「『闉』，城曲門。『跂』，一足也。『闉跂』，蓋跂而守門者。『支離無脤』，狀其貌也。『脤』與脣同，謂缺脣。『㼜』，盆也。『甕㼜』，蓋以貨盆甕爲業者。『大癭』，頸生癭甚大。無脣、大癭，皆著其醜。若舊說謂癭之大如甕㼜，故稱甕㼜大癭。癭雖大，詎至是？不可從也。」〔註59〕陳鼓應云：「闉跂支離无脤：曲足，傴背，無脣，形容殘形貌醜的人。」〔註60〕合上述四家之說，闉跂支離无脤之外貌不外乎「駝背」、「傴足」、「無脣」，雖然亦是斷足，然此處莊子所欲凸顯者，應同於王駘「以惡駭天下」之「惡」！而甕㼜大癭的外型雖異於闉跂支離无脤，然依一般世俗之審美標準，亦是極爲醜陋，故知「哀駘它、闉跂支離无脤、甕㼜大癭」三人所欲凸顯者，即是「以惡駭天下」。此外，在〈人間世〉中的支離疏，其形「頤隱於臍，肩高於頂，會撮指天，五管在上，兩髀爲脇。」其形貌亦是異於一般人，故可同列作「以惡駭天下」的「惡人」。

　　合此八人而論，屬「兀者」的爲「王駘、申徒嘉、叔山无趾、右師」，屬「惡人」的爲「哀駘它、闉跂支離无脤、甕㼜大癭、支離疏」。前者的外型特徵，主要所欲凸顯者在於「斷足」；而後者的外型特徵，主要所欲凸顯者則在於「以惡駭天下」。此處雖可依其所突出的特徵加以分類，然皆是由「人物外型」的角度發而論之，因此實可將二者合爲一大類，以「兀者」謂之。所以不以「惡人」之名統之，乃因「惡人」易與「兇惡之人」產生聯想，爲免誤會，故統之以「兀者」一名。易言之，本論文中若單獨言及「兀者」，其實含「殘疾」與「貌醜」兩大外型的特徵。至於以「兀者」訂名之，亦僅是在顯其與一般人外型上的差異，作事實的描述，並無價值上的判斷〔註61〕。

## （二）「兀者」之真實性

　　至於「王駘、申徒嘉、叔山无趾、右師、哀駘它、闉跂支離无脤、甕㼜大

〔註57〕郭慶藩：《莊子集釋》，頁217。
〔註58〕林希逸：《莊子鬳齋口義校注》，頁94。
〔註59〕鍾泰：《莊子發微》，頁124。
〔註60〕陳鼓應：《莊子今註今譯・上冊》（北京：商務印書館，2007.7 第一版），頁191。
〔註61〕高柏園云：「蓋所謂兀者，亦不外是依其外形與常人之差異言之，然而「差異」僅僅只是一事實概念，是對於對象的實然描述，並不必與價值義有必然之關係。」《莊子內七篇思想研究》，頁150。

瘻、支離疏」等八人，歷史上是否眞有其人呢？依諸家對此八人的注疏，或可略知一二，茲將諸家之注文列表如下：

| 名字 | 諸　家　注　文 [註62] |
|---|---|
| 1　右師 | ※成玄英云：「右師，官名也。」（頁125）<br>※陸德明云：「右師，司馬云：『宋人也。』簡文云：『官名也。』」（頁125）<br>※林希逸云：「右師者，已刖之人爲右師之官也。」（頁53）<br>※鍾泰云：「『右師』，書官，殆佚其名矣。」（頁70） |
| 2　支離疏 | ※成玄英云：「四支離拆，百體寬疏，遂使頤頰隱於臍間，肩髆高於頂上。形容如此，故以支離名之。」（頁180）<br>※陸德明云：「支離疏，司馬光云：『形體支離不全貌。疏，其名也。』」（頁180）<br>※林希逸云：「支離，身體無收拾之貌；疏，其名也。頤下而至臍，其身曲也，肩反出於頂上。會撮，椎髻也。五臟之管皆屬於背，背曲則管向上也。兩髀，腿兩邊也，背曲身下，則髀似其脅也。此形容一廢疾之人爾。」（頁78）<br>※鍾泰云：「『支離』者，支於正而離於常，猶今言離奇也。『疏』其本名。以其形支離，冠二字於名上。」（頁101～102）<br>※王叔岷云：「案支離疏，忘形之人也。假託姓支離名疏耳。」（頁163） |
| 3　王駘 | ※成玄英云：「姓王，名駘，魯人也。刖一足曰兀。形雖殘兀，而心實虛忘，故冠〈德充符〉而爲篇首也。」（頁187）<br>※陸德明云：「李云：『刖足曰兀。』案篆書兀介字相似。王駘，音駘，徐又音殆。人姓名也。」（頁187）<br>※鍾泰云：「『駘』，駑駘。取義於駘者，言其無用，後文所云：『彼且何肯以物爲事』是也。」（頁108）<br>※王叔岷云：「《釋文》：『李云：「刖足曰兀。」駘音臺。』奚侗云：『兀借爲趴，趴爲跀之或體。《說文》：「跀，斷足也。」下文屢見兀字，亦同。』案朱駿聲《說文通訓定聲》引此文及李《注》，已云：『兀，叚借爲跀。』《莊子》中假託人名，大多有深意，王駘以駘爲名。後哀駘它，以哀駘爲姓。《廣雅釋言》：『駑，駘』 |

[註62] 關於諸家注文所引用之版本：成玄英與陸德明之說，乃引自郭慶藩輯：《莊子集釋》（台北：河洛圖書出版社，1980.8 臺影印初版）；林希逸之說引自林希逸：《莊子鬳齋口義校注》（北京：中華書局，1997.3 第一版）；鍾泰之說引自鍾泰：《莊子發微》（上海：上海古籍出版社，2002.4 新一版）；王叔岷之說引自王叔岷：《莊子校詮‧上冊‧中冊‧下冊》（台北：中央研究院歷史語言研究所，1999.6 景印三版）。凡本表所引之原文，皆出自上述諸書，爲求清晰，直將頁碼標示於原文之後，不另加註釋。

| | 名字 | 諸　家　注　文 [註62] |
|---|---|---|
| 3 | 王駘 | 也。』駘借爲駘，《說文》：『駘，遲鈍也。』〈齊物論〉篇：『聖人愚芚。』駕駘、遲鈍、愚芚，義並相近。」（頁172） |
| 4 | 申徒嘉 | ※成玄英云：「姓申徒，名嘉，鄭之賢人，兀者也。」（頁197）<br>※陸德明云：「申徒嘉，李云：『申徒，氏；嘉，名。』」（頁197）<br>※鍾泰云：「『申徒』，複姓，『嘉』其名。」（頁112） |
| 5 | 叔山<br>无趾 | ※成玄英云：「叔山，字也。……殘兀之人，居於魯國，雖遭刖足，猶有學心，所以接踵頻來，尋師訪道。既無足趾，因以爲其名也。」（頁202）<br>※陸德明云：「李云：『叔山，（氏）〔字〕，無足趾。』」（頁202）<br>※鍾泰云：「『叔山』，複姓。『無趾』，遭刖而足趾斷落，遂以爲名也。」（頁115）<br>※王叔岷云：「叔山无趾，蓋莊子假託人名，叔山氏，字无趾耳。」（頁184） |
| 6 | 哀駘它 | ※成玄英云：「言衛國有人，形容醜陋，內德充滿，爲物所歸。而哀駘是醜貌，因以爲名。」（頁207）<br>※陸德明云：「李云：『哀駘，醜貌；它，其名。』」（頁207）<br>※鍾泰云：「『惡』，醜也。『它』同駝，俗所謂駝背也。以其駘鈍可哀，故曰哀駘它，設爲此名耳。」（頁118） |
| 7 | 闉跂支<br>離无脤 | ※成玄英云：「闉，曲也，謂攣曲企腫而行。脤，脣也，謂肢體坼裂，傴僂殘病，復無脣也。……而支離殘病，企腫而行，瘤癭之病，大如盆甕。此二人者，窮天地之陋，而俱能忘形建德，體道談玄。遂使齊衛兩君，欽風愛悅，美其盛德，不覺病醜，顧視全人之頸，翻小而自肩肩者。」（頁217）<br>※陸德明云：「司馬云：『闉，曲；跂，企也。闉跂支離，言腳常曲，形體不正卷縮也。無脤，名也。』崔云：『闉跂，傴者也。脤，脣同。』簡文云：『跂，行也。脤，臀也。』」（頁217）<br>※林希逸云：「闉跂，曲背也；支離，傴之貌也；無脤，無脣也。傴曲缺脣，醜之甚也。肩肩者，細長之貌也。甕㼜大癭，項瘤者也。此兩句皆喻人之好惡不在於形骸之外，傴瘤之人得意於君，視全人反不如之，故曰德有所長，形有所忘，言愛其德而忘其形。」（頁94）<br>※鍾泰云：「『闉』，城曲門。『跂』，一足也。『闉跂』，蓋跂而守門者。『支離無脤』，狀其貌也。『脤』與脣同，謂缺脣。」（頁124） |
| 8 | 甕㼜<br>大癭 | ※成玄英云：「㼜，盆也。脰，頸也。肩肩，細小貌也。而支離殘病，企腫而行，瘤癭之病，大如盆甕。此二人者，窮天地之陋，而俱能忘形建德，體道談玄。遂使齊衛兩君，欽風愛悅，美其盛德，不覺病醜，顧視全人之頸，翻小而自肩肩者。」（頁217）<br>※陸德明云：「李云：『甕㼜，大癭貌。』」（頁217） |

| | 名字 | 諸　家　注　文 [註62] |
|---|---|---|
| 8 | 甕㼜大癭 | ※林希逸云：「闉跂，曲背也；支離，傴之貌也；無脤，無脣也。傴曲缺脣，醜之甚也。肩肩者，細長之貌也。甕㼜大癭，項瘤者也。此兩句皆喻人之好惡不在於形骸之外，傴瘤之人得意於君，視全人反不如之，故曰德有所長，形有所忘，言愛其德而忘其形。」（頁94）<br>※鍾泰云：「『㼜』，盆也。『甕㼜』，蓋以貨盆甕爲業者。『大癭』，頸生癭甚大。無脣、大癭，皆著其醜。若舊說謂癭之大如甕㼜，故稱甕㼜大癭。癭雖大，詎至是？不可從也。」（頁124） |

據上表所錄，支離疏、王駘、叔山无趾、哀駘它、闉跂支離无脤、甕㼜大癭等人，其命名之由乃是依其自身的特質或形骸特徵。其中支離疏，王叔岷謂：「案支離疏，忘形之人也。假託姓支離名疏耳。」又謂「《莊子》中假託人名，大多有深意，王駘以駘爲名。後哀駘它，以哀駘爲姓。《廣雅釋言》：『駑，駘也。』駘借爲嬯，《說文》：『嬯，遲鈍也。』〈齊物論〉篇：『聖人愚芚。』駑駘、遲鈍、愚芚，義並相近。」表明了王駘之特質與哀駘它形骸上的特徵。此外，成玄英謂：「而哀駘是醜貌，因以爲名。」陸德明云：「李云：『哀駘，醜貌。』」，鍾泰云：「『它』同駝，俗所謂駝背也。以其駘鈍可哀，故曰哀駘它，設爲此名耳。」說明了哀駘它的「哀駘」，意謂其貌醜，「它」則形容其爲背駝。而叔山无趾，「无趾」一名，即表明其形骸上缺少了足趾，如陸德明云：「李云：『叔山，（氏）〔字〕，無足趾。』」鍾泰云：「『無趾』，遭刖而足趾斷落，遂以爲名也。」皆就此觀點而論。另外，王叔岷謂：「叔山无趾，蓋莊子假託人名。」以爲叔山无趾是假託的人名。至於闉跂支離無脤與甕㼜大癭，其名完全是依其外在形骸的特徵所立，雖諸家所論略有不同，然而皆是由其名揣測其外貌，而二人的形骸各家所論雖略有分別，然而異於常人則同矣。合言之，此六人應皆爲莊子假託之人物，雖爲假託，但此六人外在形骸的特徵，當可能真實地存在於人間。至於右師與申徒嘉，其命名之由異於前六人，並非出自本身的特質或外在的形骸，故無法由其名揣測其外在形骸或特徵，依諸家對右師的注解，「右師」是爲官名，林希逸謂：「右師者，已刖之人爲右師之官也。」由此或可以爲真有斷足者爲右師之官。而申徒嘉，成玄英謂其：「鄭之賢人，兀者也。」或是據《莊子》中所論而推斷，亦應是假託之人。總而言之，《莊子》寓言中所出現的人物，無論是假託者，如支離疏、叔山无趾；亦或是歷史上的真實人物，如子產、仲尼等，其不必真符合其原本的特

質與外型，而所敘述的情節，亦不必是眞實的歷史事件，凡所有寓言的角色，在《莊子》書中重在人物之意象所營造出的道境，並引領讀者進入此境界中，故與其深入考究這些人物的眞實性，不若深入分析莊子藉由這些寓言人物所展現的義理與道境。

## 二、「兀者」的境遇

在上小節中已明「兀者」一詞實含有兩類的外型特徵，然無論是屬於「殘疾」型的兀者，亦或是「貌醜」型的兀者，其終究是人群中的少數者，外型的特異，不免引起他人的側目，即便以當今社會資訊日新月異，所見、所知更爲寬廣，人們一旦面對外貌特異者仍不免譁然，更遑論遠在春秋戰國之際，人們所見、所知較寡，面對此類人物亦是如此。以下便依《莊子》中所言，分析兀者所處之外在客觀環境。

在「殘疾」型兀者的寓言中，申徒嘉曾自述云：「人以其全足笑吾不全足者多矣，我怫然而怒」，言其未從伯昏无人求道前，每當有人以健全的軀體嘲笑其斷足時便非常地生氣。由申徒嘉的自述中可瞭解，兀者身處世上往往易遭受到他人異樣的眼光及無禮的對待，而此種種行爲與態度對兀者的心理及人格皆是一種殘酷的傷害。在此將藉由寓言中公文軒、常季、子產、仲尼等人面對兀者時的言行，分析一般人面對兀者時所可能有的反應與態度。

### （一）驚駭

一般人面對與自身外形有所差別者，不免流露出好奇心，若是差異過大，不免驚駭。公文軒初見右師時，即是如此。

> 公文軒見右師而驚曰：「是何人也？惡乎介也？天與，其人與？」
>
> （〈養生主〉，頁 124）

公文軒初次見到右師的狀況，莊子用「驚曰」一詞，生動地傳達出公文軒對右師「斷足」的樣貌極爲訝異，因而進一步追問「是何人也？惡乎介也？天與，其人與？」如此毫不掩飾的態度，對兀者而言，自是極爲無禮的行爲。

### （二）輕蔑

當子產面對申徒嘉與孔子面對叔山无趾時，剛開始皆採「輕視」的態度。如子產對申徒嘉云：

> 我先出則子止，子先出則我止。今我將出，子可以止乎，其未邪？
>
> 且子見執政而不違，子齊執政乎？（〈德充符〉，頁 196）

成玄英《疏》云：「姓公孫，名僑，字子產，鄭之賢大夫也。」〔註63〕莊子在此借用子產執政者的身份與申徒嘉做對比，子產以執政者自居，輕視身爲兀者的申徒嘉，以爲兩人身份懸殊，不應當同進出，甚至不願與其「合堂同席而坐」。而仲尼面對申徒嘉時，亦云：

> 子不謹，前既犯患若是矣。雖今來，何及矣！（〈德充符〉，頁202）

仲尼身爲儒家的聖人，但卻於言談中流露出對申徒嘉「兀者」身份的輕視，甚至以爲其從前不知謹愼行事，待遭刖足之後方欲求道，爲時已晚。

子產與仲尼，按儒家之標準，一爲賢大夫，一爲聖人，莊子假託二人以高姿態自居，並以「輕蔑」的態度對待殘疾者，說明即便聖賢如子產與仲尼，對待殘疾者仍是如此輕蔑，更遑論一般人修德未如子產與仲尼，不免易以全形之身軀驕矜於殘疾者。

### （三）指責

申徒嘉與叔山无趾二則寓言中，子產與仲尼皆曾指責兀者，如：子產云：

> 子既若是矣，猶與堯爭善，計子之德不足以自反邪？
>
> （〈德充符〉，頁198）

子產指責申徒嘉過去既因犯錯而遭斷足之刑，如今卻妄想以帶罪之身與堯爭善，因而推知申徒嘉修德不足，故不知自我反省。此外，仲尼言：「子不謹，前既犯患若是矣。雖今來，何及矣！」除上所言帶有輕蔑的態度，更有強烈的「指責」意味。

在此，不妨試著探析子產與仲尼二人態度之根據，兩人剛開始所以對申徒嘉與叔山无趾採「輕蔑」與「指責」的態度，除是因二人爲「兀者」外，或許更根本的因素乃是二人成爲「兀者」的原因，即申徒嘉與叔山无趾是因犯錯遭刖刑方成爲兀者，而子產與仲尼初面對二人時不佳的態度，正是受此因素影響。然而《莊子》中所以提出「兀者」，所要凸顯者即在於「德、形」間究竟何者較爲重要。自然欲觀察一個人，所該重視者應爲其「當下」之德而非其形。因此，無論子產與仲尼基於上述何種理由輕視、指責申徒嘉與叔山无趾，無疑地皆是就其「形」而言，而非內在之德。

### （四）質疑

王駘的寓言中，王駘以兀者的身份卻能達「從之遊者與仲尼相若」，常季與仲尼談及此事時，常季對王駘之能力充滿懷疑，其言云：

---

〔註63〕郭慶藩：《莊子集釋》，頁197。

王駘，兀者也，從之遊者與夫子中分魯。（〈德充符〉，頁 187）

彼兀者也，而王先生，其與庸亦遠矣。（〈德充符〉，頁 189）

對於王駘能達「從之遊者與夫子中分魯」、「而王先生」的境界，常季所以疑惑者，並非是王駘何以能有如此能力，而是王駘身爲「兀者」何以能有如此能力。兩種疑惑之差別在於：前者是立基於「形全者」的立場，因此「肯定」的成分居多；後者則是立基於「兀者」的立場，因此「否定」的成分居多。易言之，因王駘爲兀者，常季便質疑其能力是否眞能達「從之遊者與夫子中分魯」，假若王駘是爲一肢體健全的成人，常季當不致對其能力產生負面的質疑。而此亦正爲一般人面對殘疾者所常見的態度之一，當其有所成就時，便易因其外在的缺陷而懷疑其能力，質疑其怎麼可能有如此成就。

在「殘疾」型兀者的寓言中，莊子傳達出世人對兀者的偏見與負面的態度，然於「貌醜」型兀者的寓言中，莊子一反對「殘疾」型兀者的負面論述，改由正面論述，直述「貌醜」型兀者具獨特之魅力，丈夫、婦人甚至君王，皆難以抵擋。如哀駘它，雖爲「以惡駭天下」，但「丈夫與之處者，思而不能去也。婦人見之，請於父母曰『與爲人妻寧爲夫子妾』者，十數而未止也。」此外，闉跂支離无脤與甕㼜大癭雖形貌極其怪異，但靈公與桓公與其相處過後，不但敞開心懷接納，反視「全人，其脰肩肩。」所以能如此，並非兀者具有特異功能或特殊能力，僅是因其德使人心悅誠服罷爾。故唐君毅云：

> 唯莊子所言至德全德之人，其德充於內，而見於形骸，可藉任何殘缺不完之形骸而表現，而人亦更忘其形骸之異於人。又其德之感人，亦不在其表現爲愛人助人等一定之行，復不在其德之爲一定之德，而在其德之見於其人之態度中，即有一吸引人、攝住人之力量，以見其德之若爲一能涵攝一切特殊之德之全德、至德。此即德充符言德之特色所在也。〔註64〕

正如唐氏所云，至德者之內德可藉由任何的形骸表現出來，使人深受感動而忘其形骸之缺。然其德所以能感人，並非發而爲助人、愛人等行爲，乃是表現於與人相處之態度中，如王駘的「立不教，坐不議，虛而往，實而歸。」哀駘它的「未嘗有聞其唱者也，常和人而已矣。无君人之位以濟乎人之死，无聚祿以望人之腹。又以惡駭天下，和而不唱，知不出乎四域，且而雌雄合

---

〔註64〕 唐君毅：《中國哲學原論・原道篇弍》，頁373。

乎前。」若以一般世俗的觀點而論，兀者對於其他人並無實際的作為與貢獻，但仍能吸引群眾聚集，其因即如前所云，其德之感人乃是發而見於與人相處的態度中。

此外，即便是前述「殘疾」型的兀者，雖起初使外人驚駭、質疑、輕蔑，甚至指責，然而一旦與其接觸知其德後，往往一改高姿態而自覺慚愧，轉而虛心求教。其中便存著一個疑問，究竟莊子藉由「兀者」所開展的義理為何？所展現的境界又是如何？又與前節中「至人、神人、聖人、真人」等理想人格的義理與境界有何區別耶？

## 三、「兀者」的修養

在之前的行文中，為求論述上方便，逐將「兀者」依其所突出的特徵分作「殘疾」型與「貌醜」型，然而兩者間所共存之特徵皆在於「外在形骸上的缺陷」，而莊子藉「兀者」之形象所欲開展的理境究竟為何？依照《莊子》所論，各個兀者所彰顯的義理大抵如下：

1. 王駘：死生亦大矣，而不得與之變，雖天地覆墜，亦將不與之遺。審乎无假而不與物遷，命物之化而守其宗也。

2. 申徒嘉：吾與夫子遊十九年矣，而未嘗知吾兀者也。今子與我遊於形骸之內，而子索我於形骸之外，不亦過乎！

3. 叔山无趾：今吾來也，猶有尊足者存，吾是以務全之也。……天刑之，安可解！

4. 哀駘它：愛使其形者也。……形全猶足以為爾，而況全德之人乎！今哀駘它未言而信，无功而親，使人授己國，唯恐其不受也，是必才全而德不形者也。

5. 闉跂支離无脤、甕㼜大癭：故德有所長而形有所忘，人不忘其所忘而忘其所不忘，此謂誠忘。……有人之形，无人之情。有人之形，故羣於人，无人之情，故是非不得於身。眇乎小哉，所以屬於人也！謷乎大哉，獨成其天！

透過「兀者」所欲申說的義理看似繁多，然大抵不外乎「心齋」、「坐忘」之工夫，其中較特別之思想乃「才全而德不形」一語，即「才」、「德」、「形」三者間之關係，與其在個人身上的實踐。

## （一）才全

《莊子》中「德、才、形」所指爲何？而三者間又存在著怎樣的關係呢？我們便依語脈的順序，先探討「才」所指爲何，「才全」又表達了怎樣的義理？在《莊子》中，「才」字約十九見，暫且先不論〈德充符〉「才全而德不形」中「才」字之用法，於此外具有獨立意義者大底可分作兩類：一類專指「生而所有的材質」，另一類專指「後天所修得的才能」。就前者而言，所謂「生而所有的材質」乃意味著天賦的材質潛存於人之內，然尚未表現出來，因是「生而所有」，故知仰賴後天的努力亦是徒勞無功。如〈寓言〉中云：「莊子曰：『孔子謝之矣，而其未之嘗言。孔子云：「夫受才乎大本，復靈以生。」』」（〈寓言〉，頁953），「大本」乃「自然」之意，而才受乎自然，故知此「才」乃生而所有者，因之解作「材質」。而〈大宗師〉中云：「夫卜梁倚有聖人之才而无聖人之道，我有聖人之道而无聖人之才」（〈大宗師〉，頁252），此種「聖人之才」，即是專指先天所賦予、潛存於人內在的「成聖材質」，《莊子》原文中將「聖人之才」與「聖人之道」對舉，表達了若欲成聖，仍須賴「聖人之道」方足以成。可知此種「才」雖生而所有，然欲表現出來而爲實存的狀態，仍有待工夫之實踐。此外，〈列禦寇〉中云：「曰：『必且有感，搖而本才，又无謂也。』」（〈列禦寇〉，頁 1040）伯昏瞀人以爲列禦寇所以能使眾人樂於歸附，在於列禦寇展現出與眾不同的一面，其中「才」亦解作「材質」，「搖而本才」意味著生而所有的材質受到搖動〔註65〕。

就後者而言，此種「才」是經由後天學習所得之才能。當然，後天之學習除主觀的個人努力外，往往受限於外在環境與天生的材質，因此每個人皆有其才能上的限制。如〈人間世〉云：「汝不知夫螳螂乎？怒其臂以當車轍，不知其不勝任也，是其才之美者也。」（〈人間世〉，頁167），其中螳螂自恃其「才」之美，自以爲能力超卓，竟妄想以其臂擋車於道上，不知自己才能的限制。除有「自恃其才」而不知自己才之所限者，亦是有人深知自己才能之限，而知所進退，如〈庚桑楚〉云：「今吾才小，不足以化子。子胡不南見老子！」（〈庚桑楚〉，頁 779）庚桑楚自知才能之不足以化南榮趎，故薦之以老子。此外，亦是有人雖有才能，卻所用非途，如〈天下〉中所云：「惠施之才，駘蕩而不得，逐萬物而不反，是窮響以聲，形與影競走也。」（〈天下〉，頁1112）

〔註65〕《釋文》云：「『搖而本才』一本才作性。」郭慶藩：《莊子集釋》，頁1041。

莊子慨嘆惠施雖有才能，然卻將其才能用於名辯之上，所用非途也。上所列三例，「才」字皆作「才能」義，又由「才能」義可轉而用以形容人之「有才能」，如〈盜跖〉云「今先生，世之才士也」（〈盜跖〉，頁991）、「此聖人才士之行，而天下之願也。」（〈盜跖〉，頁993）、「子自謂才士聖人邪？」（〈盜跖〉，頁997），屢屢言及「才士」，即是在形容士人有才能。而〈天下〉中「才士也夫！」（〈天下〉，頁1080），亦同此用也。

　　合觀「才」字的兩種用法，雖然「生而所有的材質」是無法經由後天取得；但並非所有才能的取得皆須先擁有「生而所有的材質」，某些才能是可透過學習、實踐獲得者。而「生而所有的材質」與「後天所修得的才能」二者，在某種程度而言是相關連的。誠如前所言，人雖先天地被賦予某種能力，但僅為潛存之狀態，需經由學習、實踐方足以成為實存的狀態，而此時的「才」既可說是「生而所有的材質」，亦可謂「後天所修得的才能」。

　　既已明《莊子》中「才」之用法，則「才全」之「才」又屬哪一類呢？莊子藉仲尼之口，具體地解釋了「才全」：

> 死生存亡，窮達貧富，賢與不肖毀譽，飢渴寒暑，是事之變，命之行也；日夜相代乎前，而知不能規乎其始者也。故不足以滑和，不可入於靈府。使之和豫，通而不失於兌；使日夜无郤而與物為春，是接而生時於心者也。是之謂才全。（〈德充符〉，頁212）

「死生」、「存亡」、「窮達」、「貧富」、「賢不肖」、「毀譽」、「飢渴」、「寒暑」等八者，乃是「事之變」、「命之行」，即有其外在客觀之變化發展，更有主觀之命限存在，無法隨一己之私意與智慧去揣測改變，故郭象註云：「夫命行事變，不舍晝夜，推之不去，留之不停。〔註66〕」成玄英疏云：「故前之八對，並是事物之變化，天命之流行，而留之不停，推之不去，安排任化。」〔註67〕正因「知不能規乎其始者也」，一般人便易受此八者影響，或是汲汲於追求富貴名利，或是求長生不死，更甚者以此傷害內在的心緒。而所謂「才全」者，即是對「事之變」、「命之行」能夠達「不足以滑和，不可入於靈府。使之和豫，通而不失於兌；使日夜无郤而與物為春，是接而生時於心者也。」之境界。唐君毅云：

> 才全者即於「事之變命之行，不足以滑和，不可入於靈府，日夜無

---

〔註66〕郭慶藩：《莊子集釋》，頁213。
〔註67〕郭慶藩：《莊子集釋》，頁213。

郤，而與物爲春」。此指不以外物之變，而失其內在之靈府之和之言
也。〔註68〕

才全者無異於一般人，仍需面對「事之變」、「命之行」，然其態度卻與一般人
迥異。才全者因修德之厚，故能「不足以滑和，不可入於靈府」。所謂「靈府」，
郭象以爲「靈府者，精神之宅也。」〔註69〕成玄英亦謂「靈府者，精神之宅，
所謂心也。」〔註70〕由二人之論可知「靈府」即是精神之宅，成玄英更直謂
其爲「心」，即莊子所謂「使其形者也」。靈府本然之狀態爲「沖虛平和」，然
一般人受「事之變」、「命之行」之影響，便破壞了靈府的本然狀態。才全者
雖同面對「事之變」、「命之行」，但卻能不以此攪亂靈府之本然狀態，即唐氏
所謂「不以外物之變，而失其內在之靈府之和之言也」。莊子由此詮解「才全」，
故可推知「才」字顯然是屬「生而所有的材質」義。《莊子》思想特重「自然」
義，以爲人世間的種種造作會破壞人所本有之「自然」，所本有之「才」，故
莊子思想所務求者，即在如何使本有的「才」順適發展，故知「才全」之「才」，
是專指「本有先天的才能」。而「才全」即是「全才」，乃是人保全其先天潛
存的才能、材質，不爲外物所傷的境界。陳鼓應即云：

> 「才全」是說人的天性不受外物的戕傷而得到完備的保存和發展。
> 人生在世，死生、存亡、窮達、富貴，賢與不肖、毀譽、飢渴、寒
> 暑等等外在因素的影響總是難免的，但人不應受它們的左右而以物
> 喜以己悲。只有看清這些外界變化都不過是運命的流行，正如晝夜
> 輪轉一般，人的知見是無法窺視它們的起始的，才不至於被它們擾
> 亂本性的寧靜平和，不讓外界的變化侵入「靈府」；這樣，心靈就會
> 與外界產生和諧的感應（「和」），心情就會無比愉悅（「豫」），心胸
> 就會流暢通達（「通」），永遠保持一種春和之氣。這便是道家所主張
> 的達觀的人生觀和安逸自得的人生態度，是「才全」的眞正涵義所
> 在。〔註71〕

陳鼓應以爲「才全」之意涵，是人的天性不受外物的戕傷而得到完備的保存
和發展，乃道家所主張之達觀的人生觀與安逸自得的人生態度。兀者中除哀

---

〔註68〕唐君毅：《中國哲學原論・原道篇弌》，頁 374。
〔註69〕郭慶藩：《莊子集釋》，頁 213。
〔註70〕郭慶藩：《莊子集釋》，頁 213。
〔註71〕陳鼓應：《老莊新論》，頁 183～184。

駘它已臻此境界外，仲尼謂王駘：「死生亦大矣，而不得與之變，雖天地覆墜，亦將不與之遺。審乎无假而不與物遷，命物之化而守其宗也。」同樣亦是在論述王駘能超脫「事之變」、「命之行」，不使其內傷靈府而「守其宗」，即「才全」之境界也。申徒嘉自陳：「知不可柰何而安之若命，唯有德者能之。遊於羿之彀中，中央者，中地也；然而不中者，命也。」對客觀事物之發展與命限的存在，知其不可改，故唯有安之若命，不內傷其靈府之平和。叔山无趾亦自謂「今吾來也，猶有尊足者存，吾是以務全之也。」想必叔山无趾所以爲「尊足」而欲「務全」者，必不是外在形骸之全，而是內在靈府之全也。

　　總言之，莊子「才全」之「才」，乃是屬「生而所有的材質」義，而「才全」即是「全才」，即人保全其先天潛存的才能、材質，不爲外物所傷的境界。所謂「外物」特指「事之變」、「命之行」一類外在客觀的事物與命限，若能臻「才全」之境，便能不爲其所傷，常保內在靈府的平和。

## （二）德不形

　　「德不形」中，「德」與「形」所指又爲何呢？以下先將其原文引出：

> 平者，水停之盛也。其可以爲法也，內保之而外不蕩也。德者，成
> 和之脩也。德不形者，物不能離也。（〈德充符〉，頁214～215）

《莊子》中之「德」字意涵極爲豐富，底下不妨先就諸家之說看起。徐復觀釋「德」字云：

> 〈內七篇〉中的德字，實際便是性字。因爲德是道由分化而內在於
> 人與物之中，所以德實際還是道；因此，便可以說「通於天地者德
> 也」。[註72]

徐氏直接將〈內篇〉中之「德」字與「性」字劃上等號，明顯地偏向「先天義」。然而「德不形」中之「德」字雖可有「先天義」，但由「德者，成和之脩也」一語可知，其除強調了先天之德，亦重視後天之實踐，故此「德」字亦含有「實踐義」。而徐復觀論「德」字時不免有「以偏蓋全」之病。

　　陳鼓應釋「德」字云：

> 〈德充符〉──道德充實（圓滿）的驗證。此處的「德」是指「得」
> 於道──體現大道精神之謂，它不同於儒家所講的限於特定的人倫
> 關係的行爲規範，而是由人際關係擴展到人與自然的關係，將人置

---

於廣大的宇宙自然之中，以體現宇宙人生的根源性、整體性和規律
性。能夠認識宇宙的規律性、無限性以及人與自然之間的不可分割
的整體性的人，就是有「德」之人。〔註73〕

陳氏乃就境界言此「德」，以爲「德」即「得」，乃得之於道者，即體現了大
道之精神。並進一步區別此「德」字不同於儒家，是由人際關係擴展到人與
自然的關係，並體現天人間之關係者。

高柏園釋「德」字云：

「才全而德不形」之德，乃是以和言之，……就莊子而言，聖人能
有此境界，實乃在其心之德——虛靜而已。唯其虛靜，是以能使之
和豫，而不失於兌，而物不能離。當然！此虛靜乃是由心之修養工
夫所顯之境界，因此，德乃屬於心，乃心之虛靜而止。既能虛靜則
能無執、能齊物，而才質之差異即可被超化，而無才不全，是以即
可取消才字其獨立之意義。〔註74〕

高柏園乃由「心」上言此「德」，強調了心之「和」與「虛靜」，此虛靜必是
由心之修養工夫所顯之境界。故知此「德」字必然隱含著「工夫義」。

透過上述三人之說，對於「德」字之已有概略性之瞭解。而所謂「形」
又該作何解耶？依陳政揚所言可分作「形體」、「現形」二義〔註75〕。就「形
體」義而言，是爲名詞的用法，專指外在形軀而言，前面已分析兀者或爲斷
足、或是貌醜，於形體上皆有缺陷。然而這些人面對自己外在形骸的缺陷，
並無任何的不滿、怨懟，反倒「視喪其足猶遺土也」，所謂「猶遺土」，並非
眞將斷腿當作失落的土塊，而是於心態上將斷足視如失落土塊般不值得掛
心。易言之，兀者已超越形骸的限制。此種超越，並非單純地自以爲無視其
斷足即可，必須經由工夫的實踐以達此境界。而亦唯有能超越形軀限制的兀
者，才可「視喪其足猶遺土也」。若就「現形」而言，則當作動詞之用法，表

---

〔註73〕陳鼓應：《老莊新論》，頁181。陳鼓應又云：「〈德充符〉篇，主旨在于破除外
　　　　形殘全的觀念。而重視人的內在性，……能體現宇宙人生的根源性與整體性
　　　　的謂之『德』。有『德』的人，生命自然流露出一種精神力量吸引著人。」《莊
　　　　子今注今譯》，頁169。

〔註74〕高柏園：《莊子內七篇思想研究》，頁157。

〔註75〕陳政揚云：「形」有「形體」、「現形」之義，作爲「形體」義時，一方面陳述
　　　　「人」與「他者在外貌上的不同，一方面也表達有形生命的種種限制（生、
　　　　老、病、死）；作爲「現形」義時，則有將內在於人的種種特質表現於外在形
　　　　體上的意思。」〈莊子的治道觀〉，《高雄師大學報》第十六期（2004），頁173。

示內德充實者，不顯露於外在。既不顯露於外，進一步可推知，有德者可藉由任何之形軀呈顯，並非一定爲形全者，即便是形殘者，亦無礙其內德。

　　對於「德」、「形」二字已初步分析完畢，緊接著便順章句討論「德不形」之意涵。莊子首先云：「平者，水停之盛也。」以「水平」喻解有德者之心，可作爲天下之法度，然其卻「內保之而外不蕩也」。內心保持如止水般之平靜，而「不蕩」所指爲何？唐君毅云：

> 德不形，則指「內保之，而外不蕩也」。此不蕩，即〈人間世〉不蕩
> 乎名之旨。德不蕩乎名，則德恆存乎其人；而人與之相接，即與其
> 德相接，而不能離。〔註76〕

依唐氏之說，「不蕩」即「不蕩乎名」之意。表示有德者不爲外在世俗之名聲所擾，無論外在對其評價如何，其內心皆如止水般平靜。接著又謂「德者，成和之脩也。」說明藉由後天實踐保有其先天之德，故知此德不唯有「先天義」，更重視「實踐義」。最後，以「物不能離」釋「德不形」。所以能「物不能離」，乃因有德者乃以德與他人相接，但此德又不顯露於外，自然使人樂於接近而不能離。高柏園云：

> 莊子以「物不能離」釋「德不形」，則此德顯然爲一全德而爲天地萬
> 物所依止者。〔註77〕

萬物皆依止於此「全德」之人。而陳鼓應總論「德不形」，曰：

> 所謂「德不形」，就是說德不外露，內心保持極度的靜止，去凝聚生
> 命的力量，以包容萬物，不爲外境所搖蕩（「內保之而外不蕩也」）。
> 這種追求內在生命的充實、圓滿，是道家最爲推崇的極絕美的修養
> 境界——「德」。有「德」而並不看重外在的表現形式，才是最最完
> 美的「德」。〔註78〕

陳氏之說正可總結「德不形」之意。「德不形」約有四種特點：「可以爲法也」、「內保之而外不蕩」、「成和之脩」、「物不能離」。而此「德」當就「心」上言，表達了最高之修養境界。進一步又可推知，有德者不重外在形式之表現，故無論何種形軀皆無礙其內德。

　　而就「才全」與「德不形」二者而言，是否有差別？就境界而言，二者當可相通。鍾泰云：

〔註76〕唐君毅：《中國哲學原論・原道篇弍》，頁374。
〔註77〕高柏園：《莊子內七篇思想研究》，頁154。
〔註78〕陳鼓應：《老莊新論》頁184。

> 「才全」即德全。易「德」曰「才」者，以接云「德不形」，不可用
> 兩德字，故不得不變其文也。〔註79〕

鍾泰以為「才全」即「德全」，因不可連用兩「德」字，故改其字。自然鍾泰
以此證二者相同不免有些牽強。但確實提供了純就字面上看法。高柏園則就
「境界」之角度說明兩者是相同者：

> 蓋才全之為全，即在其為不形，唯其德不形始足以全其才，唯其才
> 全始足以顯其德之不形，才全與德不形不過是同一個境界的二種不
> 同表示罷了。〔註80〕

高柏園就義理之角度，以為兩者是同一個境界的二種不同表示，而能夠達「才
全而德不形」者，即可「德有所長而形有所忘」，此「忘」自然不是對形骸之
否定，乃是「作用地保存」，透過「德」之保證，超越形軀之限制。宋邦珍云：

> 莊子在〈德充符〉所言「德有所長、形有所忘」，已經從美的層次跳
> 入善的層次，換言之，是把形式美的範疇轉化到倫理美、德性美的
> 範疇。這不是純粹的客觀形式的欣賞。從外在美的重視躍昇到內在
> 美的重視，對德性的修養還是莊子思想所堅持的。「以醜為美」的心
> 理特徵是需要時間的累積，慢慢的欣賞他的內在美，自然忘卻外在
> 的醜陋，而且這是超功利的。莊子的審美特徵還是以心為出發點去
> 思考，這顆心是自由無限的，這是主體性的思考方式，是中國美學
> 思想的特徵。〔註81〕

其由美學思想詮釋「德有所長形有所忘」，以為此由「心」出發，乃「從美的
層次跳入善的層次」，提供另一種思維之方式。

## 四、「兀者」的象徵

《莊子》中所以出現「兀者」一類人物，大抵用心在於：

### 1. 對弱勢族群之人道關懷

前已分析兀者所處之客觀環境，一般人對於兀者之態度多半不佳，而莊
子特意標舉「兀者」，並明其內在之德不亞於有德者，充分顯示出莊子對弱勢
族群的關懷。

---

〔註79〕鍾泰：《莊子發微》，頁121。
〔註80〕高柏園：《莊子內七篇思想研究》，頁155。
〔註81〕宋邦珍：〈莊子思想「以醜為美」的審美特徵〉，《中國國學》第26期（1998.11），
　　　　頁112～113。

### 2. 展示「才全而德不形」的理境

莊子由兀者外形之特異，引起一般人注意，接著在反顯出兀者內在的精神境界，以說明「才全而德不形」之理境。

### 3. 肯定理想人格達成的普遍性

一直以來，學者對於莊子成聖是否具普遍性多所疑慮，然若由《莊子》中兀者之角度觀之，此問題自可迎刃而解。正如高柏園云：「莊子由此一方面保住人當下成道的可能，也肯定了人人皆可成聖之平等性。因此，兀者的提出與超越無異是對人間痛苦之自覺與超越，從而創造一理想之世界，此即莊學的理想性所在。」〔註82〕

總而言之，《莊子》書中所以出現「兀者」這類型的人物，首先可以推測者，乃是莊子義理內部的需求，由第二章中已明《莊子》全書的語言風格及思想表達方式，不脫「詭辭為辯」，藉由「荒唐之言、無端崖之辭」，弭平世俗對事物既成的標準，而達所謂眞平等的境界。而藉由世人所懷疑、輕視的兀者展現出至高的工夫境界、內在之德，以別於一般人既成的是非觀念，從而達齊物的概念。此外，莊子所以刻意安排此類人物進入其思想中而為主角，想莊子對於這類人必定是懷有「人道關懷」，而不因其外型的缺陷，否定了他們逍遙齊物的可能。

## 第三節　理想人格間之關聯

於第二節中已分別針對「至人」、「神人」、「聖人」、「眞人」四者之工夫與境界論說，若將四種理想人格相互比較，似乎每種理想人格皆有其較其他三種理想人格突出之一面，而本節將進一步探討此四者間之關聯。誠如前言所云，四者間是為「橫列式」的關係，亦或是「縱列式」的關係？歷來學者皆有各不同之說法，概括言之，大抵可分作三類：

## 一、同一說

以為各理想人格所指者為相同的生命，僅是其面向不同罷了，如成玄英於「至人无己，神人无功，聖人无名」下疏云：

　　至言其體，神言其用，聖言其名。故就體語至，就用語神，就名語

---

〔註82〕高柏園：《莊子內七篇思想研究》，頁151。

聖，其實一也。詣於靈極，故謂之至；陰陽不測，故謂之神；正名
百物，故謂之聖也。一人之上，其有此三，欲顯功用名殊，故有三
人之別。〔註83〕

依成疏可知，其認爲莊子所以區別出「至人、神人、聖人」乃是就「體、用、
名」三種不同之面向而論，其實三者所指爲一。易言之，至人、神人、聖人
所指乃是同一生命，並無層次高低之別，所以分出三者，僅是爲了顯其「體、
用、名」不同之面向。另外，牟宗三先生亦云：

道家以聖人無名，至人無己，神人無功並列（〈逍遙遊〉）。三者實非
等位差別，而是生命形態的不同表現。至人所達的無己境界，是渾
忘物我，無彼是對立依待；神人所達的無功，是妙用無方，天機自
張，運任於自然，功化顯渾化的道術，在去礙的觀照下，一切浮動
止息。至於聖人無名，郭象注謂：「聖人者，物得性之名耳，爲足以
名其所以得也。」意指聖人博物羣分，使物因其性而得恰當之名，
但無以名位榮耀加諸聖人，故聖人得無名之名。〔註84〕

牟先生亦以爲無名之聖人，無己之至人與無功之聖人僅是生命形態的不同表
現，而其所指爲一相同之生命者，而稱謂所以不同，僅在於表現其不同之生
命形態。

陳政揚云：

莊子所言諸人之間雖可有所分別，但是卻並非在境界上有層次高
低，而實是就理想人格的不同面向所做的描寫。……之所以會另立
至人、眞人、神人、天人及聖人之名，是因爲各自描述、側重的方
向、角度不同，所以有不同的面貌。因此，並不是說此數者實有境
界高低之別，或爲不同種人。〔註85〕

其同意理想人格間並非有境界層次之高低，所以另立至人、眞人、神人、聖
人等名，不過是因各自描述、側重的方向、角度不同。

譚宇權分析聖人、神人、至人異同時，以爲其相同在於：

（1）最大的相同點是：三種人都是能悟道的人。但這個「道」絕
不是儒家的道，而是形上的無爲之道。

---

〔註83〕郭慶藩：《莊子集釋》，頁22。
〔註84〕牟宗三講述，陶國璋整理：《莊子齊物論義理演析》，頁159～160。
〔註85〕陳政揚：《孟子與莊子內聖外王研究》（台中：東海大學哲學研究所博士論文，
　　　　陳榮波先生指導，2002），頁139。

（2）其他重要的相同點包括都能超越世俗的名利和仁義之爭。〔註86〕

其首先由「道」之觀點分析理想人格，以為其最大之相同點在於其所悟之道乃道家形上的無為之道，非儒家之仁道。其次，由工夫立論，說明理想人格皆能超越世俗的名利和仁義之爭。

綜而言之，持此說者大抵皆以為理想人格雖有不同之異稱，然僅是所述之面向不同，其境界並無高下之別。

## 二、層次說

以為「至人」、「神人」、「聖人」、「真人」四者間有高低層次之別，如吳怡云：

> 在《莊子》書中，真人、至人、神人，是同一層次的理想人物，而
> 聖人則稍低一層次。〔註87〕

吳怡則認為聖人之層次低於「真人、至人、神人」。

而《莊子》中，所以理想人格間之關聯會產生歧異且對立的理路，崔大華將其歸因於「《莊子》一書絕非成於一時一人之手」。其言云：

> 這一矛盾不是二律背反的理性思辨性質的矛盾，而是一種客觀地存
> 在於《莊子》中的兩種理論事實之間的矛盾，它是莊子學派或莊子
> 思想在先秦的歷史發展中前後期理論觀點發生演變的反映，在這裡
> 存在著可以清晰地分辨莊子和他的後學在思想上差異的兩個判別
> 點：境界的如何劃分和「聖人」是否屬於最高境界。〔註88〕

崔氏以為《莊子》一書乃是莊子及其後學所作成，由對理想人格間之關聯認定的矛盾，可表現莊學一派前後期理論觀點之異，並凸顯出其判準點在「境界的如何劃分」與「聖人是否屬於最高境界」二點上。而上所謂的「同一說」，乃是反映莊子學派早期的，也就是莊子本人的觀點，其言云：

> 第一，「聖人」本來是儒家思想中的一個人格概念，……「聖人」是
> 儒家倫理道德思想中最高的道德境界。莊子把它借移過來，加以改造
> （「聖人无名」），成為自己人生哲學思想中具有和「至人」、「神人」
> 同義的理想人格。這一情況正反映了早期莊學和儒學的關係，即一方

---

〔註86〕譚宇權：《莊子哲學評論》（台北：文津出版社，1998.6 一刷），頁 146。
〔註87〕吳怡著：《新譯莊子內篇解義》，頁 245～246。
〔註88〕崔大華《莊學研究》，頁 154。

面把它作爲批評對象，另一方面又常以它爲理論背景和觀念淵源。第
二，莊子也正是把人的精神境界分爲兩種：無待和有待。〔註89〕

崔氏以爲莊子乃借用儒家之「聖人」，並將其與至人、眞人等理想人格並列，
同指向一超越人生困境、超越世俗的精神境界。而此現象正反映了早期的莊
學與儒學處於「相互對立」又「相互影響」的關係上。此外，不同稱謂的理
想人格既然精神境界、層次相同，則人的精神境界僅分作「有待」、「無待」
兩類，即「理想人格」、「眾人」之別。

至於「不同說」，則可能是先秦莊學後期，也就是莊子後學的觀點。其云：

第一，在莊學後期，莊學有了自己的觀念體系，莊學和儒學在理論
上除了開始有相互影響的關係外，相互對立的關係顯然是主要的，
莊子後學把自己觀念體系中的理想人格（「神人」、「至人」、「天人」、
「全人」）置於儒家理想人格（「聖人」）之上，也是很自然的了。第
二，如後面還要論及的那樣，後期莊學具有明顯的入俗傾向，這種
生活態度的改變，使後期莊學不再簡單地把人生境界分爲「無待—
—有待」，即「聖人——眾人」兩種境界，而是具體地審視和描述了
人世各種不同的生活情境或生活方式，認爲它們一方面是各自獨立
的精神境界，另一方面又共同構成了多層次的人生精神環境。〔註90〕

崔氏標舉出兩點，首先以爲莊學後期有自己之觀念體系，並將其體系中的理
想人格——神人、至人、眞人等——凌駕於儒家的理想人格——聖人——之
上。此外，後期莊學因具明顯之入俗傾向，故具體地審視和描述各種不同人
生境界，因而主張不同稱謂的理想人格分別代表各自獨立的精神境界。易言
之，人的精神境界就不再僅是分作「理想人格、眾人」二類，而共同構成了
多層次的人生精神環境。

譚宇權分析聖人、神人、至人異同時，以爲其相異在於：

（1）聖人雖然已經是得道的人，但他確實未曾達到莊子之人生的最
　　　高境界。

（2）神人是指精神與肉體都能超脫現實，而接近至人的人。

（3）至人是完全忘了自己的存在，而達到「无何有之鄉」的人。吾
　　　人今以莊子在〈逍遙遊〉篇的形容，就可證明此點；他道——

〔註89〕崔大華《莊學研究》，頁154～155。
〔註90〕崔大華《莊學研究》，頁155～156。

「至人無己，神人無功，聖人無名。」換言之，聖人祇能做到
不爲名利的地步。神人也祇能做到不求成功的地步。但至人除
能達到聖人與神人的層次外，還到達一個全忘了自己存在的，
而入「无何有之鄉」的境界。可見至人可說是聖人之中的聖人，
或神人中的神人。〔註91〕

其以爲唯「至人」方達莊子之人生的最高境界，「聖人」與「神人」皆有所虧
欠。

綜而言之，持此說者綜合比較各種理想人格，找出各種理想人格之虧欠
處，以此排列其境界之高下。而崔大華亦對理想人格內涵之分歧提出一套見
解。

## 三、綜合說

唐君毅先生於《中國哲學原論‧原道篇弍》云：

循此以觀莊子之學中人求爲至人、真人、神人、天人、聖人之義，
則似首當知此諸人之名，異竟指一種人，或有高下之不同種類之
人。……至莊子他篇如大宗師之言真人，德充符之言至人，逍遙遊
之言聖人、神人、至人三者，自其於儒墨之聖人之外，別出至人真
人神人之名而言，則見其有視至人真人神人更高於聖人之意。然逍
遙遊言「至人無己，神人無功，聖人無名」，亦可說是一種人，就其
無己而言爲至人，就其無功而言爲神人，就其無名而言爲聖人。大
率後之郭象注莊，則重言聖人神人至人只是一種人，道教之徒則言
真人神人在聖人上。吾則以爲二者皆可說，莊子實兼具二旨。然莊
子之必就其理想之人之德，而別出至人神人等名，以名之，則正可
見莊子之重人之德，而又不自足於儒墨所言之聖人之德也。〔註92〕

由上引文可知，唐先生以爲莊子思想中，無論以「至人、真人、神人」高於
聖人，而有層次高低之別，抑或是視「至人、真人、神人」爲同一生命，皆
通於莊子思想。而莊子所以於聖人之外別立至人、神人等名，乃是因其不以
爲其他諸家藉由聖人所論說之生命境界爲圓滿之故。

---

〔註91〕譚宇權：《莊子哲學評論》，頁 146～147。
〔註92〕唐君毅：《中國哲學原論‧原道篇弍》，頁 348～349。

## 四、圓融說

### （一）就章句之關聯性而言

上述諸說，究竟何者較近於莊子之本意呢？首先，在〈齊物論〉中對至人之描述，似與〈逍遙遊〉中之神人相似，其云：

> 至人神矣！大澤焚而不能熱，河漢冱而不能寒，疾雷破山〔飄〕風振海而不能驚。若然者，乘雲氣，騎日月，而遊乎四海之外。死生無變於己，而況利害之端乎！（〈齊物論〉，頁96）

此處至人「乘雲氣，騎日月，而遊乎四海之外」正與神人之「乘雲氣，御飛龍，而遊乎四海之外」相似。其中除了第二句，一爲「騎日月」，一爲「御飛龍」外，二者皆「遊乎四海之外」，即至人、神人皆能逍遙於四海之外。依此，可謂至人與神人並無區別。易言之，莊子思想中，所謂至人、神人，僅是稱謂上有所區別，但究其實，其所指之人格內涵相同。

其次，所謂「大澤焚而不能熱，河漢冱而不能寒，疾雷破山〔飄〕風振海而不能驚」之至人，又與「入水不濡，入火不熱」之眞人相似，眞人與至人皆能超越形軀之限制，故對於外在自然界中的水、火能無動於心。此外，至人的「死生无變於己」亦類於眞人「不知說生，不知惡死」，二者皆能超越對生死之見，與時爲變，故無所謂的「好惡」也。究此二點，可謂至人與眞人之內涵相同，其所異者，唯在於稱謂之不同。

再者，〈大宗師〉中「故聖人之用兵也，亡國而不失人心；利澤施乎萬世，不爲愛人」一段，察其前、後文皆是在敘述眞人之內涵及境界，按文脈而言，此句應作「故眞人之用兵也」，而非作「故聖人之用兵也」。何以於其間突插入一段關於聖人之描述呢？

當莊子論及外王事業時，多以「聖人」稱之，如：〈逍遙遊〉中「堯讓天下於許由」一文，即是論述「聖人无名」，而〈應帝王〉中云：「夫聖人之治也，治外乎？正而後行，確乎能其事者而已乎。」亦是論外王之事業。而莊子對於眞人之論述側重於理想人格之內在，較不涉及外王之事業〔註93〕。由此便可推知，莊子所以改「故眞人之用兵也」爲「故聖人之用兵也」，實因「用

---

〔註93〕李治華云：「……而其中莊子將『眞人之用兵』（因有『故』字），改爲『聖人之用兵』，即用於『外王』時，以『極聖』代替『眞人』之一明證。」〈莊子之──聖人、眞人、至人、神人及天人的層次新論〉，《人文及社會學科教學通訊》，七卷五期，頁92。

兵」乃涉及外王事業，按〈內篇〉之用法，每當語及外王之事便以「聖人」
稱之，故此改「眞人」爲「聖人」。易言之，眞人與聖人所以能相互替換，乃
因二者層級相同，唯其所展示之面向不同，一爲側重理想人格的內在，一則
側重外王之事，然二者並無層級之別。

綜上所論，至人、神人、聖人、眞人當指同一層次的生命境界，並無高
低之分。但〈逍遙遊〉一文中云：

> 故夫知效一官，行比一鄉，德合一君而徵一國者，其自視也亦若此
> 矣！而宋榮子猶然笑之。且舉世而譽之而不加勸，舉世而非之而不
> 加沮，定乎內外之分，辯乎榮辱之境，斯已矣。彼其於世未數數然
> 也。雖然，猶有未樹也。夫列子御風而行，泠然善也，旬有五日而
> 後反。彼於致福者，未數數然也。此雖免乎行，猶有所待者也。若
> 夫乘天地之正，而御六氣之辯，以遊无窮者，彼且惡乎待哉！故曰：
> 至人无己，神人无功，聖人无名。（〈逍遙遊〉，頁16～17）

有些學者對於「至人无己，神人无功，聖人无名」中之「至人、神人、聖人」
之境界高低有所爭議，如李治華即謂：

> 宋子、列子、遊无窮者，恰分別合於無名、無功、無己。〔註94〕

按李治華之意，「宋榮子、列子，遊无窮者」恰合於「無名、無功、無己」。
首先，宋榮子對於「德合一君而徵一國者，其自視也亦若此矣」者，「宋榮子
猶然笑之」，此即表示宋榮子已然超越「世俗有德而執著於德之名者」的層次，
對於世俗之「非、譽」不動於心，而所謂「於世未數數然」，即示意著宋榮子
已超越了對世俗名聲的牽掛，達「聖人无名」之境，但「猶有未樹也」。而列
子「於致福者，未數數然」，表示列子超越了宋榮子，不汲汲於求福，已達「神
人无功」之境，但「猶有所待者」，但仍需作「無己」之功夫，方可達「至人」
之境。唯「乘天地之化，而御六氣之辯」者，方能「遊无窮」，才能夠無所依
待，達「至人无己」之境。若按此解「至人、神人、聖人」，則「至人」爲最
高者，「神人」次之，「聖人」最低。然「聖人」於內七篇其他處所揭示者乃
是一至高之境，如上節中所論的「聖人」必藉「心齋坐忘」的工夫方可達到
之境，並非如李治華所言聖人僅是「無名」，未達「無功、無己」之境。其實
本章句自「故夫知效一官」至「此雖免乎行，猶有所待者也。」所展示者爲

---

〔註94〕李治華：〈莊子之──聖人、眞人、至人、神人及天人的層次新論〉，頁90～
91。

一昇進的境界，乃是「有待」的境界，而「若夫乘天地之正，而御六氣之辯，以遊无窮者，彼且惡乎待哉！」則在楬櫫一「無待」的境界。而「至人无己，神人无功，聖人无名」則在重申此一「無待」境界的不同面向。故可知李治華所解有誤也，其實至人、神人、聖人、眞人當指同一層次的生命境界，並無高低之分。

### （二）就工夫境界而言

在第二節中就工夫境界分析至人、神人、聖人、眞人，雖其中所突出之面向有別，但皆就對治「自然生命的紛馳」、「心理的情緒」、「意念的造作」三大類人生困境立論，並無區別，故理想人格之內涵與境界當無高下之別。

### （三）就圓滿生命指向而言

若是就莊子圓滿生命指向而言，則各理想生命所指者當爲一，由於基於「齊物」之精神，莊子之「道」並無一絕對的標準，當個體能由生命的桎梏中超拔而出，那麼無論其所顯之形象爲何，莊子皆視其爲體道者，故不論至人、神人、聖人、眞人所顯之形象不同，只要其能由生命之桎梏超拔而出，其便無分層次而皆爲體道者。

既然如此，何以莊子需以如此多種類之稱謂來指涉同一生命？此可由莊子對最高理想人格之反思而論，莊子必意識到設立一最高理想人格，可能對於個體生命產生侷限有所省思，遂借多種之稱謂以避免常人的執著，此點正符合道家之精神。道家自老子起即爲了反對儒家虛僞之禮法而立論，而老子思想中所謂的「道」並無一定之準則及定名，故云：「道可道，非常道，名可名，非常名。」而所以稱之爲「道」亦不過是「吾不知其名，字之曰道。」而老子爲避免人執定於「道」之名，又曰：「強爲之名曰大，大曰逝，逝曰遠，遠曰反。」〔註95〕而此莊子亦爲避免常人之執定，如其云：

> 夫道，有情有信，无爲无形；可傳而不可受，可得而不可見；自本
> 自根，未有天地，自古以固存；神鬼神帝，生天生地；在太極之先
> 而不爲高，在六極之下而不爲深，先天地生而不爲久，長於上古而
> 不爲老。（〈大宗師〉，頁246～247）

莊子以爲道非空無一物，乃是有其實際、有其徵驗者，但其本身不屬於現象，故「无爲无形」。對於其情狀，僅能以心傳相印證而不能領受之，祇可默會之

---

〔註95〕樓宇烈校釋《老子周易王弼注校釋》，（台北：華正，1983.9），頁63～64。

而不能目視，故云「不可受」、「不可見」。即無法由客觀面將以定名，因而體道者之生命境界亦是無法定名，但為了傳達之便，不得不主觀地立定一名以方便言說，然又懼世人執定某一名，以為體道者僅是如此，故更進一步根據體道者之不同面向而立不同之名，以化除世人對某一名的執著。此正如前述老子所謂「強為之名曰大，大曰逝，逝曰遠，遠曰反。」而牟先生以為所謂「反、遠、逝、大」乃是在遞相救，「遞相救即遞相遮，不滯不執，而求道以盡其極也」〔註96〕。而莊子理想人格中所謂「至人、神人、聖人、真人」亦有「遞相救」之意味。但因《莊子》全篇採描述的講法，異於老子分解的講法，故無形式的邏輯關係，亦無概念的辨解理路〔註97〕，難以釐清四者遞相救的順序，但無疑的「至人」、「神人」、「聖人」、「真人」乃同一層次，共同指稱最高理想人格的不同面相。

# 第四節　小結

　　第二節中，首先透過「理想人格工夫分類表」對至人、神人、聖人、真人等理想人格進行「量化」之比較，由此得知：

1.「至人」偏向對治「人我的互傷」與「物我的相刃」。

2.「神人」偏向對治「事功的滯累」。

3.「聖人」偏向對治「成心的囿限」。

4.「真人」偏向對治「自然生命的紛馳」。

接著就其突出之面向進行義理之分析：

1. 莊子論「至人」時，突出「人我的互傷」與「物我的相刃」二面，強

---

〔註96〕 牟宗三云：「大而不大，逝而不逝，亦大亦逝，非大非逝。亦唯是一冲虛之玄德。以逝救大，以遠救逝，以反救遠。遞相救即遞相遮，不滯不執，而求通以盡其極也。此言大言逝言遠言反之意也。亦皆『稱謂』之詞也。」《才性與玄理》，（台北：台灣學生書局，2002.8），頁152。

〔註97〕 牟宗三云：「二、表達之方法有異：老子採取分解的講法，莊子採取描述的講法。分解地講之，則系統整然，綱舉目張。種種義理，種種概念，皆連貫而生，各有分際。……至於莊子，則隨詭辭為用，化體而為一。其詭辭為用，亦非平說，而乃表現。表現者，則所謂描述的講法也。彼將老子由分解的講法所展現者，一起消融於描述的講法中，而芒忽恣縱以烘託之，此所謂表現也。芒忽恣縱以烘託之，即消融於『詭辭為用』中而顯示之。……此中之卮言、重言、寓言，即是描述的講法。並無形式的邏輯關係，亦無概念的辨解理路。」《才性與玄理》，頁175～176。

調不以我之「價值觀」強加於他人、他物之上，尊重他人、他物之個別性、殊異性，以求人我、物我間能互不傷也。

2. 莊子論「神人」時，強調其施功化於人間時能夠不著痕跡，而一切生命之本然狀態遂能於其功化下存而不失也。故知莊子論神人時，側重其功化之一面。

3. 莊子論「聖人」時，若順「聖人无名」一語詮釋，則表達了聖人超脫於世俗之名聲地位，不爲外在價值觀影響內在心境之平和。然其中一部份之「聖人」又在對治「意念的造作」，以求「天鈞」、「兩行」之境界。而又有一部份之「聖人」說明了治平天下之法。

4. 莊子論「眞人」時，強調「墮肢體，黜聰明，離形去知，同於大道。」之「坐忘」工夫，藉由「坐忘」剝落人對形軀、心知之執，而超越形軀及心知之限制，與物相感通，交互作用，達到與大道通而爲一的境界。

第三節中將「兀者」提出討論，以明「兀者」於《莊子》書中之功用。首先，「兀者」依莊子可分作二大類：「殘疾」與「貌醜」兩大類，其共同之特徵在於外在形骸之缺陷。莊子藉由「兀者」之形象展開「才全而德不形」之理境。

## 一、才全

表達「才全」之「才」，乃是屬「生而所有的材質」義，而「才全」即是「全才」，即人保全其先天潛存的才能、材質，不爲外物所傷的境界。所謂「外物」特指「事之變」、「命之行」一類外在客觀的事物與命限，若能臻「才全」之境，便能不爲其所傷，常保內在靈府的平和。

## 二、德不形

「德不形」約有四種特點：「可以爲法也」、「內保之而外不蕩」、「成和之脩」、「物不能離」。而此「德」當就「心」上言，表達了最高之修養境界。進一步又可推知，有德者不重外在形式之表現，故無論何種形軀皆無礙其內德。

而「才全」與「德不形」兩者是同一個境界的二種不同表示，而能夠達「才全而德不形」者，即可「德有所長而形有所忘」，此「忘」自然不是對形骸之否定，乃是「作用地保存」，透過「德」之保證，超越形軀之限制。

又據《莊子》中所以出現「兀者」一類人物，大抵用心在於：

1. 對弱勢族群之人道關懷。

2. 展示「才全而德不形」的理境。

3. 肯定理想人格達成的普遍性。

第四節中，綜合地分析理想人格間之關聯。首先，對於理想人格間之關聯，大抵有三種說法：

一、各理想人格所指者為一

如：成玄英、牟宗三、陳政揚、譚宇權等。其主張大抵以為理想人格雖有不同之異稱，然僅是所述之面向不同，其境界並無高下之別。

二、各理想人格間有高低層次之別

如：吳怡、崔大華、譚宇權等人。持此說者綜合比較各種理想人格，找出各種理想人格之虛欠處，以此排列其境界之高下。而崔大華亦對理想人格內涵之分歧提出一套見解。

三、兼有第一種及第二種之說法

如：唐君毅。其意為以「至人、真人、神人」高於聖人，而有層次高低之別，亦或是視「至人、真人、神人」為同一生命，皆通於莊子思想。而莊子所以於聖人之外別立至人、神人等名，乃是因其不以為其他諸家藉由聖人所論說之生命境界為圓滿之故。

其次，綜和各家說法。

（一）就章句之關連性而言，四種理想人格可連結起來。

（二）就工夫境界而言，四種理想人格皆就對治「自然生命的紛馳」、「心理的情緒」、「意念的造作」三大類人生困境立論。

（三）就圓滿生命指向而言，不論至人、神人、聖人、真人所顯之形象不同，只要其能由生命之桎梏超拔而出，其便無分層次而皆為體道者。

由此推知，四種理想人格乃屬「橫列式」的關係，為最終極理想人格不同面向之描述，並無境界高低之別。而莊子所以對理想人格立出異名，主要在化除世人對某一名的執著，且亦有「遞相救」之意味。

# 第五章　至德之世

## 第一節　對「德治」的批判

　　〈外、雜篇〉中曾對「至德之世」、「建德之國」作過詳細之討論，依其所論，可將「至德之世」、「建德之國」視爲莊子的「理想社會」。然其論述時多採「託古」之方式，將「至德之世」、「建德之國」寄託於遠古的社會。此「託古」方式，向來盛行於中國社會，春秋戰國之世，不惟道家論理時好託古，其他諸家如儒家、墨家等，亦好託古以證己說〔註1〕。所以如此，即如孫廣德所云：「單就政治方面言之，思想家揭示政治理想，必託之古聖先賢；政治家欲作興革，必託之古法古制。凡事若謂出於自創，人必輕視反對；若謂出於古人，合乎古制，人則重視贊同。同時，苟對某種思想某種興革有所反對，亦必謂其非出於古人，不合乎古制。」〔註2〕中國人尊古、崇古之風盛行，

---

〔註 1〕　儒家論及政治主張時，於「時」好託之於「夏、商、周」三代；於「人」則
　　　　多託之於「堯、舜、禹、湯、文、武、周公」，如：《論語》：「子曰：『巍巍乎，
　　　　舜禹之有天下也，而不與焉。』《論語・泰伯》」，《孟子》：「堯舜之道，不以
　　　　仁政，不能平治天下。《孟子・離婁上》」。而墨家論及「兼愛、非攻、節用、
　　　　節喪、尚賢、尚同」等基本主張時，亦常採「託古」之方式，如：「今天下之
　　　　士君子曰：『然乃若兼則善矣，雖然，不可行之物也，譬挈太山，越河濟也。』
　　　　子墨子言：是非其譬也……況乎兼相愛，交相利，則與此異，古者聖王行之。』
　　　　《墨子・兼愛中》」，「故古者聖王，能審以尚賢使能爲政。《墨子・尚賢中》」。
　　　　故知「託古」之風，普遍存於諸家中。
〔註 2〕　參見孫廣德：《中國政治思想專題研究集》（台北：桂冠圖書股份有限公司，
　　　　1999.6 初版），頁 214。

凡事以古爲貴，以今爲賤，遂衍生出「貴古賤今」之思維模式。於此思維模式下，思想家、政治家無論是創立新說或攻訐他人，皆好託古，援古例以證之，百姓亦樂於信之，此實爲「託古」盛行之主因〔註3〕。今已明「託古」之由，又莊子將其「至德之世」依託於何時耶？〈胠篋〉云：

> 子獨不知至德之世乎？昔者容成氏、大庭氏、伯皇氏、中央氏、栗
> 陸氏、驪畜氏、軒轅氏、赫胥氏、尊盧氏、祝融氏、伏犧氏、神農
> 氏。(〈胠篋〉，頁357)

莊子於「子獨不知至德之世乎」下，列舉「容成氏、大庭氏、伯皇氏、中央氏、栗陸氏、驪畜氏、軒轅氏、赫胥氏、尊盧氏、祝融氏、伏犧氏、神農氏」，此十二氏皆爲上古傳說之帝王，雖當時並未有史書，不知其實際情形如何，然明顯可見，莊子乃是將理想社會之原型託於遠古十二帝王之下。或有人質疑此十二帝存在的眞實性，因而將莊子的理想社會視爲「烏托邦」，荒謬、不實。然儒家論政時，亦將理想政治的型態寄託於堯、舜之世及二帝之德下，而堯、舜之世及二帝之德果眞如孔、孟所云哉？牟宗三對此曾云：

> 孔子刪書斷自堯典，而寄託其政治上之深遠理想於堯之禪讓。極稱
> 堯舜之盛德與無爲而治。孟子道性善，亦言必稱堯舜。儒家稱堯舜
> 是理想主義之言辭，亦即「立象」之義也。未必是歷史之眞實。此
> 正亦反顯當時之史實不可得而確解也。當時之氏族統治，或許尚未
> 成爲定形。當時之氏族社會，或許尚未進入父系家長制。儒家以「立
> 象」之義稱之，是將政治形態之高遠理想置於歷史之開端。是將有
> 待於歷史之發展努力以實現之者置於開端以爲準則。至乎夏禹傳
> 子，則已進於歷史事實矣。〔註4〕

牟宗三以爲孔子、孟子言必稱堯舜，並將理想主義寄託於當時，其眞正的意涵在於「立象」，並將「政治形態之高遠理想置於歷史之開端」，並以之爲後世努力實踐的準則，故知堯舜之世是否眞如孔、孟所說之理想並非其關切的重點。同理論之，我們亦可視莊子將理想社會置於遠古十二帝之下爲「立象」之意，故遠古十二帝存在與否，無損於莊子理想社會之建立。依歷代帝王年

---

〔註3〕蒙培元云：「莊子以『向後看』的方式提出了他的理想社會。」《人與自然：中國哲學生態觀》(北京：人民出版社，2004.8 第一版)，頁242。以「向後看」說明莊子寄託理想社會的方式，就字面言，雖無誤，然深究其意涵，不免帶有「退化、退步」的負面意味，不若以「託古」論之來得妥當。

〔註4〕牟宗三：《政道與治道》(台北：台灣學生書局，2003.3 增定新版六刷)，頁3。

代順序之推測，遠古十二帝又較夏商周三代來得早，因此，莊子欲將政治形態之高遠理想置於儒家所主張的「三代」之前，意圖甚爲明顯。而唐君毅對莊子「託古」，另存別見，其言云：

> 然莊子外雜篇又有另一流之治道思想，乃純自歷史上稱道上古之政，以責當今之政之言。……此更是將至德之世，推至遠古，而意在超軼于後世之有仁義禮法之政治之外之思想。〔註5〕

唐君毅以爲莊子所以主張「至德之世」，意在「責當今之政」，其所謂的「今」，自是指戰國時代。當時社會，政治風氣最盛者莫過於儒家，其提倡「仁義禮法」，君王便藉「仁義禮法」之名掩蓋其私欲，四處征伐；百姓則好「仁義」之名，汲汲營營於其間。社會並未達儒家所預期之貌，故莊子引「至德之世」以責儒家所倡導的仁義禮法，並「意在超軼于後世之有仁義禮法之政治之外之思想」，欲建構一超越仁義禮法的理想社會型態。

合觀牟宗三、唐君毅二家之論，可知莊子提出「至德之世」之治世主張，所欲對治者，即爲儒家的「仁義禮法」之政。故蔡明田云：

> 推究莊子的思想，他主張無心任化，無爲而治，其動機係針對戰國時代的「有心求治」而提出，企圖拯救當時思想界的弊病，初非有意主張回歸到泰氏時代；所以要「託古」，乃是他從俗的表現而已。
>
> 〔註6〕

「有心求治」，即指謂「猶藏仁以要人」的儒家，莊子對治「有心求治」的方法，即是提倡「無心任化，無爲而治」。並以爲莊子初非有意主張回歸到泰氏時代，所以「託古」，乃是「從俗」的表現。此論甚是，前已提及「託古」之風流行於諸家，且爲百姓所樂於接受，故莊子欲有所立、有所破，唯賴此法方得以成功。因之，將莊子的「託古」視作「從俗」是可理解者。

關於儒、道二家之政治觀，牟宗三將儒家的治道稱之爲「德化的治道」，道家的治道稱之爲「道化的治道」〔註7〕，而諸家學者亦是以「德治」、「道治」

---

〔註5〕唐君毅：《中國哲學原論・原道篇弍》（台北：台灣學生書局，2004.10 三刷），頁 420～421。

〔註6〕蔡明田：《莊子的政治思想》（台北：台北：牧童出版社，1974.10 初版），頁 143～144。又於其書「註五七」中云：「人類總是不滿現實社會，未來又太渺茫，因而都寄情於過去的時代中，這是思想上的惰性。莊子有見於當時的悲觀思想，乃順人民思古之情，假託泰氏的順治，而提示其理想社會的藍圖，這亦是順人而化人的一貫思想。」，頁 148。

〔註7〕牟宗三：《政道與治道》，頁 1。

區分儒道二家的治術，故以下之論述爲求清晰、明白，遂依此名，將儒家及道家之治道分別以「德化的治道」與「道化的治道」稱之。在《莊子》中，對於儒家德化的治道，向來採否定之態度，特別是儒家所提倡之「仁、義、禮、智」，崇尚之「聖人、君子」，皆遭《莊子》強力批判，而儒家德化之治道詳情爲何？

首先，需先瞭解儒家思想之方向。其欲以人與人間的倫理關係，建立社會永續發展之法則。故其思想結構，乃建立於人生界之「情」上。易言之，儒家所主張的「仁」，是以「情」爲本質而開展出，而「情」又建於「血緣」上，即所謂之「親情」。此「血緣親情」永恆而不可變，乃人類社會中所有人際關係的起源，亦爲人類社會所以生生不息之基礎。儒家即以此永恆不變的血緣親情基礎，開展「仁」義，再由「仁」推展出「義」、「禮」，故可知代表血緣親情之「仁」，乃人類社會一切人倫關係及政治運作基礎〔註8〕。此即陳鼓應所云：

> 儒家的外王之道將國家政治予以家庭倫理化，在血緣關係的家庭政
> 治網下，復形成家長制的統治。〔註9〕

陳鼓應之說正強調了儒家的外王之道是以血緣關係爲基礎，融入現實國家政治下。

而儒家之治道，所以稱之爲「德化」，乃是因其「主德化」。在君主專制的時期，皇帝權位乃是一超越之無限體，並無客觀力量足以約束皇帝，於是儒家便取「德行」以客觀化，順著皇帝之無限體而由德行以純化之、實之，此即爲「法天」〔註10〕。而儒家之「德」，依牟先生之意，是以「親親、尊尊、

---

〔註 8〕 劉榮賢云：「『仁』字之義，其實就是由人類基於血緣關係所產生的『同體心』所引申而來的。基於此一先天的血緣親情，人類才能進一步的界定與其他人之間的合理關係，此即是『義』。而基於這個人與人之間的合理關係，再更進一步規定人群中眾人所同遵的行爲規範，以及社會集體運作的模式，這就是（頁287）『禮』。由此觀之，代表人類血緣親情的『仁』乃是人類社會所有一切人倫關係及政治運作的基礎，這是儒家思想所植根之地。」《莊子外雜篇研究》，頁287～288。

〔註 9〕 陳鼓應：《老莊新論》（台北：五南圖書出版股份有限公司，2007.2 三版），頁197。

〔註10〕 牟宗三云：「皇帝在權與位上是超越無限體，儒者即順其爲無限體而由德行以純化之，以實之。由德行以純化而實之，這在古人便說是『法天』。而法天的結果，則是物物各得其所，乾道變化，各正性命。」《政道與治道》，頁30。

倫常、性情、道德的心性（仁義禮智）」來規定〔註11〕！而此「仁義」之術，正為莊子強力批判儒家的內容之一。

## 一、古人之糟魄

前已言，儒家的「德治」，乃上承夏商周三代所累積之禮樂〔註12〕，特別是「周文」〔註13〕，然而諸子百家勃興即是由「周文疲弊」〔註14〕而來，各家對周文態度不一，而儒家對周文的態度為何？依牟宗三云：

> 孔子對周文是肯定的態度，禮總是需要的。……周公所立的這套禮
> 在孔子的時候，他認為還可以用的，當然斟酌損益是可以的，但是
> 你不能從根本上推翻，所以孔子對周文是採取肯定的態度。但是它
> 之所以成其為儒家的思想，是在他使周文生命化。……孔子提出仁

〔註11〕 牟宗三云：「儒家的『德』是以親親，尊尊，倫常，性情，道德的心性（仁義理智），來規定。」《政道與治道》，頁27。

〔註12〕 王邦雄云：「通過三代以來，周公的貢獻就是把每一個人的生命存在定在禮樂，人是怎樣的存在？是禮樂的存在。禮樂可以讓人是人，人成就人，這是周公的。孔子發現另一個問題，禮樂要成為可能，請問有沒有人性的根據？因為周公講禮樂只限於貴族，還沒有下及平民，這叫做『禮不下庶人』。孔夫子的反省是：每個人內在生命都有一個仁，所以每一個人都是平等，人性平等，所以禮樂應下及庶人。由是禮樂的『在』，是通過人的『有』而有的。人的有就是有仁心，所以禮樂的在，才有可能性，才有活水源頭。孔夫子講仁義、講禮樂，講天道、講聖人、講家國天下、講內聖外王、講歷史文化傳統；孔夫子給我們一個多元的宇宙、多元的世界、多元的價值。每一個人在這個價值的世界裏面，可以找到他的安身立命之地。」《中國哲學論集》（台北：台灣學生書局，1983.8 初版），頁196～197。

〔註13〕 牟宗三云：「『郁郁乎文哉』是甚麼呢？就是說到了周朝，這個禮樂才是粲然明備。在夏商兩代，禮樂還是粗略的很，到了周朝才完全明備。這完全明備並不只是多少的問題，而是指原則分明，各方面都有。……它主要是分成兩系，一個是親親，一個是尊尊。」牟宗三：《中國哲學十九講》（台北：台灣學生書局，2002.8）頁57。

〔註14〕 關於諸子起源，舊說乃謂「諸子出於王官」，此「出」字，依牟宗三之意，是指歷史的「出」，表示諸子的歷史根源，而非邏輯的出，不是邏輯的根源。胡適不解此意，因而反對「諸子出於王官」之說，主張以社會學的觀點由社會環境上講，說當時的社會出問題，民生有疾苦，故諸子的思想都是反映當時的社會問題，這些思想家都是來救世的。牟宗三評此二論，以為舊說是「縱的觀點」，胡適之說為「橫的觀點」，皆與諸子的起源無邏輯的關係、無本質的關係，因而另主張「周文疲弊」之說。以為周文在周朝時粲然完備，但周文發展至春秋時代，漸漸的失效，諸子思想的出現即是為了對付這個問題。詳細內容請參考《中國哲學十九講》，頁54～60。

字，……所以仁這個觀念提出來，就使禮樂真實化，使它有生命，
有客觀的有效性。〔註15〕

孔子對周文抱持肯定之態度，但孔子亦瞭解周文發展至其時，已有成為虛文
之危機，為避免周文成為空洞的形式主義，遂對夏商周三代文化做一反省，
而提出「仁」的觀念使禮樂真實化，具有生命。至於道家，誠如牟宗三所云：
「道家思想背後有個基本的洞見（insight），就是自由自在。所以他把周文看
成虛文，看成形式主義。因為如此，他把周文通通看成是外在的（external）。」
〔註16〕道家視周文為「虛文」、「形式主義」，勢必對繼承周文之儒家大加撻伐。
〈天運〉曰：

> 孔子西遊於衛。顏淵問師金曰：「以夫子之行為奚如？」師金曰：「惜
> 乎，而夫子其窮哉！」顏淵曰：「何也？」師金曰：「夫芻狗之未陳
> 也，盛以篋衍，巾以文繡，尸祝齊戒以將之。及其已陳也，行者踐
> 其首脊，蘇者取而爨之而已；將復取而盛以篋衍，巾以文繡，遊居
> 寢臥其下，彼不得夢，必且數眯焉。今而夫子，亦取先王已陳芻狗，
> 聚弟子游居寢臥其下。故伐樹於宋，削迹於衛，窮於商周，是非其
> 夢邪？圍於陳蔡之間，七日不火食，死生相與鄰，是非其眯邪？」
>
> （〈天運〉，頁511～512）

師金對於顏淵之提問，分別以「芻狗、舟車、桔槔、柤梨橘柚、猨狙、美醜」
六物為喻，雖舉六種，然其意旨相同，未免重言反覆之嫌，故今舉其一以證
之。首先舉出「芻狗」為喻。何謂「芻狗」耶？成玄英疏云：「芻（狗），草
也，謂結草為狗以解除也。」〔註17〕依其意，芻即為草，芻狗乃是用草紮成，
祭祀時，尸祝用作除禍之替身。至於芻狗之形，依成疏乃是為「狗形」，然而
鍾泰卻以為芻狗當為人形，其云：「『芻狗』，如芻靈，以茅草紮做人形，以殉
葬，則謂之芻靈；以祭祀，則謂之芻狗。後世畫神像於紙，以竹為骨而張之，
謂之紙馬，即芻狗之變。紙馬非馬，知芻狗非狗矣。李頤云：『結芻為狗』非
也。……蓋自秦以後，芻狗之制已不存。故魏晉人已不知芻狗為何物，而各
以其意說之。不知狗之為言苟也，以其暫製而用之，故謂之苟，豈象狗形者
哉？」〔註18〕其認為芻狗即芻靈，乃以茅草紮做人形，用以祭祀時，便稱作

---

〔註15〕牟宗三：《中國哲學十九講》，頁60～61。

〔註16〕牟宗三：《中國哲學十九講》，頁64。

〔註17〕郭慶藩：《莊子集釋》，頁512。

〔註18〕鍾泰：《莊子發微》，頁324。

芻狗。而所以謂之「狗」，其實爲「苟」意，表示暫製而用之。姑且不論二家對芻狗造型之見，但其用以祭祀則無疑矣，故不再深究其形爲何。祭祀前，人民對芻狗心懷敬愼畏懼，用筐筥盛裝，用繡巾裝飾，尸祝必須齋戒過後方能送它。然一旦祭祀完畢後，便將芻狗棄置於一旁，行人踐踏其背脊，割草之人將其丟入炊爨燒掉。此時若再將芻狗用筐筥盛裝著，以繡巾裝飾著，生活休憩於其下，即使不做惡夢，亦令遭受夢魘。故郭注云：「廢棄之物，於時無用，則更致他妖也。」〔註19〕即表明了物有時有用，若逾時仍用之，不免遭禍。師金話鋒一轉，藉「芻狗」之喻批評孔子乃「取先王已陳芻狗，聚弟子游居寢臥其下」。「先王」指「堯、舜、禹、湯」，孔子執守先王之禮法，並以之聚集弟子，殊不知先王之教已爲陳跡，其所執守者不過爲其空殼，正如同祭祀過後之芻狗，不可強留。鍾泰云：「先王已陳芻狗，喻過時之禮法。」〔註20〕正爲此意。而孔子亦因此蒙受「伐樹於宋、削迹於衛、窮於商周、圍於陳蔡」之禍。郭注云：「此皆絕聖棄知之意耳，無所稍嫌也。夫先王典禮，所以適時用也。時過而不棄，即爲民妖，所以興矯效之端也。」〔註21〕意在強調先王之禮法，必適時適用，若過時而用，必遭矯效。

此外，在〈天道〉中，亦對儒家不知時變作批評。

> 桓公讀書於堂上。輪扁斲輪於堂下，釋椎鑿而上，問桓公曰：「敢問，公之所讀者何言邪？」公曰：「聖人之言也。」曰：「聖人在乎？」公曰：「已死矣。」曰：「然則君之所讀者，古人之糟魄已夫！」桓公曰：「寡人讀書，輪人安得議乎！有說則可，无說則死！」輪扁曰：「臣也以臣之事觀之。斲輪，徐則甘而不固，疾則苦而不入。不徐不疾，得之於手而應於心，口不能言，有數存焉於其間。臣不能以喻臣之子，臣之子亦不能受之於臣，是以行年七十而老斲輪。古之人與其不可傳也死矣，然則君之所讀者，古人之糟魄已夫！」

（〈天道〉，頁 490～491）

桓公於堂上讀「聖人之言」，堂下輪扁好奇問之，並批評所謂的「聖人之言」不過爲「古人之糟魄」。此舉自然激怒了桓公，要求輪扁給自己一個好理由，否則將處死。輪扁遂以自身之工作爲例，說明斲輪時，「徐則甘而不固，疾則

---

〔註19〕郭慶藩：《莊子集釋》，頁 512。
〔註20〕鍾泰：《莊子發微》，頁 334。
〔註21〕郭慶藩：《莊子集釋》，頁 513。

苦而不入」，成玄英疏云：「甘，緩也。苦，急也。」〔註22〕鍾泰云：「故『不固』者，動搖而不牢。『不入』者，滯澀而難入。」〔註23〕整句表示：斲輪時若緩慢，則所斲者便鬆滑而不堅固；斲輪時若快速，則所斲者便滯澀而難入。最佳者，在於「不徐不疾」，然而欲達「不徐不疾」的境界，「有數存焉於其間」，「數」即「術」，此術之特色在「得之於手而應於心」，無法藉言語傳達。因此，輪扁即便欲將此「不徐不疾」之「術」傳予其子，終究是無法達成。殊不知天下之技藝，其法易知，其理難明也。最後，輪扁通論二事，說明聖人仁義禮法之術已隨其逝矣，此逝去的「仁義禮法之術」與「不徐不疾之術」相同，是無法藉語言文字傳遞，故知桓公所讀「聖人之言」，不過為古人的陳跡，早已失其「不可傳」之精髓，因之稱其為「古人之糟魄」也。故郭象注云：「當古之事，已滅於古矣，雖或傳之，豈能使古在今哉！古不在今，今事已變，故絕學任性，與時變化而後至焉。」〔註24〕旨在評論儒家執於古禮而不知時變。合上兩段章句言之，其旨皆在破除儒家對「仁義」具「永恆性」的主張〔註25〕。

## 二、孰知天下之正色哉

儒家既以為「仁義禮」能超越時間之限制而具永恆不變之的性質，自然可放之四海皆準，適用於四方之民。然事實果真如此嗎？〈逍遙遊〉云：

> 宋人資章甫而適諸越，越人斷髮文身，無所用之。
>
> （〈逍遙遊〉，頁31）

宋國與越國本屬不同國家，按成玄英疏云：「越國逼近江湖，斷髮文身，以避蛟龍之難也。章甫，冠名也。故孔子生於魯，衣縫掖；長於宋，冠章甫。而宋實微子之裔，越乃太伯之苗，二國貿遷往來，乃以章甫為貨。且章甫本充首飾，必須雲鬘成冠，越人斷髮文身，資貨變成無用。」宋國本為微子後裔，孔子雖生於魯，卻長於宋，故配戴章甫；越國則為太伯之後裔，地近江湖，

---

〔註22〕郭慶藩：《莊子集釋》，頁491。

〔註23〕鍾泰：《莊子發微》，頁306。

〔註24〕郭慶藩：《莊子集釋》，頁492。

〔註25〕劉榮賢云：「……外雜篇中道家對儒家的駁斥，其觀念幾乎都歸結於對『仁義』的『永恆性』的攻擊。」劉榮賢：《莊子外雜篇研究》（台北：聯經，2004.4初版），頁290。蒙培元云：「……其中包含著超越一切歷史時代的具有普遍性、永久性的精神價值。」《人與自然：中國哲學生態觀》，頁244。

爲了躲避蛟龍之害，越國人皆斷髮文身，故知兩國之風俗不同。兩國間交易時，宋國人輸進章甫賣與越國人，配戴章甫時必須雲鬟成冠，而越國人卻因避禍「斷髮文身」，可見章甫明顯不適用於越國人，因易地而風俗異矣。莊子在此取譬，將宋國人比作「儒家」，而章甫則喻爲「仁義禮」，宋國人以爲配戴章甫才合乎「禮」，見越人斷髮文身而輸之以章甫，欲以宋國人之「禮」矯之。推而擴之，此正如儒家自以爲其「仁義禮」最合乎治國大道，故強迫天下人共同遵守儒家的「仁義禮」。無論是宋人或儒家，僅由人性的根本處肯定天下人皆同〔註26〕，而忽略了根據人性所發而出的外在行爲會因時空的變異而有所不同。故天下之大，民情民心各異，你以爲合乎禮者，在我眼中未必合乎禮，是否合乎禮之標準，涉及個人主觀價值的認知，若將自己之主觀價值強加於他人身上，結果必是「殘生損性」。故宋人資章甫之結果是「無所用之」，而儒家強行「仁義禮」的結果亦是「無所用之」。

　　〈齊物論〉中王倪答齧缺「子知物之所同是乎？」之問題時，舉出「正處、正味、正色」以明天下無法一統於儒家的「仁義禮」之下，其言云：

> 且吾嘗試問乎女：民溼寢則腰疾偏死，鰌然乎哉？木處則惴慄恂懼，猨猴然乎哉？三者孰知正處？民食芻豢，麋鹿食薦，蝍蛆甘帶，鴟鴉耆鼠，四者孰知正味？猨猵狙以爲雌，麋與鹿交，鰌與魚游。毛嬙麗姬，人之所美也；魚見之深入，鳥見之高飛，麋鹿見之決驟，四者孰知天下之正色哉？自我觀之，仁義之端，是非之塗，樊然淆亂，吾惡能知其辯！（〈齊物論〉，頁93）

關於「居處」之選擇，人與泥鰍、猨猴不同：泥鰍居處潮濕處，然人若睡於潮濕處，則罹患風濕、腰痛甚而半身不遂；猨猴居處於樹上，然人若攀爬至高處，則心生畏懼、驚恐。如此看來，何處才是標準之處所？而「口味」方面，人食牛羊犬豕，麋鹿食草，蜈蚣食小蛇，貓頭鷹與烏鴉食死老鼠，四者所好皆異，則何者可稱得上標準之味道？至於「容貌」方面，猵狙以雌猨爲配偶，麋與鹿相交，泥鰍與魚相遊。毛嬙與麗姬堪稱人類世界中最美者，然魚見了便潛入水中以躲避，鳥見了便揚翅高飛以躲避，麋鹿見了便狂奔以躲

---

〔註26〕孟子：「惻隱之心，仁之端也；羞惡之心，義之端也；辭讓之心，禮之端也；是非之心，智之端也。人之有是四端也，猶其有四體也。有是四端而自謂不能者，自賊者也；謂其君不能者，賊其君者也。」《孟子・公孫丑上》《十三經注疏》（台北：藝文印書館，1955），頁64。

避，則貌美之真正標準何在？莊子在此藉由動物間之差異性突顯人類社會之差異性，即牟宗三云：

> 王倪借用經驗事例，表示物各有物性，隨其特性，乃各有所好。好惡是價值判斷，是以經驗世界中並無絕對的價值標準，價值取向只是隨緣而起。〔註27〕

若以「正處、正味、正色」之角度分析天下人，「正處」代表著「客觀的生理」不同，因此所需的外在物資亦有所別，正如人之高矮胖瘦皆有所別，必隨其客觀之生理限制作調整方可；「正味」代表著「主觀的感受」不同，而此處的感受較強調生理直覺的感受，前言天下人客觀的生理不同，因之影響主觀的感受，不同之人面對相同外物刺激，皆會產生不同之心理感受，好惡之情由是而生；「正色」則代表「主觀的認知」不同，既然人有主觀的好惡之情，自然會產生辨別好惡的標準，此「標準」的形成，涉及到許多的層面，如前所言的「客觀生理」、「主觀感受」，甚至「地域、風俗、習慣」等都會影響其形成，而就個人而言，此「標準」雖非絕不可改，但卻是絕對主觀者，人便依此絕對主觀之標準對外在的人、事、物作價值判斷。人人各有其一套判斷外在人、事、物價值的絕對主觀標準，因此天下不可能產生一套絕對、恆存且普遍的客觀標準。易言之，對「仁義禮」的認定正如對「正處、正味、正色」的認定，亦無一絕對、恆存且普遍的客觀標準。是故儒家取其主觀所認定的「仁義禮」強作為治天下客觀的標準，必然使天下人主觀認知的標準與客觀認知標準混淆，其結果不免是「殘生損性」，其於治天下也遠矣。〈內篇〉中由「客觀的生理」、「主觀的感受」、「主觀的認知」等角度，批判儒家的「仁義禮」不具普遍性。到了〈外雜篇〉中，更以「養鳥」為喻，持續對儒家的「仁義禮」進行批判：

> 且女獨不聞邪？昔者海鳥止於魯郊，魯侯御而觴之于廟，奏九韶以為樂，具太牢以為膳。鳥乃眩視憂悲，不敢食一臠，不敢飲一杯，三日而死。此以己養養鳥也，非以鳥養養鳥也。夫以鳥養養鳥者，宜栖之深林，遊之壇陸，浮之江湖，食之鰌鰍，隨行列而止，委蛇而處。彼唯人言之惡聞，奚以夫譊譊為乎！咸池九韶之樂，張之洞庭之野，鳥聞之而飛，獸聞之而走，魚聞之而下入，人卒聞之，相

---

〔註27〕牟宗三講述，陶國璋整構：《莊子齊物論義理演析》（台北：書林出版公司，1999.4 一版），頁 181。

　　與還而觀之。魚處水而生，人處水而死，彼必相與異，其好惡故異
　　也。故先聖不一其能，不同其事。名止於實，義設於適，是之謂條
　　達而福持。(〈至樂〉，頁621)

　　扁子曰：「不然。昔者有鳥止於魯郊，魯君說之，為具太牢以饗之，
　　奏九韶以樂之，鳥乃始憂悲眩視，不敢飲食。此之謂以己養養鳥也。」
　　(〈達生〉頁665～666)

有海鳥棲止於魯國郊外，魯侯見之便以車將其迎至太廟，以酒餵之，奏九韶
之樂取悅牠，備妥太牢的筵席款待它，以待「人」的標準衡量，實可謂禮遇
之至。然而所得之結果卻未如魯侯所料，海鳥目光迷亂，心裡悲傷，魯侯所
準備的酒、肉，海鳥皆不敢食，三日後竟死了。其死亡之因，乃是魯侯「以
己養養鳥也，非以鳥養養鳥也」。「觴、九韶、太牢」乃「己養」，是用以養人
者，故成玄英疏云：「韶樂牢觴，是養人之具，非養鳥之物也。」〔註28〕而「鳥
養」是指「栖之深林，遊之壇陸，浮之江湖，食之鰍鰷，隨行列而止，委蛇
而處。」故知「以己養養鳥」在喻天下萬民性異〔註29〕，因之價值標準亦相
異，儒家欲以其主觀認知的「仁義禮」治天下，使天下人一統於同一套外在
客觀標準之下，其結果必是「殘生損性」。「以鳥養養鳥」則表達了《莊子》
思想，以為治天下當隨天下萬民之性以成其性，而非一統於一套外在的客觀
標準之下。後云「咸池九韶之樂，張之洞庭之野，鳥聞之而飛，獸聞之而走，
魚聞之而下入，人卒聞之，相與還而觀之。」即為前所言「主觀的認知」，人
與鳥、獸、魚的主觀認知不同，以人的標準而言，「咸池九韶之樂」是為美聲，
但以鳥、獸、魚的標準而言則非美聲，故有聞之而「飛、走、下入」的反應。
「魚處水而生，人處水而死，彼必相與異，其好惡故異也。」即為前所言「客
觀的生理」與「主觀的感受」，人與魚客觀的生理構造不同，因此所需不同，
遂有不同之主觀感受，由是產生好惡之情。凡此種種譬喻，皆在以動物間之
差異性突顯人類社會之差異性，重申天下不可能產生一套絕對、恆存且普遍
的客觀標準。於是本段最後總結於「故先聖不一其能，不同其事。名止於實，
義設於適，是之謂條達而福持。」所以「不一其能，不同其事」，是因天下人
之「性」各自異，遂不以一套客觀之標準約束天下所有的人。故郭象注云：「各

〔註28〕郭慶藩：《莊子集釋》，頁621。
〔註29〕此處謂莊子主張「性異」，顯然此「性」非同於儒家以「仁義」無根底，而更
　　　　在強調其先天生理之需求，不具道德價值意義。

隨其情。」〔註30〕成玄英疏云：「先古聖人，因循物性，使人如器，不一其能，各稱其情，不同其事也。」〔註31〕而隨天下人「性」之方式，即「名止於實，義設於適」，名實相符，外在客觀之事物與內在主觀的認知相符，最後方可達「條達而福持」。後段章句中，扁子所言意同於此，皆在論證「以己養養鳥」之害。

## 三、仁義的「異化」

若執著於「仁義」具「永恆性」、「普遍性」而不可改，則「仁義」之術不免生變，有異質化的可能。〈大宗師〉中，堯教導意而子之法為「躬服仁義而明言是非」。許由評之曰：

> 而奚來為軹？夫堯既已黥汝以仁義，而劓汝以是非矣，汝將何以遊夫遙蕩恣睢轉徙之塗乎？（〈大宗師〉，頁279）

在此，許由代表莊子反仁義之立場及態度，將仁義之術視為外在之刑罰，以「黥」、「劓」論之，而意而子既已陷入儒家「仁義」之術中，便無法遊於逍遙之境。進而言之，若以「仁義」之術輔佐君王治國，又何為？〈人間世〉中，顏回欲以「仁義」之術輔佐衛君，仲尼評之曰：

> 且德厚信矼，未達人氣；名聞不爭，未達人心。而強以仁義繩墨之言術暴人之前者，是以人惡有其美也，命之曰菑人。……是以火救火，以水救水，名之曰益多。順始无窮，若殆以不信厚言，必死於暴人之前矣！（〈人間世〉，頁136）

仲尼以為顏回乃「強以仁義繩墨之言術暴人之前者」，是「以火救火，以水救水」故其下場必是「順始无窮，若殆以不信厚言，必死於暴人之前矣！」以仁義之術治國，其未能成功便罷，最後竟落得死於暴人之前，乃多麼嚴厲且沈痛地指責。莊子所以反仁義，其根本在於「自我觀之，仁義之端，是非之塗，樊然淆亂，吾惡能知其辯！」（〈齊物論〉，頁93）「仁義」乃主觀價值之產物，而人往往據其主觀價值判斷外物，予以分類、分級，同於己者為友，異於己者為敵，整體社會便因此而隔離、混亂，故提倡仁義不但無法使社會治平，反使社會紛亂。以上所論皆為〈內篇〉中對儒家「仁義」德治的批判，

---

〔註30〕郭慶藩：《莊子集釋》，頁623。
〔註31〕郭慶藩：《莊子集釋》，頁623。

雖嚴厲但不失溫婉。至〈外、雜篇〉中，雖仍維持反仁義的態度，但其措辭欲發激烈。〈駢拇〉中極力批判儒家「仁義」之術：

> 伯夷死名於首陽之下，盜跖死利於東陵之上。二人者，所死不同，
> 其於殘生傷性均也，奚必伯夷之是而盜跖之非乎！天下盡殉也。彼
> 其所殉仁義也，則俗謂之君子；其所殉貨財也，則俗謂之小人。其
> 殉一也，則有君子焉，有小人焉；若其殘生損性，則盜跖亦伯夷已，
> 又惡取君子小人於其間哉！（〈駢拇〉，頁323）

本段舉出「臧與穀，二人相與牧羊而俱亡其羊」之事爲喻，說明了伯夷、盜跖「二人者，所死不同，其於殘生傷性均也，奚必伯夷之是而盜跖之非乎」之義。儒家眼中，伯夷向爲其所尊者，而盜跖則爲其所賤者，所據以判別之標準在於是否合乎「仁義」，伯夷殉於「仁義」爲尊，盜跖殉於「貨財」爲賤。然莊子眼中，無論其所殉者爲「仁義」抑或是「貨財」，其於殘生傷性均也。易言之，莊子判別之標準在於是否能「全生養性」，顯然伯夷與盜跖皆無法達此標準，故以「殘生損性」衡諸二人，則「其殉一也」，又何必以伯夷爲是，盜跖爲非。推而論之，君子殉於「名」，小人殉於「利」，故以「殘生損性」衡諸二人，則「其殉一也」，又何必以君子爲是，小人爲非。莊子以「殘生損性」之觀點，批判儒家所提倡之「仁義」，否定「是」、「非」的判斷，顛覆「伯夷、君子」與「盜跖、小人」之別，對於當時以儒家思想爲主之社會，無疑是一大挑戰。此外，〈胠篋〉篇中，更直指「仁義」之術爲鞏固君位的手段，其言云：

> 彼竊鉤者誅，竊國者爲諸侯，諸侯之門而仁義存焉，則是非竊仁義
> 聖知邪？（〈胠篋〉，頁350）

> 然而田成子一旦殺齊君而盜其國，所盜者豈獨其國邪？並與其聖知
> 之法而盜之。故田成子有乎盜賊之名，而身處堯舜之安；小國不敢
> 非，大國不敢誅，十二世有齊國。則是不乃竊齊國，並與其聖知之
> 法以守其盜賊之身乎？（〈胠篋〉，頁343）

首段章句中，莊子以「竊鉤者」與「竊國者」作一對比，二者同爲竊盜，然其下場卻有天壤之別，前者被誅殺，後者反倒成諸侯。按一般懲處原則，所犯之罪越重則刑罰當越重，而何以竊國者不但未被誅，反倒可成諸侯？在第二段章句中，莊子即舉實例以申說。田成子即齊國大夫陳恆，魯哀公十年，陳恆弒其君簡公，自爲封邑，而至其曾孫太公和時，乃自立爲齊侯，共計有

十二世之久。此段期間，田成子與其孫「身處堯舜之安；小國不敢非，大國不敢誅」，即享太平之治世。田成子所以能成功弒君竊國而免遭刑戮之禍，正因其「並與其聖知之法而盜之」，即田成子竊國時，雖摒棄儒家的仁義禮法與君臣之大份，然竊國之後，反以仁義禮法與君臣之大份約束臣子，鞏固君位，方得以享受如堯、舜治世時之安逸，而諸國間無敢非議。由此可知，「竊國者為諸侯」乃因其「並與其聖知之法而盜之」，遂云「諸侯之門而仁義存焉」，而此「仁義」全為其竊國時一併得來者。合二則章句觀之，莊子所欲批判者，乃是「仁義」之術應用於政治上時，丕變為外在手段，用以鞏固君王之位，防範底下臣子之窺探。假若臣子欲竊國，必連「仁義」之術一併竊之，再用以鞏固其新得之君位，禁制臣子的窺視。

此外，「仁義」之術本是聖人為民所設，然今反為大盜所資：

> 夫妄意室中（中）藏，聖也；入先，勇也；出後，義也；知可否，知也；分均，仁也。五者不備而能成大盜者，天下未之有也。

（〈胠篋〉，頁346）

盜跖解其徒之惑時，以為盜賊必得「聖、勇、義、知、仁」五者，方可成大盜。易言之，若無「聖、勇、義、知、仁」，則大盜不成其為大盜。此正在諷刺「聖、勇、義、知、仁」本為儒家所倡以治國安邦，不料反為大盜所資藉者。凡此種種，皆為《莊子》對「仁義」之術異質化為「外在刑罰」與「工具」之批判，此皆肇因於儒家對「仁義」具「永恆性」的主張。

## 四、聖人不死，大盜不止

既然反對「仁義」，自然極力批判由「仁義」而來的「聖人」。第四章中論「聖人」時曾提及〈外、雜篇〉中之聖人部分屬於「儒家式聖人」，現即就「儒家式聖人」進行討論。〈駢拇〉云：

> 夫小惑易方，大惑易性。何以知其然邪？自虞氏招仁義以撓天下也，天下莫不奔命於仁義，是非以仁義易其性與？故嘗試論之，自三代以下者，天下莫不以物易其性矣。小人則以身殉利，士則以身殉名，大夫則以身殉家，聖人則以身殉天下。故此數子者，事業不同，名聲異號，其於傷性以身為殉，一也。（〈駢拇〉，頁323）

小的迷惑僅改變所行之方向，然而大迷惑卻會改變人本然淳樸之本性。「自虞氏招仁義以撓天下也，天下莫不奔命於仁義，是非以仁義易其性與？」虞氏

舜，乃儒家所推崇之聖王，莊子以為自從舜標舉「仁義」作為天下所共同遵從之最高標準後，便擾亂天下淳樸之風，使天下人無不為「仁義」奔波甚至喪命，難道此不正為用「仁義」改變人本然淳樸之眞性。大抵莊子以為舜之前人民皆能保有其本然淳樸之本性，此即〈馬蹄〉所云：「夫至德之世，同與禽獸居，族與萬物並，惡乎知君子小人哉！同乎无知，其德不離；同乎无欲，是謂素樸；素樸而民性得矣。」（〈馬蹄〉，頁 336）此「德」字，非以儒家道德為依準的價值義，道家之「德」乃是指得之於自然的眞性義，依此而言，此處的「至德之世」即是指人人皆稟受自然之性、民性淳樸的世代。在此「至德之世」，人與禽獸、萬物同居，人民那裡知有「君子」、「小人」分別，人人皆得自然淳樸的眞性，尚無分別心，並無物我之別，更何況是人我之分。萬物皆「無知」、「無欲」，然此並非眞謂無智慧、無欲望，而是落於作用層而言，即「無知之知」、「無欲之欲」，不刻意造作，汲取自己性份之外的事物，如此便可使「其德不離」，保有「素樸」之眞性。此「至德之世」即為舜之前的社會狀況，而至舜出以標舉仁義，「及至聖人，蹩躠為仁，踶跂為義，而天下始疑矣；澶漫為樂，摘僻為禮，而天下始分矣。」（〈馬蹄〉，頁 336）按成玄英疏：「蹩躠，用力之貌。踶跂，矜恃之容。澶漫是縱逸之心，摘僻是曲拳之行。」〔註32〕依此意，自聖人出以治天下，努力地行仁，用心地求義，天下的人便開始猜忌，從事流蕩的音樂，繁瑣的禮節，天下人便開始分離。易言之，聖人出以仁義禮樂治天下，而使得人民的淳樸本性受到傷害，開始有物我、人我之分，於是便有君子、小人之別，此即「自虞氏招仁義以撓天下也，天下莫不奔命於仁義」也。莊子指出「毀道德以為仁義，聖人之過也。」此處的「道德」需明辨之。儒家的「道德」，專指以實踐「仁義禮樂」為根柢的道德，但本句之「道德」與「仁義」對舉，故可知此處並非指儒家的「道德」，而是指「道家式的道德」。何謂「道家式的道德」呢？若將「道、德」二字分而論之，道家對「道」的觀念乃是「芴漠無形，變化無常」之形而上的大道；而「德」則指得之於道的內容，即「自然」。而當二字連用時，意指一種「自然無為」的治國方式。如此便可知莊子以為聖人出以治國，毀棄了自然無為的方式，改以仁義出之，遂改變百姓的淳樸本性，此全為聖人之過失。〈馬蹄〉篇後云：「及至聖人，屈折禮樂以匡天下之形，縣跂仁義以慰天下之心，而民乃始踶跂好知，爭歸於利，不可止也。此亦聖人之過也。」（〈馬蹄〉，頁 341），

〔註32〕郭慶藩：《莊子集釋》，頁 337。

亦在論聖人以「仁義禮樂」限制人外在的行為，改變人本然淳樸的真性，遂使人民「好知」、「爭利」，此為聖人之過，意同於前，故不再贅論之。

莊子以為自從堯出以仁義撓天下，影響後代甚深。故云：「故嘗試論之，自三代以下者，天下莫不以物易其性矣。小人則以身殉利，士則以身殉名，大夫則以身殉家，聖人則以身殉天下。故此數子者，事業不同，名聲異號，其於傷性以身為殉，一也。」自夏商周三代以來，天下人無不以外在事物傷害其本然淳樸之本性，此「物」專指與「仁義」相關的事物。接著連用四個「殉」字，按成玄英疏云：「殉，從也，營也，求也，逐也，謂身所以從之也。〔註33〕」可知「殉」即以形軀追逐之意。「身」字依〈養生主〉中「可以保身」一語，解作「形軀」。小人以身「殉利」，士人以身「殉名」，大夫以身「殉家」，聖人以身「殉天下」，雖此四類人所奔逐者有「利、名、家、天下」的分別，亦有「小人、士、大夫、聖人」不同的名聲，但就「傷害自己本然淳樸真性，追逐外在事物」而言是相同的。莊子思想中，其所重者在「保身存性」，如〈養生主〉、〈人間世〉中「曲轅櫟社樹」，旨皆在強調保身之重要，而此亦是莊子批判儒家以「仁義禮樂」作為治世標準之因。

於〈胠篋〉中，具體地論述了聖人以「仁義」為治之弊：

> 將為胠篋探囊發匱之盜而為守備，則必攝緘縢，固〔扃〕鐍，此世俗之所謂知也。然而巨盜至，則負匱揭篋擔囊而趨，唯恐緘縢扃鐍之不固也。然則鄉之所謂知者，不乃為大盜積者也？

（〈胠篋〉，頁342）

〈胠篋〉篇首即舉出人民日常生活中所習以為常之事。一般人為防小賊偷竊，遂將置物之箱、櫃以繩子捆緊，用鎖匙鎖好，世俗稱此種人為「聰明人」；但若是大盜來襲，其背負櫃子、提起箱子而逃跑時，反倒擔心繩子捆的不夠緊，鎖匙鎖的不夠牢固。因此提出責難「世俗之所謂知者，有不為大盜積者乎？所謂聖者，有不為大盜守者乎？」（〈胠篋〉，頁343）世俗所謂「知者」、「聖人」，有不為大盜「守者」、「積者」的嗎？此處亦在批判儒家所推尊之「聖」、「知」。

> 故曰，脣竭則齒寒，魯酒薄而邯鄲圍，聖人生而大盜起。掊擊聖人，縱舍盜賊，而天下始治矣。夫川竭而谷虛，丘夷而淵實。聖人已死，則大盜不起，天下平而无故矣。（〈胠篋〉，頁346）

聖人與大盜間看似毫無關連，但莊子卻將二者比作「脣、齒」、「魯酒、邯鄲」，

---

〔註33〕郭慶藩：《莊子集釋》，頁325。

而謂「脣竭則齒寒，魯酒薄而邯鄲圍」。郭象注此云：「夫竭脣非以寒齒而齒寒，魯酒薄非以圍邯鄲而邯鄲圍。」〔註34〕依郭象意，脣向上舉起並非欲使牙齒感到寒冷，但牙齒卻因此而感到寒冷；魯國的酒薄並非欲使邯鄲被圍，但邯鄲卻因此被圍，依此推論出「聖人生而大盜起」。郭象云：「聖人生非以起大盜而大盜起。此自然相生，必至之勢也。」〔註35〕聖人之產生並非欲使大盜生起，但大盜卻因此生起，故知此二者乃自然相互依生，必定會有此客觀形勢地產生。易言之，「脣之竭」、「魯酒之薄」、「聖人之生」，必導致「齒寒」、「邯鄲圍」、「大盜起」。兩兩間相互依生，無可避免。故欲使天下平治，莊子提出「掊擊聖人，縱舍盜賊，而天下始治矣。夫川竭而谷虛，丘夷而淵實。聖人已死，則大盜不起，天下平而无故矣。」打倒聖人，釋放盜賊，而天下方開始平治。然而此處便有疑問產生，「掊擊聖人，縱舍盜賊」後，天下真可得平治乎？郭象注此云：「夫聖人者，天下之所尚也。若乃絕其所尚而守其素朴，棄其禁令而代以寡欲，此所以掊擊聖人而我素朴自全，縱舍盜賊而彼姦自息也。」〔註36〕成玄英疏此云：「夫聖人者，智周萬物，道濟天下。今言掊擊者，亦示貶斥仁義絕聖棄智之意也。不貴難得之貨故縱舍盜賊，不假嚴刑，而天下太平也。」〔註37〕依郭象、成玄英之意，所謂「掊擊聖人，縱舍盜賊」並非真欲將聖人打倒，將盜賊釋放。郭象注莊，大抵以「迹冥圓」詮釋。所謂「迹」乃指外在行為，而「冥」則是內心的修養，其以為聖人乃是達迹冥圓的境界，即外迹與內冥圓滿和諧。雖其外在隨世俗變遷，然其內心卻無變也，仍是守其素樸的本性。然世人不明聖人之心，徒見其外迹便紛紛起而傚仿，自以為如此便算是得道。若是能夠去除世人對聖人外迹的仿效，而求自守其素樸之本性，則人人復歸於自然，則又何必有所謂「聖人」。而成玄英更進一步指出「掊擊」即「貶斥仁義絕聖棄智」，所欲貶斥者乃是外在仁義之名，而「絕聖棄智」〔註38〕亦不可實看之，乃在言超絕「聖」、「智」，並非真欲摒棄聖智，此即所謂「掊擊聖人」。而「縱舍盜賊」在言揚棄禁制法令，

---

〔註34〕郭慶藩：《莊子集釋》，頁348。
〔註35〕郭慶藩：《莊子集釋》，頁348～349。
〔註36〕郭慶藩：《莊子集釋》，頁349。
〔註37〕郭慶藩：《莊子集釋》，頁349。
〔註38〕此語最早出現於《老子》第十九章：「絕聖棄智，民利百倍；絕仁棄義，民復孝慈；絕巧棄利，盜賊無有；此三者，以為文不足。故令有所屬，見素抱樸，少私寡欲。」樓宇烈校釋：《老子周易王弼注校釋》（台北：華正，1983.9），頁45。

而以清心寡欲取代之，所以欲「棄其禁令」之因。〈應帝王〉中，狂接輿質疑日中始之言，而曰：「夫聖人之治也，治外乎？」（〈應帝王〉，頁291）聖人治理天下，難道是處理外於人性之事嗎？並舉鳥與鼵鼠之例：「且鳥高飛以避矰弋之害，鼵鼠深穴乎神丘之下以避熏鑿之患，而曾二蟲之無知！」（〈應帝王〉，頁291）。「矰弋之害」、「熏鑿之患」正如法治禁令，鳥與鼵鼠皆知「高飛」、「深穴乎神丘之下」以避禍患，難道世人不知避耶！故可知法治禁令訂之愈嚴，人避之愈急，若想藉法治禁令收治世之功必難矣。假若能放棄法治禁令，改以「寡欲」之心取代之，反而能收平治之功，故云：「不假嚴刑，而天下太平也。」除此，成玄英更引老子「不貴難得之貨」之說以明之。老子第三章云：「不貴難得之貨，使民不爲盜。」〔註39〕在上位者不去珍視難得的財貨，則人民便不會因欲求得難得之貨而爲盜。若是爲政者對於難得之貨視如珍寶，則人民便有所偏尚而競逐之，然難得之貨少而競逐之人多，非人人皆可得之，於是大盜遂起，強取豪奪。綜言之，莊子以爲欲使天下達平治，必「掊擊聖人，縱舍盜賊」也。最後，「夫川竭而谷虛，丘夷而淵實。」一段，正在呼應前所云：「脣竭則齒寒，魯酒薄而邯鄲圍」，意在云河川的水若乾涸，則山谷便空虛；而山丘的土若被夷平，則深淵便被塡平。再以此二例喻「聖人已死，大盜不起」，所謂「聖人已死」，非眞謂聖人死去之意。鍾泰云：「『聖人已死』者，謂聖人之名與其說亡，非謂聖人之人死也。」〔註40〕依鍾泰之意，「死」在言其「名」與「說」之亡，與其身無關。易言之，聖人之迹若息，便不會有大盜的生起。郭象注云：「竭川非以虛谷而谷虛，夷丘非以實淵而淵實，絕聖非以止盜而盜止。故止盜在去欲，不在彰聖知。」〔註41〕成玄英疏云：「夫智惠出則姦僞生，聖迹亡則大盜息。猶如川竭則谷虛，丘夷淵實，豈得措意，必至之宜。」〔註42〕合二者而言，河川乾涸並非欲使山谷空虛，但山谷卻因此空虛；山丘的土被夷平並非欲使山淵塡平，但山淵卻因此被塡平；絕棄聖人並非欲使大盜止息，但大盜卻因此而止息了。此全因前所云，聖人出以「聖、

---

〔註39〕《老子》第三章：「不尚賢，使民不爭。不貴難得之貨，使民不爲盜。不見可欲，使民心不亂。是以聖人之治，虛其心，實其腹，弱其志，強其骨；常使民無知、無欲，使夫智者不敢爲也。爲無爲，則無不治。」樓宇烈校釋：《老子周易王弼注校釋》，頁8。

〔註40〕鍾泰：《莊子發微》，頁210。

〔註41〕郭慶藩：《莊子集釋》，頁350。

〔註42〕郭慶藩：《莊子集釋》，頁350。

勇、義、智、仁」，欲以此使天下得治，反倒爲盜賊所資，因而「天下之善人少而不善人多，則聖人之利天下也少而害天下也多。」故必「掊擊聖人，縱舍盜賊」，而「聖人已死，則大盜不起」，最後「天下平而無故矣」。

　　總而言之，對於「儒家式聖人」之批判，主要仍立基於對仁義「永恆性」與「普遍性」之質疑，並反對聖人出以標榜「仁義」，使天下人競逐於外，失其本有質樸之本性。

　　王邦雄分析道家對儒家「仁義禮」的反省：

> 這一反省有兩方面的意義：一是本質意義的，儒家一開出教義教路，就被定住了，就可能僵化了，所以他要衝決它、要開發它，追尋不可道的常道，不德的上德。另一是發生意義的，在追求過程中，正的被轉爲是奇的，善的被轉爲是妖的，妖就是惡的意思，所以道家就在這個扭曲變形中講「絕聖棄智」、「絕仁棄義」。〔註43〕

其將道家的反省歸納爲兩個方向：一是本質意義的，一是發生意義的。前者變異爲「外在化」，後者變異爲「工具化」。合上述四點所論，《莊子》對儒家「仁義」的批判，可分作兩個向度而言，首先，是對「恆久性」的執著，以爲先王所傳之仁義禮法適用於各個時代而不可改，造成仁義禮法的異化，而爲有心者所利用，此是就「時間」而言。其次，是對「普遍性」的執著，以爲先王的仁義禮法適用於各地方之人民，同樣造成仁義禮法的異化，傷害人民本有之性情，此是就「空間」而言。「時間」爲縱軸，「空間」爲橫軸，儒家對仁義禮法的執著就此形成一張十字網，長期且廣泛地籠罩於中國社會之上，造成社會的動亂，百姓無法逍遙於其間。

# 第二節　明王之治——《莊子》的「道治」思想

　　關於《莊子》的「道治」思想，主要論點如下：

## 一、明王之治

　　〈應帝王〉中之思想，大抵可視作莊子政治主張之總旨，依其大意可名之曰「明王之治」。然其內容究竟爲何耶？以下依〈應帝王〉所論以申論之。

　　　有虞氏不及泰氏。有虞氏，其猶藏仁以要人；亦得人矣，而未始出

---

〔註43〕王邦雄《中國哲學論集》，頁198。

於非人。泰氏，其臥徐徐，其覺于于：一以己爲馬，一以己爲牛；

其知情信，其德甚真，而未始入於非人。（〈應帝王〉，頁287）

〈應帝王〉篇首即辨明有虞氏與泰氏之境界高下。有虞氏乃舜、泰氏爲太昊伏羲，莊子乃以爲舜之境界不如太昊伏羲，接著便說明其源由。舜標榜「仁義」以聚集人心，然太昊伏羲並不標榜「仁義」，「徐徐」、「于于」意在說明其安閒自得之貌。此段章句最引人爭議者，乃「未始出於非人」與「未始入於非人」二句，此二句該作何解？欲明其意得由「非人」二字入手，對「非人」之說解，可分作兩類：

## （一）將「非人」解作「物」

宣穎云：

非人者，物也。有心要人，則獨繫於物，是未能超然出於物之外也。

〔註44〕

泰氏渾同自然，毫無物累，是未始陷入於物之中也。〔註45〕

按宣穎之意，有虞氏不及泰氏，乃因有虞氏尚且存心要人，心繫於物，故不能超然於物外。但泰氏無心無累，而未始落入物執之中。除此之外，陳壽昌及張默生皆依宣穎之說〔註46〕。

## （二）將「非人」解作「天」

憨山大師註解「未始出於非人」與「未始入於非人」時云：

言有虞氏以仁要人，雖亦得人，且不能忘其功名，但是世俗之行，而未能超出人世，而悟真人之道妙，以造非人之境也。〔註47〕

然情信，指道體而言，前云有情有信是也。此其體也。至其德用甚真，不以人僞，既已超凡情，安於大道非人之境，而不墮於虛無，且能和光同塵，而未始拘拘自隘，此泰氏之妙也。〔註48〕

依憨山，非人乃是指大道，亦即指天、自然也。

---

〔註44〕宣穎：《莊子南華經解》（台北：宏業書局，1997），頁74～75。

〔註45〕宣穎：《莊子南華經解》，頁76。

〔註46〕陳壽昌云：「非人者，物也。」《南華真經正義》（台北：新天地書局，1997），頁117。張默生云：「宣云：非人者物也。」《莊子新釋》（台北：漢京文化事業有限公司，1983），頁211。

〔註47〕憨山大師：《莊子內篇憨山註》（台北：新文豐出版公司，2004.12初版五刷），頁433。

〔註48〕憨山大師：《莊子內篇憨山註》，頁433～434。

鍾泰則云：

> 「非人」，謂天也。「出」猶返也。言未能進於天也。……天則非人，
> 而又云「未始入於非人」者，以有天爲可入，則猶是藏也，滯也，
> 故特掃之。此所謂以破爲立也。注家有以非人釋作物者，不知人與
> 天對，不與物對。《莊子》全書皆如此，可檢案也。〔註49〕

鍾泰將「出」解爲「進」，此義雖較特殊，然其大意仍同於憨山大師。

而究竟將「非人」解作何者較爲合適？按高柏園釋云：

> 將「非人」解爲物，在文獻上卻缺乏有力的佐證與支持。蓋其可能
> 之文獻支持，或來自「至人之用心若鏡，不將不迎，應而不藏，故
> 能勝物而不傷。」以此中之勝物言其「未始入於非人」。然「故能勝
> 物而不傷」，宣穎注本卻寫爲「故能勝均而不傷」。果如此，則此自
> 不能以「勝物而不傷」解「未始入於非人」，而以「物」解「非人」。
> 另一方面，〈大宗師〉明明以天人對比，則「非人」當以「天」解之
> 或更爲恰當；且〈應帝王〉亦謂：「無爲名尸，無爲謀府，無爲事任，
> 無爲知主。體盡無窮，而遊無朕，盡其所受乎天，而無見得，亦虛
> 而已。」此正是強調天之自然義，而可爲「人」之註腳也。〔註50〕

依高柏園之意，若解作「物」，於文獻上卻缺乏有力的佐證與支持，且說明〈大
宗師〉中以天人對比，則「非人」以「天」解之更爲恰當，而〈應帝王〉「盡
其所受乎天」中亦是強調天之自然義。如此，我們便可知「未始出於非人」
在強調有虞氏僅用心於人，未能如天道自然之和光同塵，任物無染；「未始入
於非人」乃指泰氏自然相忘，而不以入於天爲念。

而陳政揚提出第三種觀點，以爲當留意非「人」之存有論意義，而不是
「非人」是什麼。其釋「未始出於非人」云：

> 「未始出於非人」可以理解爲有虞氏尚未跳脫出將自己視爲「人」
> 的框限，而將萬有視爲異於人的非「人」、他者（others）。因此，儘
> 管有虞氏的出發點是出於人性之「仁」，但是其澤惠與效用都僅能及
> 於「人」這類存有者，而不能普遍安立一切萬有。有虞氏以人性之
> 「仁」作爲行爲處世的基點，甚至產生人、物之別的看法。〔註51〕

---

〔註49〕 鍾泰著：《莊子發微》，頁168。

〔註50〕 高柏園：《莊子內七篇思想研究》（臺北：文津出版社，2000.5初版二刷），頁208。

〔註51〕 陳政揚：〈莊子的治道觀〉，《高雄師大學報》第十六期（2004），頁259。

陳政揚基於上述立場，以爲有虞氏尙未跳脫出將自己視爲「人」的框限，因而雖其出發點是出於人性之「仁」，但此「仁」僅能施及「人」，而無法普及「人」以外之萬有，甚而產生人、物之別，此不免太過狹隘。而釋「未始入於非人」時則云：

> 有虞氏不及泰氏，就在於泰氏從出發點上，就不曾明辨人禽之分，不曾將自己視爲獨特的一類（「人」），也不曾將萬有視爲異於人的其他類（非「人」）。由於泰氏不起虛妄分別相，因此其本性是與天地萬物渾然爲一的天德本眞。由這種眞性出發的安立天下之道，不僅照顧到「人」，同時對於草木鳥獸等有生之屬都有相同的關懷，此所以說泰氏：「未始入於非人」。正因爲泰氏未曾有人、物之別，是以其安立天下之道的有效性，就不僅及於人，而是廣及萬有。〔註52〕

其說明了所以有虞氏不及泰氏，正因泰氏於出發點上便未有人禽之分，其本性與天地萬物渾然爲一，並不將自己視爲獨特之一類，亦不將萬有視爲異類，由此出發的安立天下之道，自當能普及萬有。陳政揚之說提供了另一種觀點，突出了安立天下之道的基點與其效用範圍。

　　透過「有虞氏不及泰氏」一段，我們可知明王之治當以無爲自然爲依歸，其具體內容又爲何耶？〈應帝王〉云：

> 汝遊心於淡，合氣於漠，順物自然而無容私焉，而天下治矣。
> （〈應帝王〉，頁294）

> 明王之治：功蓋天下而似不自己，化貸萬物而民弗恃；有莫舉名，
> 使物自喜；立乎不測，而遊於无有者也。（〈應帝王〉，頁296）

第一則引文中強調了「天下治」之方式重點在於「遊心於淡」，郭象注云：「其任性而無所飾焉則淡矣。」〔註53〕所謂「任性」即「任其自然之天」，「無所飾」即謂「無人爲之造作」，因無心而自然，心自然能遊，自可無私而兼容一切，故知能達「遊心於淡」之境界，便可「合氣於漠，順物自然而無容私焉」，此即「無爲而無不爲」也。說明君王治理天下必然拋棄自我主觀意識，順從人民萬物之本性。而第二則引文中亦在強調「無爲而無不爲」之意。所謂「明王之治」重在「功蓋天下而似不自己，化貸萬物而民弗恃」，即雖有治理天下

---

〔註52〕陳政揚：〈莊子的治道觀〉，頁259。
〔註53〕郭慶藩：《莊子集釋》，頁294。

之功卻不居功，順物自然，不知上有君主之治。而由此段更可說明一般人對於道家思想中所謂「無君」論之誤解，莊子仍未廢棄君主與君主之治，僅是懼怕君王以一己之意出而治理天下，擾亂天下萬物本有之性，不但未能使天下治平，反倒是使天下更加紛亂。因此提出「功蓋天下而似不自己」治道觀，要求君主虛心，順從萬物之性以治理天下，使天下萬物各復其性而不居功，如此方可使天下治平。在論「至人」時曾云：「至人之用心若鏡，不將不迎，應而不藏，故能勝物而不傷。」此正在強調明王之治能以其心遍照萬物，使萬物呈顯其本有之價值，萬物之生命皆得到適當之安頓，此即「勝物而不傷」之眞義。

## 二、應時而變

　　上節中已說明莊子破除儒家對「仁義」具「永恆性」的主張，而《莊子》又如何看待先王所遺留的「仁義」？〈天運〉云：

> 故夫三皇五帝之禮義法度，不矜於同而矜於治。故譬三皇五帝之禮義法度，其猶柤梨橘柚邪！其味相反而皆可於口。故禮義法度者，應時而變者也。今取猨狙而衣以周公之服，彼必齕齧挽裂，盡去而後慊。觀古今之異，猶猨狙之異乎周公也。（〈天運〉，頁514～515）

> 仁義，先王之蘧廬也，止可以一宿而不可久處，覯而多責。古之至人，假道於仁，託宿於義，以遊逍遙之虛。（〈天運〉，頁517～519）

所謂「不矜於同而矜於治」，郭象註云：「期於合時宜，應治體而已。」〔註54〕成玄英疏云：「夫三皇五帝，步驟殊時，禮樂威儀，不相沿襲，美在逗機，不治以定，不貴率今以同古。」〔註55〕旨即「應時而變」。面對三皇五帝之禮義法度，需隨時而變，其所貴者並非沿用古禮施於當代，而在於能合當世而達天下治平，並取二則譬喻以說明之。首先，以「柤梨橘柚」比擬三皇五帝之禮義法度，「柤梨橘柚」之味道各有所別，然而人們卻皆以爲其味皆美，正如三皇五帝之禮義法度雖不同，然皆可達天下治平的目的〔註56〕。其次，以「猨狙」爲喻，說明一成不變之禮法正如取周公的禮服給猨狙穿，所得的結果必

〔註54〕郭慶藩：《莊子集釋》，頁514。

〔註55〕郭慶藩：《莊子集釋》，頁514。

〔註56〕成玄英疏云：「夫柤梨橘柚，甘苦味殊，至於噉嚼而皆可於口。譬三皇五帝，澆淳異世，至於爲政，咸適機宜也。」郭慶藩：《莊子集釋》，頁515。

是「黶黤挽裂，盡去而後慊」，因人所以爲美者，於獼狙眼中並非美者也〔註57〕。故知取三皇五帝之禮義法度用於當代而不知變通，正如取周公之禮服與獼狙，不但未能治天下，反而亂乎人心。後段章句再度強調此觀點，以爲「仁義」如先王之旅舍，僅能「一宿而不可久處」，僅能短暫的停留而不可長期居住，而仁義亦是不可執守，否則競僞便起。至人明此理，因而「假道於仁，託宿於義」，即應時而變，不滯於固定的仁義之迹，故可遊於逍遙之境。易言之，《莊子》所反的仁義，乃是儒家滯於一時、一地的仁義，並非由本質上否定仁義，《莊子》不滿儒家體現仁義的方式，以爲體現仁義的最佳方式，乃如牟宗三所云：

> 它不是從實有層上、正面原則上去肯定，它的肯定是作用中的肯定。
> 我就給它找一個名詞，叫做：作用地保存。它當然不是正面來肯定
> 聖、智、仁、義，但也不是正面來否定它們。……既然要如何來體
> 現它，這不就是保住了嗎？這種保住，就是「作用地保存」，對聖、
> 智、仁、義，可以作用地保存得住。〔註58〕

第三章中論「坐忘」工夫時，已分析過「忘仁義」之「忘」乃「作用地保存」義，於此再次重申並化解一般人對《莊子》中否定仁義之誤解，其實《莊子》是由作用中肯定仁義的價值，而非由實有層上去肯定仁義之存在。仁義既然由「作用中」肯定，則必須「應時而變」。

而「至德之世」中，百姓自然是不知「仁義」，其云：

> 端正而不知以爲義，相愛而不知以爲仁，實而不知以爲忠，當而不
> 知以爲信，蠢動而相使，不以爲賜。（〈天地〉，頁445）

> 不知義之所適，不知禮之所將。（〈山木〉，頁671）

前段引文中提及至德之世下的百姓「端正、相愛、實、當、蠢動而相使」，但卻不知何謂「義、仁、忠、信、賜」。此因百姓皆順其「自然」而爲，無論是端正或相愛，皆出乎自然的本性，又何需知有「義、仁、忠、信、賜」之名，方可行「端正、相愛、實、當、蠢動而相使」之實。如蒙培元云：

> 「尚賢使能」是人治社會，人治強調以人爲本，而不是以自然爲本，

---

〔註57〕成玄英疏云：「是以禮服雖華，獼狙不以爲美；聖迹乃貴，末代不以爲尊。故毀禮服，獼狙始慊其心；棄聖迹，蒼生方適其性。」郭慶藩：《莊子集釋》，頁515。
〔註58〕牟宗三：《中國哲學十九講》，頁133。

　　故有人爲的「仁義忠信」之類。如果以自然爲本，人民得到生養，
　　有仁義忠信之實，而無「仁義忠信」之名，豈不是更好。這就是以
　　道治治之而不是以仁義治之。〔註59〕

此即強調以「自然」爲本，人民自然而然行「仁義忠信之實」，又何必需要「仁義忠信之名」。而後段引文中，市南宜僚對魯侯言於南越有一「建德之國」，其百姓不知「義之所適」及「禮之所將」，然百姓行爲亦如前段引文所云，皆隨其自然本性而行。

　　合二則引文觀之，莊子論述時，大量採用「不知……」的語法。當然，以現代的語法觀之，「不知……」，無疑是指「不知道……」，將此義反置於前二段引文中，依然可通。然百姓「不知」仁、義、忠、信等，則涉及了另一問題，百姓究竟是「眞不知」抑或是「假不知」？莊子將「至德之世」寄託於遠古十二帝王之下，是否有眞有此十二帝王尚且不知，更遑論有所謂儒家、道家等諸子百家。仁義禮樂之禮法當始自「夏商周」三代，而夏商周三代乃在遠古十二帝王之下，故可知「至德之世」的百姓當「眞不知」有所謂仁、義、忠、信，而「不知」便隱含「天眞、爛漫」之意味。但《莊子》著作之年代，無論是〈內篇〉或〈外、雜篇〉，皆已降及戰國，當時儒學早已與墨家並顯於世而稱「顯學」，整體社會風氣即如〈駢拇〉所云：「自虞氏招仁義以撓天下也，天下莫不奔命於仁義。」（〈駢拇〉，頁 323）於此社會背景下，若仍謂百姓「不知」仁、義、忠、信，不免過於虛假，此即是「假不知」也。尋此意，《莊子》豈不是教人作僞、虛假，如此，不啻大違莊子「自然」之大原則。若欲不違「自然」之旨，又該如何於「天下莫不奔命於仁義」的社會風氣下，詮解此「不知」義。易言之，即是如何能達「知」而「不知」耶？此惟在「魚相忘乎江湖，人相忘乎道術。」（〈大宗師〉，頁 272）之「忘」字而已〔註60〕。故知此「忘」即「坐忘」之「忘」，是超絕義、工夫義，需賴人自覺的回歸、作工夫方可至也。由此亦可知，遠古十二帝下之百姓與後世百姓，雖同可至「不知」，然其中卻有所別，最大分判者即在「工夫」與「自覺」二點上。遠古十二帝時，百姓的「不知仁義」，乃因其所處的社會環境本無人倡此，所以端正、相愛，是本乎性情之所發；然後世社會環境中，儒家極力

---

〔註59〕蒙培元：《人與自然：中國哲學生態觀》，頁 239～240。
〔註60〕郭象注云：「各自足而相忘者，天下莫不然也。至人常足，故常忘也。」郭慶藩：《莊子集釋》，頁 272。

提倡「仁義」，百姓欲由「天下莫不奔命於仁義」之風氣下成此「不知」，必賴人自身的「自覺」，並由此作「工夫」。

## 三、無知無欲

對於至德之世的百姓描寫，又可分作二類，一爲「內在心理」，一爲「外在行爲」：

### （一）「素樸而民性得矣」──內在心理

理想社會中，百姓之心理狀態爲何耶？〈山木〉中，市宜南僚見魯侯時，曾提及南越有一「建德之國」，依其對「建德之國」的描述，亦可視作理想社會。而建德之國中百姓的心理狀態，市宜南僚謂：

> 其民愚而朴，少私而寡欲。（〈山木〉，頁 671）

按一般常識性的判斷，「少私而寡欲」姑且可視爲正面之論述，然而「愚而朴」之負面意味較甚。故可知「愚而朴」、「少私而寡欲」，非由常識性論之，當置於莊子理論架構下方可得其正解。而〈馬蹄〉中，對「至德之世」的百姓心理狀態，論云：

> 同乎无知，其德不離；同乎无欲，是謂素樸；素樸而民性得矣。
>
> （〈馬蹄〉，頁 336）

合兩段章句論之，所謂「愚」，若以「愚昧」解，則莊子政治思想不免落入「愚民主義」〔註61〕的偏見，且未能合理地傳達莊子思想。此「愚」字，當以後段的「无知」解。然「无知」又該作何解呢？與「愚」是否有別？當由「知」字論起。〈齊物論〉云：

> 古之人，其知有所至矣。惡乎至？有以爲未始有物者，至矣，盡矣，

---

〔註61〕徐復觀云：「老子要求爲而無爲；而莊子則連天下而亦忘之，更沒有無爲之可以言。這是對政治的一種徹底否定，也即是對政治的一種徹底淨化。莊子所談的政治，都是經過否定了以後的淨化的政治。而否定、淨化，在莊子，皆統一於『忘』的意境之中。『忘』是美地觀照所得以成立的必須條件，也是莊子所要求於政治的必須條件。」《中國藝術精神》，頁 114。徐復觀又云：「莊子對政治的態度，不是根本否定它，乃是繼承老子無爲之旨，在積極方面，要成就每一個人的個性；在消極方面，否定一切干涉性的措施。不過莊子所要成就的個性，不是向外無限制伸展的個性；因爲若是如此，便會人我發生衝突，反而使人我皆失其性。莊子所要成就的，乃是向內展開的，向道與德上昇的個性；這在他，便稱之爲『安其性命之情』。能安其性命之情，亦即是使人能從政治壓迫中解放出來以得到自由。《中國人性論史·先秦篇》，頁 409。

不可以加矣。其次以爲有物矣，而未始有封也。其次以爲有封焉，
而未始有是非也。是非之彰也，道之所以虧也。道之所以虧，愛之
所以成。（〈齊物論〉，頁74）

莊子以爲人之「知」有不同境界，最高者即是「未始有物者」〔註62〕；次一
等爲「有物矣，而未始有封也。」〔註63〕；再次一等爲「有封焉，而未始有
是非也」〔註64〕；最末等則爲「是非之彰也，道之所以虧也。〔註65〕道之所
以虧，愛之所以成。」〔註66〕。莊子特別批判了最末等，以爲人因有是非的
成見，進而開始區分「人、我」「物、我」之別，因而有分別心，大道的整全
性便因此不保而有虧損，由是產生偏私、偏愛之情。易言之，「是非之心」，
乃維繫大道整全性的最後底線，一旦產生是非之心，大道便有虧損。由是可
知「无知」之「知」，應專指「是非之心」，即要人去除是非之心，維繫大道
的整全。成玄英疏云：「既無分別心，故同乎無知之理。又不（以）險德以求
行，故抱一而不離也。」〔註67〕意同於此。在至德之世，百姓並無是非之心，
故無人我、物我之別，萬物皆一，此「無知」的表現，即是「愚」的最佳詮
釋，亦是爲一種境界。若問「無知」與「愚」是否有所別？則「愚」是以肯
定之方式，由正面凸顯出一「無是無非」的境界；「無知」則以否定之方式，
由反面烘托出「無是無非」的境界，故兩者實際上並無差別。因百姓內心達
無是非心之境界，故其後云「朴」、「其德不離」，旨皆在強調百姓能保有得之
於天之本性。又因能保有天然之本性，自然是「少私」、「寡欲」，亦即是「無
欲」。然何謂「無欲」耶？此又當由「欲」字論起，《莊子》中的「欲」大抵
是指「嗜欲」，專指超出生理基本需求的慾望。一般人生理基本需求本少，衣
取避寒、食取充飢，然面對充滿誘惑之世界卻不知節制，漸漸地「所苦者，

〔註62〕郭象注云：「此忘天地，遺萬物，外不察乎宇宙，內不覺其一身，故能曠然無
累，與物俱往，而無所不應也。」，郭慶藩：《莊子集釋》，頁75。

〔註63〕郭象注云：「雖未都忘，猶能忘其彼此。」，郭慶藩：《莊子集釋》，頁75。

〔註64〕郭象注云：「雖未能忘彼此，猶能忘彼此之是非也。」，郭慶藩：《莊子集釋》，
頁75。

〔註65〕郭象注云：「無是非乃全也。」成玄英疏云：「夫有非有是，流俗之鄙情；無
是無非，達人之通鑒分。故知彼我彰而至道隱，是非息而妙理全矣。」郭慶
藩：《莊子集釋》，頁75。

〔註66〕郭象注云：「道虧則情有所偏而愛有所成，未能忘愛釋私，玄同彼我也。」成
玄英疏云：「虛玄之道，既已虧損，愛染之情，於是乎成著矣。」郭慶藩：《莊
子集釋》，頁76。

〔註67〕郭慶藩：《莊子集釋》，頁337。

身不得安逸，口不得厚味，形不得美服，目不得好色，耳不得音聲」，開始講求衣著、食物等，因而與物競逐，「所樂者，身安厚味美服好色音聲也」，追求美服、佳餚等，陷溺於嗜欲中，以爲此乃人生的至樂，其實不過在殘害本有之本性而不自知。此超出基本生理需求的「嗜欲」，即是《莊子》所欲「無」者，斷不可誤以爲是要無去基本生理之欲求。而能夠「無欲」，便可保有其「素樸」的本性，故云「素樸而民性得矣」。

此外，在〈馬蹄〉與〈盜跖〉中，亦論及至德之世的百姓心理狀態。

> 故至德之世，其行填填，其視顛顛。（〈馬蹄〉，頁334）

> 神農之世，臥則居居，起則于于。（〈盜跖〉，頁995）

前段中所謂「填填」、「顛顛」，成玄英疏云：「夫太上淳和之世，遂初至德之時，心既遣於是非，行亦忘乎物我。所以守真內足，填填而處無爲；自不外求，顛顛而游於虛淡。」〔註68〕依其意，至德之世民風淳和，百姓無知無欲，「填填」乃在形容百姓守其純樸之自然本性，內心自足，故達無爲境界；「顛顛」則形容因其自足於內，故無須向外物索求，因此可游於虛淡之境。其要旨皆在表達至德之世，百姓內心自足而無待於外物，故郭象注云：「此自足於內，無所求之貌。」〔註69〕後段中將至德之世託古於「神農之世」，所謂「居居」、「于于」，成玄英疏云：「居居，安靜之容。于于，自得之貌。」〔註70〕其意亦同前所言的「填填」、「顛顛」，皆在強調至德之世下，百姓內心自足而無待於外物的狀態。

總而言之，至德之世的百姓，其無知無欲，故能保其素樸之自然本性；能保素樸之自然本性，當可自足於內而不待外物，終能處無爲之境而游於虛淡。

## （二）「禽獸可係羈而游」──外在行為

在上節中已明理想社會下百姓的內心狀態，既能無知無欲，保有其素樸的自然本性，則顯現於外之行爲又當如何耶？在日常生活方面，〈盜跖〉云：

> 古者禽獸多而人少，於是民皆巢居以避之，晝拾橡栗，暮栖木上，
> 故命之曰有巢氏之民。……古者民不知衣服，夏多積薪，冬則煬之，

---

〔註68〕郭慶藩：《莊子集釋》，頁335。
〔註69〕郭慶藩：《莊子集釋》，頁335。
〔註70〕郭慶藩：《莊子集釋》，頁995。

故命之曰知生之民。……神農之世，……與麋鹿共處，耕而食，織
而衣。（〈盜跖〉，頁 994～995）

「晝拾橡栗，暮栖木上」、「不知衣服，夏多積薪，冬則煬之」、「與麋鹿共處，
耕而食，織而衣」，百姓生活方式，所呈現的樣貌儼然是一個原始社會下原始
人之生活，正如崔大華所言：「生產活動也很簡單，主要是『盡拾橡栗』的採
集和『與麋鹿共處』的狩獵或畜牧。『夏多積薪，冬則煬之』，火是『至德之
世』的人們掌握的唯一自然力。」〔註 71〕無論是在食物、衣物或是處所等需
求，皆極為單純，能夠滿足基本生理需求即可，不會有過度欲求。

《莊子》論至德之世時，亦論及百姓與自然物間之關係，其言云：

是故禽獸可係羈而游，鳥鵲之巢可攀援而闚。……同與禽獸居，族
與萬物並。（〈馬蹄〉，頁 334～336）

與麋鹿共處，耕而食，織而衣，无有相害之心。（〈盜跖〉，頁 995）

〈馬蹄〉中表示百姓可與禽獸結伴而遊，可以攀爬樹木觀看鳥鵲的巢穴，甚
至可與禽獸同居，與萬物共同生活，〈盜跖〉中亦表示可與麋鹿共處。其中人
與萬物似無隔閡，而莊子藉此關係所欲表達的義理為何？該如何適當地理解
這些章句呢？郭象注云：「與物無害，故物馴也。」〔註 72〕成玄英疏云：「人
無害物之心，物無畏人之慮。故山禽野獸，可羈係而遨遊；鳥鵲巢窠，可攀
援而窺望也。」〔註 73〕二人皆以無害物之心釋之，此正同〈盜跖〉所謂「无
有相害之心」，因人無害物之心，故物亦不害己，自然禽獸可係羈而游、鳥鵲
之巢可攀援而闚，甚至同與禽獸居，族與萬物並。而所以能「无有相害之心」，
追根究柢，即至德之世下之百姓無知無欲，保有純樸的自然本性，遂能與物
無對，視萬物為一。那薇云：「道家學說無論是在人與自然的關係中，還是在
人與人的關係中都不曾把人作為與自然與社會相對而立的主體看待。」〔註 74〕
於至德之世下，百姓能保其純樸之自然本性，故與自然與社會並非相對的主
體，而能「和諧」地共存。易言之，《莊子》以「寓言」的筆法突顯出人與物
之間能「和諧」地共存，即為上兩段章句所欲傳達之真諦，萬不可將它實看
而略其大旨。崔大華論「至德之世」時，云：

---

〔註 71〕崔大華：《莊學研究》（北京：人民出版社，1997.5 第 3 次印刷），頁 250。

〔註 72〕郭慶藩：《莊子集釋》，頁 336。

〔註 73〕郭慶藩：《莊子集釋》，頁 336。

〔註 74〕那薇：《道家與海德格爾相互詮釋》（北京：商務印書館，2004.12 第一版），
頁 328。

作爲一種社會思想，莊子「至德之世」的雙重性質是很明顯的。一
方面，它具有強烈的現實性。「至德之世，同與禽獸居，族與萬物並，
惡乎知君子小人哉」，莊子通過對一種人與自然、人與人尚無任何對
立的遠古社會的深情的憧憬，表現了他對瀰漫著「相軋相盜」、「棄
生殉物」的現實社會的鄙視和不滿，顯示著一種積極的批判精神。
另一方面，它也具有明顯的、遠離實際的幻想性。《莊子》描寫在「至
德之世」，「禽獸可系羈而游，鳥鵲之巢可攀而闚」，人們「甘其食，
美其服，樂其俗，安其居」。這就是說，原始狀態下的人與自然（如
動物）的關係是極其和諧友善而無任何對立和鬥爭；原始人的內心
世界是極其恬靜安寧而無絲毫紛擾和不安。實際上，這是浪漫的幻
想。〔註75〕

崔大華以爲《莊子》的「至德之世」有著明顯的雙重性質：其一爲「強烈的
現實性」，乃通過遠古「人與自然」、「人與人」尚無對立的社會，對「相軋相
盜」、「棄生殉物」的現實社會進行批判；其二爲「遠離實際的幻想性」，表達
原始狀態下的人，其內心是極其恬靜安寧，與自然的關係是極其和諧友善。
就前者而言，《莊子》論「至德之世」時，往往針對「仁義禮法」進行掊擊，
並否定有所謂「君子」、「小人」之分別，即是在對現實社會進行批判，故論
其具「強烈的現實性」是無庸置疑者。然若謂其具「遠離實際的幻想性」，則
似有不妥。何以言此耶？前曾分析「禽獸可係羈而游，鳥鵲之巢可攀援而闚」
等章句，乃是《莊子》以「寓言」的筆法突顯出人與物之間並非相對立之主
體，只要人保有其純樸的自然本性，便能「和諧」地共存。《莊子》於此不過
藉以表述其理想，若以此爲「幻想」，遠離實際，並稱之爲「浪漫的幻想」，
若以「寓言」佔《莊子》書中篇幅之廣而論，豈不有「滿紙荒唐言」之虞。
一般言「幻想」，多指不切實際且無實現可能之想法，故若以「幻想」稱「至
德之世」，不免使人誤解其僅是空想且無實現之可能。且「至德之世」的主張，
本建立於批判現實社會的亂象，以建立一理想之社會，怎可謂其爲「幻想」。
故爲免《莊子》「至德之世」的價值遭掩沒，不如以「理想」改稱之，較可突
顯出《莊子》淑世的本懷。

---

〔註75〕崔大華：《莊學研究》，頁252～253。

# 第三節　小結

　　論理時採「託古」方式，向來盛行於中國社會，莊子論其理想社會時亦是如此，而莊子將「至德之世」託之於遠古十二帝之下，是爲對治「有心求治」的方法，即是提倡「無心任化，無爲而治」。並以爲莊子初非有意主張回歸到泰氏時代，所以「託古」，乃是「從俗」的表現。

　　莊子政治思想，一部份即在批判儒家之「德治」，主要可歸結作：

## 一、古人之糟魄──仁義不具「永恆性」

　　莊子不以爲仁義不具「永恆性」，而視周文爲「虛文」、「形式主義」，而先王之禮法，必適時適用，此因聖人仁義禮法之精神已隨其逝矣，所留下者僅爲空殼，若過時而用，必遭矯效。

## 二、孰知天下之正色哉──仁義不具「普遍性」

　　莊子不以爲「仁義禮法」能超越時間之限制而具永恆不變之的性質，若將自己之主觀價值強加於他人身上，結果必是「殘生損性」。〈內篇〉中由「客觀的生理」、「主觀的感受」、「主觀的認知」等角度，批判儒家的「仁義禮」不具普遍性。到了〈外雜篇〉中，更以「養鳥」爲喻，持續對儒家的「仁義禮」進行批判。

## 三、並與其聖知之法而盜之──仁義的「異質化」

　　若執著於「仁義」具「永恆性」、「普遍性」而不可改，則「仁義」之術不免生變，有異質化的可能。「仁義」乃主觀價值之產物，而人往往據其主觀價值判斷外物，予以分類、分級，同於己者爲友，異於己者爲敵，整體社會便因此而隔離、混亂，故提倡仁義不但無法使社會治平，反使社會紛亂。而「仁義」之術若應用於政治上時，丕變爲外在手段，用以鞏固君王之位，防止底下臣子之窺探，更甚者反爲大盜所資藉者。

## 四、聖人不死，大盜不止──對「儒家式聖人」之批判

　　既然反對「仁義」，自然極力批判由「仁義」而來的「聖人」。聖人出以治國，毀棄了自然無爲的方式，改以仁義出之，遂改變百姓的淳樸本性，此

全爲聖人之過失。而對於「儒家式聖人」之批判，主要仍立基於對仁義「永恆性」與「普遍性」之質疑，並反對聖人出以標榜「仁義」，使天下人競逐於外，失其本有質樸之本性。

　　而莊子本身所主張之明王之治，乃爲：

## 一、明王之治

　　「未始出於非人」在強調有虞氏僅用心於人，未能如天道自然之和光同塵，任物無染；「未始入於非人」乃指泰氏自然相忘，而不以入於天爲念。其具體內容在君王治理天下必然抛棄自我主觀意識，順從人民萬物之本性。重在「功蓋天下而似不自己，化貸萬物而民弗恃」，即雖有治理天下之功卻不居功，順物自然，不知上有君主之治。

## 二、應時而變

　　面對三皇五帝之禮義法度，須隨時而變，其所貴者並非沿用古禮施於當代，而在於能合當世而達天下治平。但所反的仁義，乃是儒家滯於一時、一地的仁義，並非由本質上否定仁義，《莊子》不滿儒家體現仁義的方式，以爲體現仁義的最佳方式乃「作用地保存」。

## 三、無知無欲

### （一）「素樸而民性得矣」──內在心理

　　在至德之世，百姓並無是非之心，故無人我、物我之別，萬物皆一，此「無知」的表現，即是「愚」的最佳詮釋，亦是爲一種境界。所謂「無知」，所欲「無」者，斷不可誤以爲是要無去基本生理之欲求。而能夠「無欲」，便可保有其「素樸」的本性，故云「素樸而民性得矣」。總而言之，至德之世的百姓，其無知無欲，故能保其素樸之自然本性；能保素樸之自然本性，當可自足於內而不待外物，終能處無爲之境而游於虛淡。

### （二）「禽獸可係羈而游」──外在行為

　　無論是在食物、衣物或是處所等需求，皆極爲單純，能夠滿足基本生理需求即可，不會有過度欲求。而人與物間之關係，因人無害物之心，故物亦不害己，自然禽獸可係羈而游、鳥鵲之巢可攀援而闚，甚至同與禽獸居，族

與萬物並。而所以能「无有相害之心」，追根究柢，即至德之世下之百姓無知無欲，保有純樸的自然本性，遂能與物無對，視萬物爲一。

# 第六章 結 論

　　第一章中針對莊子其及相關問題作一省察，並訂出本論文預期之成果為：

1、釐清莊子理想人格間之關係，並討論「成聖」之可能性及其工夫進路。

2、釐清莊子理想社會之主張，並試圖描述出理想社會之藍圖。

3、莊子理想人格與理想社會之侷限。

4、莊子理想人格與理想社會之時代意義。

　　第二章中，首先針對莊子所處之時代提出可能產生之生命困境，大抵可分作「外在因素」與「內在感受」兩個層面。就前者而言，莊子所處之外在客觀環境，經濟已漸漸提昇，然上位者爭權奪位，諸侯間相互征伐，導致整個社會動盪不安，而民間則有諸子百家的興起，各以其說「是其所非而非其所是」。就後者而言，依牟宗三所論，可分作：「自然生命的紛馳」，包含了生理感官對聲、色、味追求所產生的「嗜欲」與自然生命「生老病死」過程的執定；「心理的情緒」，而最易傷害人內在心性者，即是隨外物流轉所生的喜怒哀樂之情了；「意念的造作」，即諸子百家興起，各派支持者對其自家之說深植於心，而形成意識型態，面對任何的人、事、物，皆以其褊狹的觀點衡量之、判斷之，對於他派之說，無不竭力攻擊。而「外在因素」與「內在感受」兩者間往往是交互影響，並非是相互對立或截然二分的兩面。

　　其次，針對莊子語言作一釐清，以明瞭《莊子》書中的說理方式，不外乎「寓言、重言、卮言」三者。

　　一、寓言：若以修辭的角度看「寓言」，則其即為一種「藉外論之」的語言形式，而由此點所論的「寓言」，當較近於莊子的原意；若以文體的角度看寓言，因其某些部分確實符合現代西方的寓言標準，亦可視作一種文學體裁，

但僅隸屬於「廣義的寓言」。以「寓言」方式表達思想，除可免去同時代之人賤之辱之的困境，又因具故事性，故容易吸引讀者進入其思想義理中，又因具開放性，故能避免讀者陷溺於語言中而失其要旨。

二、重言：乃是借古聖哲或當世名人之「名」，假造其言，藉以表達其思想，特別是孔子及其門徒，最為莊子所好。但古聖哲或當世名人雖常於《莊子》書中發言，但真正操縱古聖哲或當世名人之口者，實為莊子也。因此，萬不可將「重言」中人物所表達之思想當作其本有的想法。而在「寓言」中，其「藉外論之」的角色，亦可包含「人」，如此「重言」不若與「寓言」相同，又何需分立兩者？其實，「寓言」的角色選取，定義在「非己」上，而「重言」的角色選取，則限定於「古聖哲或當世名人」，故知二者有所區別。

三、卮言：是一種無心而自然流露的言論，因屬無心而自然流露，故無主觀之成見，不致落入「儒墨之是非」的爭辯中，故亦為「渾圓之言」。此種「卮言」自然是「曼衍」、「和以天倪」、「天均」。

至於「三言」間之關係，若回歸莊子初衷，其實僅是欲傳「道」，而所以藉「三言」解決語言的困境，乃因：一、能符合其本身內部的義理；二、能避免淪於「儒墨之是非」的爭辯；三、能夠使人信服且實踐。由此觀點，「三言」僅為傳道之媒介、工具，若真欲論三者間的關係，大抵僅在於「以卮言為曼衍，以重言為真，以寓言為廣」，三者性質的不同，而不可以其中某者為本，因其真正所本者，應為「道」。此外，牟宗三以「描述的講法」析論「三言」，將其分作三層論述：第一層即「卮言、重言、寓言」，此層中並不作理上的分解，而意再呈顯一無分解的渾沌。第二層中，開始進行理上的分解，以辯證之方式分別說明。第三層中，進行辯證的融化，反顯出道的圓實，亦為「辯證的融化」。莊子的「卮言、重言、寓言」的描述講法，實即是一連串「精神辯證」發展的過程，其目的不外乎在引領讀者一步步邁向體道的境界。

第三節中，首先分析莊子「逍遙」境界，並進一步剖析郭象、支道林二人對「逍遙」境界之詮釋。

# 一、莊子——無待的逍遙

藉由〈逍遙遊〉中四種境界，我們可整理出三點：

（一）莊子判定是否達「逍遙」境界的標準在於「無待」。所謂「待」，是就主體依恃外在現實的條件而言。

（二）「夫乘天地之正，而御六氣之辯，以遊无窮者，彼且惡乎待哉！」乃是莊子爲「逍遙」境界所下的明確內涵。

（三）能落實「無待」的工夫達「逍遙」境界者，稱作「至人、神人、聖人」。

然因《莊子》書中未正面肯定人人皆可達「逍遙」境界，因此逍遙的普遍性便受後人質疑。特別於〈德充符〉中說明了受自然之正氣者，在下唯有松柏，在上唯有堯舜，故知堯舜必具有聖人之材、逍遙之質，但一般人則鮮少能「受命於天」。大宗師〉中，南伯子葵問：「道可得學邪？」女偊應之曰：「惡！惡可！子非其人也。」只因南伯子葵未具備聖人之材，女偊便直接否定其成聖的可能。合兩段章句觀之，莊子似乎以爲唯具有「聖人之材」者方可成聖人，達逍遙的境界。大抵有兩種主張：

1、以爲莊子的聖人生命境界必同時仰賴「聖人之道」與「聖人之才」方可臻達。如唐君毅便以爲「聖人之道」必與天生的「聖人之才」相結合，方能成就「聖人」。

2、以爲莊子認爲人人皆可成聖人，不受天生之才的限制。如高柏園即以爲莊子具有普遍的人性肯定，人人皆可成聖人。按鍾泰之意，女偊的回答並非是對南伯子葵的正面否定，而是爲反面的方便語，其實意乃是欲激勵之。

綜觀二家之說，筆者以爲道家作爲一大教，其內在之理論必具有普遍性，若是成聖必受限於「聖人之才」，則莊子之學必失其普遍性，而流於專爲某些獨具「聖人之才」者說法之弊，故同意高氏之說，成聖並不受限於「聖人之才」。

## 二、適性的逍遙

### （一）郭象《注》中「適性」的逍遙

「夫小大雖殊，而放於自得之場，則物任其性，事稱其能，各當其分，逍遙一也，豈容勝負於其間哉！」郭象突出大鵬與小鳥間的客觀現實差距，並泯齊客觀現實上「大、小」的差距，以爲只要「物任其性，事稱其能」而至「足於其性」，回歸於自己本有的性分而至「適性」，則兩者皆可登「逍遙」之境而無高下之別，因而言「逍遙一也」。

郭象之性分論，依莊耀郎先生之說，僅具自然的稟受之義，偏向於對特殊性的一面。郭象將莊子判定逍遙的標準，由「無待」轉爲「適性」，由主體工夫的超昇轉向極其性分、適性安命的理境。「夫唯與物冥而循大變者，爲能

無待而常通,豈〔獨〕自通而已哉!又順有待者,使不失其所待,所待不失,則同於大通矣。」所謂「適性」、「任性」、「足於其性」、「稱能」、「當分」、「自得」等本爲實然意義之概念,遂一轉而爲價值之所在,「逍遙一也」的「一」,並非指兩者的逍遙具有相同的內容,而是一同於「足於性分」。

### (二)劉孝標之《注》語

牟宗三於《才性與玄理》一書中,曾針對此段注語進行詳盡地分析,並將之分作:

#### 1、理上說

「夫大鵬之上九萬,尺鷃之起楡枋,小大雖差,各任其性,苟當其分,逍遙一也。」由理上作一般的陳述,將「依待」分作「量的形式關係中之依待」與「質的實際關係中之依待」。必須超越、衝破「量」與「質」的依待,牟氏稱此爲逍遙之「形式的定義」。

#### 2、分別說

「然物之芸芸,同資有待,得其所待,然後逍遙耳。唯聖人與物冥而循大變,爲能無待而常通。」「分別說」中爲「逍遙」定下「眞實定義」,表明了「逍遙」是修養境界上的事,並進一步說明,唯有聖人能體現形式定義之逍遙而具體化之,達至眞正之逍遙。緊接著區分人與萬物的不同:一爲聖人「無待」的逍遙,乃自覺地作虛一而靜的工夫,是屬於精神生活之領域;一爲萬物「有待」的逍遙,因無法自覺地作虛一而靜的工夫,故是「觀照境界」、「藝術境界」,隨主體逍遙而逍遙。

#### 3、圓融說

「豈獨自通而已!又從有待者不失其所待,不失,則同於大通矣。」道家的道化之治,重在「去礙」,渾忘一切彼是的對立,足其性分。在聖人的去礙下,萬物皆各適其性,不失其所待,無論聖人、萬物,同登於「逍遙」的境界,此謂之「同於大通」,故云「功化與觀照一也」。

### (三)郭象「適性的逍遙」所面臨的困境

①吳怡指出郭象的「適性」,所適從者若爲「物性」之一面,以爲只要能滿足萬物生理的基本欲求,便可至逍遙,此不免有使萬物走向消極頹敗之虞。

②林聰舜由「價值意義」與「現象意義」兩個觀點分析郭象的「逍遙」,以爲郭象「適性的逍遙」缺乏主體工夫以保證之,若一味只求足性、適性,

其結果可能最後僅是滿足人的性分，落實而言，亦只是滿足生理之基本欲求。

　　郭象逍遙論中，有待者「適性」的逍遙僅在與現實世界作妥協，自足於一己的世界，不求自覺地由心上作工夫，向上超拔開出一理想的價值世界。

## 三、至人的逍遙

### （一）支遁由「心」上論「逍遙」

　　支遁論逍遙，乃以「明至人之心」定其大旨，以為「至人乘天正而高興，遊無窮於放浪。」，其由「心」上論逍遙，標舉出一理想的精神境界，唯有至足者方可達逍遙的精神境界，而鵬與鷃，一「失適於體外」、一「有矜伐於心內」，皆未能逍遙，亦可知「逍遙」與自然本能的營求無關。

　　支遁駁斥郭象「適性的逍遙」云：「夫桀、紂以殘害為性，若適性為得者，彼亦逍遙矣。」以為若適性便可稱逍遙，則桀、紂生性殘暴，只要能自足於其殘暴之性，亦可算逍遙。

　　支遁其實引申過度，誤解道家論性之本義。大抵而言，道家論性之本義，乃是就自然而未經人為扭曲而言，如「凡非真性，皆塵垢也。」「不知其然而自然者，非性如何？」此處之「自然」，即在表示自己如此之真性，如其自己而表現之。而「殘害」乃是後天受到私欲扭曲所造成者，並非自然，故不可將「殘害」視作道家人性的一部份。

### （二）支遁之說是否真能「標新理於二家之表」

　　牟氏以為支遁的逍遙義，僅達郭象逍遙義中的「分別說」一層，分別出逍遙的「真實定義」，並未達「圓融說」，因此支遁的逍遙義未如郭象圓滿。

　　莊耀郎先生亦云：「因此，如果就『逍遙』理境之開拓而言，向、郭實已造一廣大，無物不可逍遙之境，言莊子所未言，道支遁所未道者，《世說》所言支遁逍遙義拔理於向、郭之外，恐怕只是溢美之詞。」

　　其次，針對達「逍遙」境界之工夫論進行分析，莊子所論之工夫，大抵可以「心齋」與「坐忘」二者涵蓋之。

## 一、心齋——「聽之以氣」

### （一）「心齋」的工夫進路

　　「若一志，无聽之以耳而聽之以心，无聽之以心而聽之以氣！聽止於耳，

心止於符。氣也者，虛而待物者也。唯道集虛。虛者，心齋也。」第一層中以「耳」應物時，此「耳」泛指人的「眼耳鼻舌」等感官而言，此類感官是爲感性的、被動的，易隨外物牽引而使個體生命流蕩，故云「無聽之以耳」，以免「主體的心逐滯陷於物象流轉之中」。第二層中以「心」應物時，此「心」應指「成心」而言，成心因有所知見故對萬物有所執取，一旦以此「成心」應物，則萬物的眞相皆爲成心蒙蔽而不顯，故云「無聽之以心」，以免「物之存在亦爲人的主觀心知所扭曲而眞相不顯」。第三層中以「氣」應物，此「氣」表「生命最原始之狀態」，其性質爲「虛而待物者」。以「氣」應物，則萬物皆於虛靜如鏡的明照下自顯其眞相。

### （二）「耳」、「心」、「氣」的相關疑問

1. 莊子主張「無聽之以耳」，似有意否定人「生理感官」的企圖。

2.「無聽之以心」，又似乎有否定人「心知之見」的企圖。

此爲「作用的保存」，於「心齋」的工夫底下，人剝落「耳」與「心」之執著，使感官與心知能眞實地應接外物。莊子眞欲否定者，乃是對聲、色、味追求所產生的「嗜欲」、「生老病死」過程的執定以及心知的偏執之病，並非否定「生理感官」與「心知之見」。

3.「心」、「氣」間是否有某種程度上的關聯，兩者又是否有高下之別乎？

徐復觀藉由莊子「形、德」對立的主張，判定莊子所欲追求者爲精神生活，而非生理生活，故知「心齋」必是落於「心」上說，方可開出精神境界。若「心齋」落於「氣」上說，則爲一純粹地生理境界，是無法開出精神境界。「心齋」是落於心上說之主張，而此「心」是呈現「忘知」的狀態。所謂「忘知」，並非欲人忘卻知覺，乃是在強調「解消掉分解性之知，以使心只有知覺的作用」，即前所謂「作用的保存」之意。

### （三）無執的存有論

由牟宗三之說，「心齋」實隱含了道家的無執的存有論。老子與莊子所申說的存有論有二面：「執的存有論」、「無執的存有論」。所謂「執的存有論」，乃是藉由耳目感官、名言概念之偏執面對天地萬物，故莊子論述時採「寓言、重言、卮言」，即在避免因名言概念之偏執所傳導出的錯誤想法。而人若將耳目感官、名言概念所執定的世界，視作唯一的眞實世界，則會造成人生命根本的顚倒與無明。至於「無執的存有論」，即在化除人對耳目感官、名言概念

的執定，瞭解耳目感官及名言概念之使用，不過爲一種「媒介」、「工具」，雖不能也不可取消此「媒介」、「工具」，但卻可尋求一種更好的表現方式，即於「心齋」的工夫下更好地表現耳目感官及名言概念。

## 二、坐忘──「離形去知」

### （一）「坐忘」的工夫進路

忘仁義→忘禮樂→墮肢體，黜聰明，離形去知，同於大通

此處的「仁義禮樂」除可視作對儒家義理的對反，更可將其意涵往前推進一步，將「仁義」、「禮樂」視爲人所處的「外在價值觀」與「外在生活規範」，而「忘」字之意，即是前所謂「作用的保存」，目的是在「坐忘」的工夫下更好地表現「外在價值觀」與「外在生活規範」。所謂「墮肢體，黜聰明，離形去知，同於大通」，「墮肢體」即是「離形」、「黜聰明」即是「去知」，能夠「離形去知」，最後便可「同於大通」。「離形去知」的「離」、「去」，亦同解作「作用的保存」是也。

1.「離形去知」意在「突破了自己形器之所束限，以上昇到自己的德、性、心的原有位置」。

2.「同於大通」中，「大通」即是「道」，故「同於大通」即是「同於道」

3.「坐忘」工夫所達至者是爲精神境界。

工夫歷程，是具有不可逆的性質，必循「仁義」、「禮樂」、「肢體」、「聰明」之順序始可完成「坐忘」的工夫。其理由在於愈是接近人具體生活者愈難改變，故肢體與聰明置於此工夫之末端。

### （二）與「坐忘」相關之寓言

1.〈大宗師〉中南伯子葵與女偶論即「聖人之道」與「聖人之才」時，女偶話中說明了成聖的工夫歷程：

外天下→外物→外生→朝徹→見獨→无古今→不死不生

對比於「坐忘」中所列之工夫進路：「外天下」即是「忘仁義」；「外物」即是「忘禮樂」；「外生」即是「墮肢體」、「離形」。

2.〈達生〉的「梓慶削木爲鐻」寓言中，梓慶之技藝驚人，引發魯侯之疑問，梓慶遂道出其削木爲鐻前的一套準備工夫，正同於「坐忘」工夫，進路爲：

不敢懷慶賞爵祿→不敢懷非譽巧拙→忘吾有四枝形體

梓慶削木爲鐻的過程，可說是「坐忘」工夫具體落實於現實生活上。

## 三、兩種工夫論的比較

兩種工夫論皆在「心」上作工夫，而工夫的歷程中，在「超越形骸限制」、「超越心智偏執」、「工夫所臻境界」三點上相同。

若純就內部義理而言，「超越外在價值觀束縛」與「超越外在生活規範」二點對比於「超越形骸限制」、「超越心智偏執」二點，顯然前者之境界較低，後者層次較高。又於論「坐忘」時曾強調其工夫歷程具有「不可逆」性，同理可推知「心齋」雖未論「超越外在價值觀束縛」與「超越外在生活規範」二點，但實應已隱含對此二者的超越才是。再加之二者最後「工夫所臻境界」相同，故知「心齋」與「坐忘」無別，皆可由其達「逍遙」境界。

①徐復觀由藝術審美的角度出發，以爲無己、喪我的眞實內容便是「心齋」，而心齋的意境，便是「坐忘」的意境，即爲「美地觀照的歷程」，強調二者間並無分別。

②陳鼓應以爲二者所偏重者不同，「心齋」重說明培養一個最具靈妙作用的心之機能；「坐忘」則更進一步提示出空靈明覺之心所展現出的大通境界。

第四章中，首先析論「至人、神人、聖人、眞人」各理想人格之獨特面相。

## 一、「至人无己」——至人

### （一）〈內篇〉與〈外、雜篇〉間之異同

「至人」論及「人我的互傷」與「物我的相刃」時比重最重。

### （二）「至人」之工夫與境界

藉〈逍遙遊〉篇末莊子與惠施之辯嘗試詮釋「至人无己」一語。「五石大瓠」、「不龜手之藥」，惠子與宋人皆以己意出，執著於物之定用，強將自己的價值觀加諸於物上，未能順物之性遊於變化之塗。而莊子及客反能洞察物之本性，隨順之，而不囿世俗之價值觀與於物之定用，故可得其大用。

〈應帝王〉中對於至人境界有進一步之描寫：「至人之用心若鏡，不將不迎，應而不藏，故能勝物而不傷。」以原則性的說明至人如何以「无己」之

方式應物。至人無偏私之情，正使至人不以其情應物，故能不傷物之性；亦正因不以其情應物，故亦不傷己，此所謂「勝物而不傷」也。

〈齊物論〉中則對至人有近乎神話的描寫：「至人神矣！大澤焚而不能熱，河漢冱而不能寒，疾雷破山飄風振海而不能驚。若然者，乘雲氣，騎日月，而遊乎四海之外。死生无變於己，而況利害之端乎！（〈齊物論〉，頁96）」

①由牟氏之說可知，雖道家論「神」時，亦可指稱「鬼神」，然而其卻向更高層次邁進，由修道往裡入說神，使「神」字成爲「境界義」，表示個人修養之最高境界。

②劉榮賢亦以爲〈內篇〉中之「神」字，多表達「天地與我爲一，萬物與我並生」的心物合一觀念，乃聖人之「德」的外現境界。

莊子對「至人」之論述，突出了「人我的互傷」與「物我的相刃」二面，強調不以我之「價值觀」強加於他人、他物之上，尊重他人、他物之個別性、殊異性，以求人我、物我間能互不傷也。

## 二、「神人无功」——神人

### （一）〈內篇〉與〈外、雜篇〉間之異同

似較偏重「事功的滯累」一面。

### （二）「神人」之工夫與境界

藉〈逍遙遊〉中藐姑射之山的神人詮釋此語。對於神人的描述最爲特別者，即在「其神凝，使物不疵癘而年穀熟」一語，到底「神凝」與「年穀」間有何關係呢？〈庚桑楚〉中對庚桑楚的描寫，亦頗似此處的神人。畏壘所以能大壤，正因神人循天地運行以順成之、長成之，看似有功於民，然其僅是順天地之德也，故有其功但無功相，此即所謂「眢然喪其天下焉」，神人亦不自恃其功也。其所以應世的方式即在於前所謂「其神凝」，則萬物自能「不疵癘而年穀熟」。「之人也，物莫之傷，大浸稽天而不溺，大旱金石流土山焦而不熱」一段，正在重申接輿所謂「淖約若處子」。下舉具體事例說明：「宋人資章甫而適諸越，越人斷髮文身，無所用之。」

〈徐无鬼〉中論「暖姝者」、「濡需者」、「卷婁者」時，後云：「是以神人惡眾至，眾至則不比，不比則不利也。（〈徐无鬼〉，頁865）」莊子透過「神人」另表達了以「不材之材」處世之思想。神人之「神」亦可是指個體對於世俗

之觀念與規範的轉換能力，而通過此轉換能力，個體方能體驗生命由執著中超拔出來的存在狀態。

設立神人之用心，乃是企圖將人「精神化」地描述，而藉由此描述，呈顯一生命之內在精神所能臻達之高度，此乃是收攝於個體生命之逍遙而論。另一則是欲通過此超乎常理之生命狀態的描述，顯豁精神之作用的不可思議。易言之，莊子即是藉由超乎常人能力之描寫，強調精神之超拔躍昇所能夠產生的不可思議的作用。

綜而言之，神人之所以為神人，就在於其施功化於人間時能夠不著痕跡，而一切生命之本然狀態遂能於其功化下存而不失也。故知莊子論神人時，側重其功化之一面。

## 三、「聖人无名」——聖人

### （一）〈內篇〉與〈外、雜篇〉間之異同

偏向於「意念的造作」，其中對「成心的囿限」之論述更是豐富。

### （二）「聖人」之工夫與境界

藉〈逍遙遊〉中「堯讓天下於許由」寓言闡述「聖人无名」。

①君人治天下，唯隨順百姓之性，此即為「自然」。但儒家卻「黥汝以仁義，而劓汝以是非矣」，強以仁義扭曲人本有的自然本性，「爝火」、「浸灌」乃在喻指人為造作，儒家以自己的一套標準強加於天下百姓身上，而忽略其本有的自然本性，此不亦「難乎」、「勞乎」，更進一步顯示出許由與堯間明顯的境界差異。

②許由不為「名」、不為「賓」，蓋世人往往執著於外在之名，而忽略其本有的本質。唯「聖人」能超脫世俗之「名」，不為外在之名聲所羈絆。

〈人間世〉中「顏回將之衛，請行於仲尼」一段，則說明了好名之弊。以為關龍逢、比干、堯、禹皆為好名者。

〈齊物論〉中論及「聖人」時，另說明了幾種工夫境界。

### 1. 莫若以明

主要在闡述「成心」之執著。凡由自身褊狹之價值觀判斷事物，必然因成心之限而有所蒙蔽，久而久之便以「自我」為中心，至此不唯於事物判斷上有所偏執，甚而與他人形成對立，不知所謂「彼、是」其實是相互依恃、

相互助長。「方生方死，方死方生」在表達彼是對立之分別心，往往是時而升起、時而消逝，兩者不斷地循環，具有不確定性。若欲不墮入此「彼、是」對立關係之循環中，唯有「照之於天」、「莫若以明」。此「明」即表「不隱蔽的道、不隱蔽的言」，可化除「是、非」，不陷入「是、非」之相對結構中，是爲一絕對之層次、境界。

### 2. 天鈞、兩行

「天鈞」、「兩行」仍是在強調「成心」之囿限。聖人放下「是、非」之對立，不偏不倚，此即「天鈞」之意，亦即是「中道」。而「兩行」則意指超越彼此之對立，達彼亦可、此亦可的境界。而「天鈞、兩行」其意同於「道樞」。「兩行」乃道樞之具體呈現。總而言之，「天鈞」、「兩行」兼具「消融義」、「實踐義」、「歷程義」，能相融「彼、是」之爭辯，剝落成心的偏執，化除人我對立。

〈齊物論〉中論及「聖人」，多涉及「意念的造作」之人生困境，旨在化解「成心的囿限」與「意識型態作祟」，以求達「物我」、「人我」之不傷。除此之外，〈內篇〉中之聖人亦涉及對外在事物所採取的基本態度及對應方法，如〈應帝王〉。狂接輿以爲日中始所謂「君人者以己出經式義度，人孰不敢聽而化諸」之治是「欺德」。強調聖人之治乃是以「治內」爲要，即順應人民之內在生命的本然眞性而行其治道。易言之，國君若順應人民內在生命的本然眞性而治之，便可避免以外在禮法、仁義爲準則治天下之弊。而聖人之治對外則在順人民內在生命之本然眞性而行，而其自身之生命亦應與道化合，方能進一步以道化合天下。

〈大宗師〉又云：「故聖人之用兵也，亡國而不失人心；利澤施乎萬世，不爲愛人。(〈大宗師第六〉，頁 232) 所謂「利澤施乎萬世，不爲愛人」，則表示聖人之治天下也，若陽光普照萬物，無所偏頗。總言之，聖人之治即在於對他人本然眞性的啓發，而由此人人皆可開顯其內在生命之本然狀態。

「聖人」於《莊子》中出現極爲頻繁，其意涵亦特別豐富。若順「聖人无名」一語詮釋，則表達了聖人超脫於世俗之名聲地位，不爲外在價值觀影響內在心境之平和。然其中一部份之「聖人」又在對治「意念的造作」，以求「天鈞」、「兩行」之境界。而又有一部份之「聖人」說明了治平天下之法。

## 四、「天與人不相勝」──真人

### （一）〈內篇〉與〈外、雜篇〉間之異同

「自然生命的紛馳」一類，「真人」所佔之比例較重。

### （二）「真人」之工夫與境界

全集中於〈大宗師〉一篇，大抵可分作四大段：「古之真人，不逆寡，不雄成，不謨士。若然者，過而弗悔，當而不自得也。若然者，登高不慄，入水不濡，入火不熱。是知之能登假於道者也若此。（〈大宗師〉，頁226）」真人不以其「真知」凌駕寡者；而於功成之際，不會自恃其功；更不會處心積慮地行事。一般人所以「逆寡、雄成、謨士」，皆起於人後起的「心知」，此「心知」非得之於天的「真知」，乃是後起的成心。而此「心知」便會妨礙其本身「知」之流行。

「古之真人，其寢不夢，其覺无憂，其食不甘，其息深深。真人之息以踵，眾人之息以喉。屈服者，其嗌言若哇。其耆欲深者，其天機淺。（〈大宗師〉，頁228）」自真人起居生活，見真人之精神生命。大抵皆起於人慾望上的貪念，但此並不指真人無欲無求，僅是真人順天而行而不有所陷溺。此外，真人之息與一般人不同，真人心境平和，其氣可至於腳跟，而一般人隨事物之變而影響其心，故未若真人心靜之平和，其氣息亦混亂。最後，再次強調人之嗜欲，此即前所謂一般人欲望貪念，此貪念非天生者，乃人所後起者，一般人生命之生機若陷溺後天所形成的嗜欲中，便失去超越此嗜欲的機會，真人則能越此嗜欲，順天而行者也。

「古之真人，不知說生，不知惡死；其出不訢，其入不距；翛然而往，翛然而來而已矣。不忘其所始，不求其所終；受而喜之，忘而復之，是之謂不以心捐道，不以人助天。是之謂真人。若然者，其心志，其容寂，其顙頯；淒然似秋，煖然似春，喜怒通四時，與物有宜而莫知其極。（〈大宗師〉，頁229～231）」就真人面對死亡之態度而言。將死生視作自然的變遷，故以順應自然之心看待生死。最後達「與物有宜而莫知其極」的境界，無心無情於萬物，故能與萬物相冥合而和諧，又因其無心無情，萬物亦無從得知真人境界之極。

「古之真人，其狀義而不朋，若不足而不承；與乎其觚而不堅也，張乎其虛而不華也；邴邴乎其似喜乎！崔乎其不得已乎！滀乎進我色也，與乎止我德也；厲乎其似世乎！警乎其未可制也；連乎其似好閉也，悗乎忘其言也。

以刑爲體，以禮爲翼，以知爲時，以德爲循。以刑爲體者，綽乎其殺也；以
禮爲翼者，所以行於世也；以知爲時者，不得已於事也；以德爲循者，言其
與有足者至於丘也，而人眞以爲勤行者也。故其好之也一，其弗好之也一，
其一也一，其不一也一。其一與天爲徒，其不一與人爲徒。天與人不相勝也，
是之謂眞人。（〈大宗師〉，234～235）」眞人接世之態度及氣象。此中便指涉
了一「天人不相勝」而圓融爲一的具體圓融之境。

循此四段引文看來，乃是由內而外逐漸擴大、深入，而達「天與人不相
勝」之境，如此似可謂其有一工夫與境界之層次昇進而言。其實此四段原文
僅是對眞人不同角度之描述，而非層次之高下。而所以會以爲此四段有層次
之昇進，乃是誤將「言說次序」視作「價值次序」。蓋言說之時不得不有先後
之順序，而莊子由內而外之論說順序不必爲價值次序。

其次，各理想人格間是否有關連：

# 一、同一說

以爲各理想人格所指者爲相同的生命，僅是其面向不同罷了。

①成玄英：莊子所以區別出「至人、神人、聖人」乃是就「體、用、名」
三種不同之面向而論，其實三者所指爲一。

②牟宗三：無名之聖人，無己之至人與無功之聖人僅是生命形態的不同
表現，而其所指爲一相同之生命者，而稱謂所以不同，僅在於表現其不同之
生命形態。

③陳政揚：所以另立至人、眞人、神人、聖人等名，不過是因各自描述、
側重的方向、角度不同。

綜而言之，持此說者大抵皆以爲理想人格雖有不同之異稱，然僅是所述
之面向不同，其境界並無高下之別。

# 二、層次說

以爲「至人」、「神人」、「聖人」、「眞人」四者間有高低層次之別。

①吳怡：聖人之層次低於「眞人、至人、神人」。

②崔大華將其歸因於「《莊子》一書絕非成於一時一人之手」。對理想人
格間之關聯認定的矛盾，可表現莊學一派前後期理論觀點之異，並凸顯出其
判準點在「境界的如何劃分」與「聖人是否屬於最高境界」二點上。而上所

謂的「同一說」，乃是反映莊子學派早期的，也就是莊子本人的觀點。「不同說」，則可能是先秦莊學後期，也就是莊子後學的觀點。

持此說者綜合比較各種理想人格，找出各種理想人格之虛欠處，以此排列其境界之高下。

## 三、綜合說

唐君毅：莊子思想中，無論以「至人、真人、神人」高於聖人，而有層次高低之別，抑或是視「至人、真人、神人」為同一生命，皆通於莊子思想。而莊子所以於聖人之外別立至人、神人等名，乃是因其不以為其他諸家藉由聖人所論說之生命境界為圓滿之故。

## 四、圓融說

### （一）就章句之關聯性而言

①在〈齊物論〉中對至人之描述，似與〈逍遙遊〉中之神人相似：至人「乘雲氣，騎日月，而遊乎四海之外」正與神人之「乘雲氣，御飛龍，而遊乎四海之外」相似。

②「大澤焚而不能熱，河漢沍而不能寒，疾雷破山〔飄〕風振海而不能驚」之至人，又與「入水不濡，入火不熱」之真人相似。

③〈大宗師〉中「故聖人之用兵也，亡國而不失人心；利澤施乎萬世，不為愛人」一段，察其前、後文皆是在敘述真人之內涵及境界，按文脈而言，此句應作「故真人之用兵也」，而非作「故聖人之用兵也」。

莊子論及外王事業時，多以「聖人」稱之。真人與聖人所以能相互替換，乃因二者層級相同，唯其所展示之面向不同

### （二）就工夫境界而言

在第二節中就工夫境界分析至人、神人、聖人、真人，雖其中所突出之面向有別，但皆就對治「自然生命的紛馳」、「心理的情緒」、「意念的造作」三大類人生困境立論，並無區別，故理想人格之內涵與境界當無高下之別。

### （三）就圓滿生命指向而言

就莊子圓滿生命指向而言，則各理想生命所指者當為一，由於基於「齊物」之精神，莊子之「道」並無一絕對的標準，當個體能由生命的桎梏中超

拔而出，那麼無論其所顯之形象爲何，莊子皆視其爲體道者，故不論至人、神人、聖人、眞人所顯之形象不同，只要其能由生命之桎梏超拔而出，其便無分層次而皆無體道者。

何以莊子需以如此多種類之稱謂來指涉同一生命？借多種之稱謂以避免常人的執著。道家自老子起即爲了反對儒家虛僞之禮法而立論，而老子思想中所謂的「道」並無一定之準則及定名，故云：「道可道，非常道，名可名，非常名。」而所以稱之爲「道」亦不過是「吾不知其名，字之曰道。」而老子爲避免人執定於「道」之名，又曰：「強爲之名曰大，大曰逝，逝曰遠，遠曰反。」

莊子理想人格中所謂「至人、神人、聖人、眞人」亦有「遞相救」之意味。但因《莊子》全篇採描述的講法，異於老子分解的講法，故無形式的邏輯關係，亦無概念的辨解理路，難以釐清四者遞相救的順序，但無疑的「至人」、「神人」、「聖人」、「眞人」乃同一層次，共同指稱最高理想人格的不同面相。

最後，《內篇‧德充符》中，集中地出現一羣形象鮮明且特別的角色——「兀者、惡人」，如王駘、申徒嘉、叔山无趾、哀駘它、闉跂支離无脈、甕瓷大癭等人，其共同的特色即在於「外在形骸具有缺陷」，然卻無礙於其「內在之德」的修養。而其他篇章中，亦曾論及「右師、支離疏、支離叔、滑介叔」等人，大抵與〈德充符〉中之「兀者、惡人」相似。推究莊子之用心，大抵在：

### 1. 對弱勢族群之人道關懷

兀者所處之客觀環境，一般人對於兀者之態度多半不佳，而莊子特意標舉「兀者」，並明其內在之德不亞於有德者，充分顯示出莊子對弱勢族群的關懷。

### 2. 展示「才全而德不形」的理境

莊子由兀者外形之特異，引起一般人注意，接著在反顯出兀者內在的精神境界，以說明「才全而德不形」之理境。

### 3. 肯定理想人格達成的普遍性

第五章中，分析莊子的政治理想。首先瞭解莊子對儒家政治觀之批判。

# 一、「託古」之說

可將「至德之世」、「建德之國」視爲莊子的「理想社會」。然其論述時多採「託古」之方式，將「至德之世」、「建德之國」寄託於遠古的社會。莊子乃是將理想社會之原型託於遠古十二帝王之下。

①牟宗三以爲孔子、孟子言必稱堯舜，並將理想主義寄託於當時，其真正的意涵在於「立象」，並將「政治形態之高遠理想置於歷史之開端」，並以之爲後世努力實踐的準則，故知堯舜之世是否真如孔、孟所說之理想並非其關切的重點。同理論之，我們亦可視莊子將理想社會置於遠古十二帝之下爲「立象」之意，故遠古十二帝存在與否，無損於莊子理想社會之建立。

②唐君毅以爲莊子所以主張「至德之世」，意在「責當今之政」，即在責儒家所倡導的仁義禮法，並「意在超軼于後世之有仁義禮法之政治之外之思想」，欲建構一超越仁義禮法的理想社會型態。

③蔡明田：所以要「託古」，乃是他從俗的表現而已。

陳鼓應強調了儒家的外王之道是以血緣關係爲基礎，融入現實國家政治下。而儒家之治道，所以稱之爲「德化」，乃是因其「主德化」。而儒家之「德」，依牟先生之意，是以「親親、尊尊、倫常、性情、道德的心性（仁義禮智）」來規定！而此「仁義」之術，正爲莊子強力批判儒家的內容之一。

## （一）古人之糟魄

道家視周文爲「虛文」、「形式主義」，勢必對繼承周文之儒家大加撻伐。

①〈天運〉曰：

師金曰：「夫芻狗之未陳也，盛以篋衍，巾以文繡，尸祝齊戒以將之。及其已陳也，行者踐其首脊，蘇者取而爨之而已；將復取而盛以篋衍，巾以文繡，遊居寢臥其下，彼不得夢，必且數眯焉。今而夫子，亦取先王已陳芻狗，聚弟子游居寢臥其下。」藉「芻狗」之喻批評孔子乃「取先王已陳芻狗，聚弟子游居寢臥其下」。「先王」指「堯、舜、禹、湯」，孔子執守先王之禮法，並以之聚集弟子，殊不知先王之教已爲陳跡，其所執守者不過爲其空殼，正如同祭祀過後之芻狗，不可強留。

②〈天道〉中，亦對儒家不知時變作批評。「古之人與其不可傳也死矣，然則君之所讀者，古人之糟魄已夫！」輪扁通論二事，說明聖人仁義禮法之術已隨其逝矣，此逝去的「仁義禮法之術」與「不徐不疾之術」相同，是無

法藉語言文字傳遞，故知桓公所讀「聖人之言」，不過爲古人的陳跡，早已失其「不可傳」之精髓，因之稱其爲「古人之糟魄」也。

### （二）孰知天下之正色哉

①〈逍遙遊〉云：「宋人資章甫而適諸越，越人斷髮文身，無所用之。（〈逍遙遊〉，頁31）」莊子在此取譬，將宋國人比作「儒家」，而章甫則喻爲「仁義禮」，宋國人以爲配戴章甫才合乎「禮」，見越人斷髮文身而輸之以章甫，欲以宋國人之「禮」矯之。推而擴之，此正如儒家自以爲其「仁義禮」最合乎治國大道，故強迫天下人共同遵守儒家的「仁義禮」。無論是宋人或儒家，僅由人性的根本處肯定天下人皆同，而忽略了根據人性所發而出的外在行爲會因時空的變異而有所不同。故天下之大，民情民心各異，是否合乎禮之標準，涉及個人主觀價值的認知，若將自己之主觀價值強加於他人身上，結果必是「殘生損性」。故宋人資章甫之結果是「無所用之」，而儒家強行「仁義禮」的結果亦是「無所用之」。

②〈齊物論〉中王倪答齧缺「子知物之所同是乎？」之問題時，舉出「正處、正味、正色」以明天下無法一統於儒家的「仁義禮」之下。藉由動物間之差異性突顯人類社會之差異性。對「仁義禮」的認定正如對「正處、正味、正色」的認定，亦無一絕對、恆存且普遍的客觀標準。是故儒家取其主觀所認定的「仁義禮」強作爲治天下客觀的標準，必然使天下人主觀認知的標準與客觀認知標準混淆，其結果不免是「殘生損性」，其於治天下也遠矣。

③〈外雜篇〉中，更以「養鳥」爲喻，持續對儒家的「仁義禮」進行批判。

「以己養養鳥」在喻天下萬民性異，因之價值標準亦相異，儒家欲以其主觀認知的「仁義禮」治天下，使天下人一統於同一套外在客觀標準之下，其結果必是「殘生損性」。「以鳥養養鳥」則表達了《莊子》思想，以爲治天下當隨天下萬民之性以成其性，而非一統於一套外在的客觀標準之下。

### （三）仁義的「異化」

①〈大宗師〉中，堯教導意而子之法爲「躬服仁義而明言是非」。許由評之曰：「而奚來爲軹？夫堯既已黥汝以仁義，而劓汝以是非矣，汝將何以遊夫遙蕩恣睢轉徙之塗乎？（〈大宗師〉，頁279）」

②〈人間世〉中，顏回欲以「仁義」之術輔佐衛君，仲尼評之曰：「而強以仁義繩墨之言術暴人之前者。」

③〈駢拇〉中極力批判儒家「仁義」之術：「彼其所殉仁義也，則俗謂之君子；其所殉貨財也，則俗謂之小人。其殉一也，則有君子焉，有小人焉；若其殘生損性，則盜跖亦伯夷已，又惡取君子小人於其間哉！」

莊子判別之標準在於是否能「全生養性」，顯然伯夷與盜跖皆無法達此標準，故以「殘生損性」衡諸二人，則「其殉一也」，又何必以伯夷為是，盜跖為非。

④〈胠篋〉篇中，更直指「仁義」之術為鞏固君位的手段。「彼竊鉤者誅，竊國者為諸侯，諸侯之門而仁義存焉，則是非竊仁義聖知邪？然而田成子一旦殺齊君而盜其國，所盜者豈獨其國邪？並與其聖知之法而盜之。」

莊子所欲批判者，乃是「仁義」之術應用於政治上時，丕變為外在手段，用以鞏固君王之位，防止底下臣子之窺探。假若臣子欲竊國，必連「仁義」之術一併竊之，再用以鞏固其新得之君位，禁制臣子的窺視。

⑤「仁義」之術本是聖人為民所設，然今反為大盜所資：「夫妄意室中中藏，聖也；入先，勇也；出後，義也；知可否，知也；分均，仁也。五者不備而能成大盜者，天下未之有也。」諷刺「聖、勇、義、知、仁」本為儒家所倡以治國安邦，不料反為大盜所資藉者。

### （四）聖人不死，大盜不止

現就「儒家式聖人」進行討論。〈駢拇〉云：「聖人則以身殉天下。故此數子者，事業不同，名聲異號，其於傷性以身為殉，一也。」莊子以為舜之前人民皆能保有其本然淳樸之本性，自聖人出以治天下，努力地行仁，用心地求義，天下的人便開始猜忌，從事流蕩的音樂，繁瑣的禮節，天下人便開始分離。易言之，聖人出以仁義禮樂治天下，而使得人民的淳樸本性受到傷害，開始有物我、人我之分，於是便有君子、小人之別。

欲使天下平治，莊子提出「掊擊聖人」，郭象以為若是能夠去除世人對聖人外迹的仿效，而求自守其素樸之本性，則人人復歸於自然，則又何必有所謂「聖人」。而成玄英更進一步指出「掊擊」即「貶斥仁義絕聖棄智」，所欲貶斥者乃是外在仁義之名。

總而言之，對於「儒家式聖人」之批判，主要仍立基於對仁義「永恆性」與「普遍性」之質疑，並反對聖人出以標榜「仁義」，使天下人競逐於外，失其本有質樸之本性。

王邦雄分析道家對儒家「仁義禮」的反省，其將道家的反省歸納為兩個

方向：一是本質意義的，一是發生意義的。前者變異爲「外在化」，後者變異爲「工具化」。

## 二、明王之治──《莊子》的「道治」思想

### （一）明王之治

〈應帝王〉所論以申論之。「有虞氏不及泰氏。有虞氏，其猶藏仁以要人；亦得人矣，而未始出於非人。泰氏，其臥徐徐，其覺于于；一以己爲馬，一以己爲牛；其知情信，其德甚眞，而未始入於非人。」

1. 將「非人」解作「物」
2. 將「非人」解作「天」

依高柏園之意，若解作「物」，於文獻上卻缺乏有力的佐證與支持，且說明〈大宗師〉中以天人對比，則「非人」以「天」解之更爲恰當，而〈應帝王〉「盡其所受乎天」中亦是強調天之自然義。如此，我們便可知「未始出於非人」在強調有虞氏僅用心於人，未能如天道自然之和光同塵，任物無染；「未始入於非人」乃指泰氏自然相忘，而不以入於天爲念。

陳政揚提出第三種觀點，以爲當留意非「人」之存有論意義，而不是「非人」是什麼。其釋「未始出於非人」，以爲有虞氏尚未跳脫出將自己視爲「人」的框限，因而雖其出發點是出於人性之「仁」，但此「仁」僅能施及「人」，而無法普及「人」以外之萬有，甚而產生人、物之別，此不免太過狹隘。而釋「未始入於非人」時，所以有虞氏不及泰氏，正因泰氏於出發點上便未有人禽之分，其本性與天地萬物渾然爲一，並不將自己視爲獨特之一類，亦不將萬有視爲異類，由此出發的安立天下之道，自當能普及萬有。

明王之治當以無爲自然爲依歸，其具體內容又爲何耶？〈應帝王〉云：「汝遊心於淡，合氣於漠，順物自然而無容私焉，而天下治矣。」

「明王之治：功蓋天下而似不自己，化貸萬物而民弗恃；有莫舉名，使物自喜；立乎不測，而遊於无有者也。」

第一則引文中強調了「天下治」之方式重點在於「遊心於淡」，「合氣於漠，順物自然而無容私焉」，此即「無爲而無不爲」也。說明君王治理天下必然拋棄自我主觀意識，順從人民萬物之本性。而第二則引文中亦在強調「無爲而無不爲」之意。所謂「明王之治」重在「功蓋天下而似不自己，化貸萬物而民弗恃」，即雖有治理天下之功卻不居功，順物自然，不知上有君主之治。

莊子仍未廢棄君主與君主之治，僅是懼怕君王以一己之意出而治理天下，擾亂天下萬物本有之性，不但未能使天下治平，反倒是使天下更加紛亂。因此提出「功蓋天下而似不自己」治道觀。

### （二）應時而變

《莊子》又如何看待先王所遺留的「仁義」？〈天運〉云：「故夫三皇五帝之禮義法度，不矜於同而矜於治。……故禮義法度者，應時而變者也。」

「仁義，先王之蘧廬也，止可以一宿而不可久處，覯而多責。古之至人，假道於仁，託宿於義，以遊逍遙之虛。」

面對三皇五帝之禮義法度，須隨時而變，其所貴者並非沿用古禮施於當代，而在於能合當世而達天下治平。後段章句再度強調此觀點，以爲「仁義」如先王之旅舍，僅能「一宿而不可久處」，僅能短暫的停留而不可長期居住，而仁義亦是不可執守，否則競僞便起。

《莊子》不滿儒家體現仁義的方式，以爲體現仁義的最佳方式，乃如牟宗三所云，《莊子》是由作用中肯定仁義的價值，而非由實有層上去肯定仁義之存在。仁義既然由「作用中」肯定，則必須「應時而變」。

「至德之世」中，百姓自然是不知「仁義」，其云：「端正而不知以爲義，相愛而不知以爲仁，實而不知以爲忠，當而不知以爲信，蠢動而相使，不以爲賜。（〈天地〉，頁 445）」

「不知義之所適，不知禮之所將。（〈山木〉，頁 671）」

如何能達「知」而「不知」耶？此惟在「魚相忘乎江湖，人相忘乎道術。」（〈大宗師〉，頁 272）之「忘」字而已。故知此「忘」即「坐忘」之「忘」，是超絕義、工夫義，需賴人自覺的回歸、作工夫方可至也。

### （三）無知無欲

對於至德之世的百姓描寫，又可分作二類，一爲「內在心理」，一爲「外在行爲」：

#### 1.「素樸而民性得矣」——內在心理
①其民愚而朴，少私而寡欲。（〈山木〉，頁 671）
②同乎无知，其德不離；同乎无欲，是謂素樸；素樸而民性得矣。（〈馬蹄〉，頁 336）

在至德之世，百姓並無是非之心，故無人我、物我之別，萬物皆一，此

「無知」的表現，即是「愚」的最佳詮釋，亦是爲一種境界。若問「無知」與「愚」是否有所別？則「愚」是以肯定之方式，由正面凸顯出一「無是無非」的境界；「無知」則以否定之方式，由反面烘托出「無是無非」的境界，故兩者實際上並無差別。因百姓內心達無是非心之境界，故其後云「朴」、「其德不離」，旨皆在強調百姓能保有得之於天之本性。又因能保有天然之本性，自然是「少私」、「寡欲」，亦即是「無欲」。

在〈馬蹄〉與〈盜跖〉中，亦論及至德之世的百姓心理狀態。

「故至德之世，其行塡塡，其視顚顚。(〈馬蹄〉，頁334)」

「神農之世，臥則居居，起則于于。(〈盜跖〉，頁995)」

「塡塡」、「顚顚」，皆在強調至德之世下，百姓內心自足而無待於外物的狀態。

總而言之，至德之世的百姓，其無知無欲，故能保其素樸之自然本性；能保素樸之自然本性，當可自足於內而不待外物，終能處無爲之境而游於虛淡。

### 2.「禽獸可係羈而游」——外在行爲

在日常生活方面，〈盜跖〉云：「古者禽獸多而人少，於是民皆巢居以避之，晝拾橡栗，暮栖木上，故命之曰有巢氏之民。……古者民不知衣服，夏多積薪，冬則煬之，故命之曰知生之民。……神農之世，……與麋鹿共處，耕而食，織而衣。(〈盜跖〉，頁994～995)」無論是在食物、衣物或是處所等需求，皆極爲單純，能夠滿足基本生理需求即可，不會有過度欲求。

《莊子》論至德之世時，亦論及百姓與自然物間之關係，其言云：「是故禽獸可係羈而游，鳥鵲之巢可攀援而闚。……同與禽獸居，族與萬物並。(〈馬蹄〉，頁334～336)」

「與麋鹿共處，耕而食，織而衣，无有相害之心。(〈盜跖〉，頁995)」

以無害物之心釋之，此正同〈盜跖〉所謂「无有相害之心」，因人無害物之心，故物亦不害己，自然禽獸可係羈而游、鳥鵲之巢可攀援而闚，甚至同與禽獸居，族與萬物並。而所以能「无有相害之心」，追根究柢，即至德之世下之百姓無知無欲，保有純樸的自然本性，遂能與物無對，視萬物爲一。

崔大華以爲《莊子》的「至德之世」有著明顯的雙重性質：其一爲「強烈的現實性」，乃通過遠古「人與自然」、「人與人」尙無對立的社會，對「相軋相盜」、「棄生殉物」的現實社會進行批判；其二爲「遠離實際的幻想性」，表達原始狀態下的人，其內心是極其恬靜安寧，與自然的關係是極其和諧友善。

# 參考書目

（茲依筆畫順序排列）

## 壹、古籍文獻

1. 王夫之：《莊子解・莊子通》（台北：廣文書局，1997.3 再版）。

2. 王叔岷：《莊子校詮・上冊・中冊・下冊》（台北：中央研究院歷史語言研究所，1999.6 景印三版）。

3. 林希逸：《莊子鬳齋口義校注》（北京：中華書局，1997.3 第一版）。

4. 宣　穎：《莊子南華經解》（台北：宏業書局，1997）。

5. 段玉裁：《說文解字注》（台北：藝文印書館，1999.9 七版二刷）。

6. 章太炎：《莊子解故》（台北：廣文書局，1970.10 初版）。

7. 陳壽昌：《南華眞經正義》（台北：新天地書局，1997）。

8. 張默生：《莊子新釋》（台北：漢京文化事業有限公司，1983）。

9. 郭慶藩輯：《莊子集釋》（台北：河洛圖書出版社，1980.8 臺影印初版）。

10. 楊家駱主編：《諸子集成・第六冊・呂氏春秋》（上海：世界書局，1935.12 初版）。

11. 楊家駱主編：《淮南子注》（台北：世界書局，1969.8 三版）。

12. 樓宇烈校釋：《老子周易王弼注校釋》（台北：華正，1983.9）。

13. 劉義慶：《世說新語》（台北：藝文印書館，1959）。

14. 劉文典：《莊子補正》《無求備齋莊子集成初編》（台北：藝文印書館，1972.5 初版）。

15. 憨山大師：《莊子內篇憨山註》（台北：新文豐出版公司，2004.12 初版五刷）。

16. 鍾　泰：《莊子發微》（上海：上海古籍出版社，2002.4 新一版）。

17. 慧　皎：《高僧傳》（台北：廣文書局，1971.4 初版）。

18. 章學誠：《文史通義》（台北：漢聲出版社，1973.4 增定二版）。

19. 《新校本二十五史·史記（三）》（台北：鼎文書局）。

20. 《漢書》（台北：泰盛書局，1976.3.15）。

21. 《墨子》《諸子集成》（上海：世界書局，1935.12 初版）。

22. 《孟子》《十三經注疏》（台北：藝文印書館，1955）。

23. 《左傳》《十三經注疏》（台北：藝文印書館，1955）。

24. 《管子校正》《諸子集成》（上海：世界書局，1935.12 初版）。

25. 《韓非子集釋》《諸子集成》（上海：世界書局，1935.12 初版）。

26. 《朱子語類》（北京：中華書局，1986）。

## 貳、專書類

1. 刁生虎：《莊子的生存哲學》（北京：中國傳媒大學出版社，2007.5 第一版）。

2. 王邦雄：《中國哲學論集》（台北：台灣學生書局，1983.8 初版）。

3. 王　煜：《老莊思想論集》（台北：聯經出版社，1981.3 第二次印行）。

4. 王葆玹：《老莊學新探》（上海文化出版社，2005）。

5. 方東美著，孫智燊譯：《中國哲學之精神及其發展·上冊》（台北：成均出版社，1984.4 初版）。

6. 方東美：《原始儒家道家哲學》（台北：黎明文化事業公司，1993.6 四版）。

7. 牟宗三：《圓善論》（台北：學生書局，1996.4 二刷）。

8. 牟宗三：《才性與玄理》（台北：台灣學生書局，2002.8 修訂版九刷）。

9. 牟宗三：《中國哲學十九講》（台北：台灣學生書局，2002.8 第九次印刷）。

10. 牟宗三：《政道與治道》（台北：台灣學生書局，2003.3 增定新版六刷）。

11. 牟宗三：《歷史哲學》（台北：台灣學生書局，2000.9 增定九版八刷刷）。

12. 牟宗三：《現象與物自身》（台北：台灣學生書局，2004.9 七刷）。

13. 牟宗三：《中國哲學的特質》（台北：台灣學生書局，1998.5 再版九刷）。

14. 牟宗三：《中西哲學之會通十四講》（台北：台灣學生書局，1996.3 二刷）。

15. 牟宗三：《心體與性體·第一冊》（台北：正中書局，1999.8 臺初版第十一次印行）。

16. 牟宗三：《生命的學問》（廣西：廣西師範大學出版社，2005.5 第一版）。

17. 牟宗三講述，陶國璋整構：《莊子齊物論義理演析》（台北：書林出版公司，1999.4 一版）

18. 牟宗三主講，盧雪崑錄音整理：《四因說演講錄》（台北：鵝湖初出版社，1997.9 再版）。

19. 牟宗三：《理則學》（台北：聯經出版事業公司，2003 初版）。

20. 吳　怡：《新譯莊子內篇解義》（台北：三民書局，2004.1 初版三刷）。

21. 吳　怡：《逍遙的莊子》（台北：東大圖書股份有限公司，1991.4 三版）。

22. 吳順令：《莊子道化的人生哲學》（台北：台灣學生書局，2005.11 初版）。

23. 吳汝鈞：《老莊哲學的現代析論》（台北：文津出版社，1998.6 一刷）。

24. 吳　光：《儒道論述》（台北：東大圖書股份有限公司，1994.6 初版）。

25. 那　薇：《道家與海德格爾相互詮釋》（北京：商務印書館，2004.12 第一版）。

26. 杜保瑞：《莊周夢蝶——莊子哲學》（台北：五南圖書出版有限公司，2007.1 初版）。

27. 杜而未：《莊子宗教與神話》（台北：臺灣學生書局，1985.10 初版）。

28. 邱榮鐊：《莊子哲學體系論》（台北：文津出版社，1999.7 初版）。

29. 林　尹：《中國學術思想大綱》（台北：台灣商務印書館，1995.1 修訂版第四次印刷）。

30. 林聰舜：《向郭莊學之研究》（台北：文史哲出版社，1981.12 初版）。

31. 周紹賢：《莊子要義》（台北：文景出版社，1973.9 修訂二版）。

32. 胡　適：《中國哲學史大綱·卷上》（北京：東方初版社，1996.3 第一版）。

33. 胡哲敷：《老莊哲學》（台北：台灣中華書局，1987.12 九版）。

34. 胡道靜：《十家論莊》（上海：人民出版社，2004.4 第一版）。

35. 胡遠濬：《莊子詮詁》（上海：商務印書館，1932.10 第一版）。

36. 封思毅：《莊子詮言》（台北：台灣商務印書館，1997.5 二版）。

37. 郎擎霄：《莊子學案》（台北：河洛圖書出版社，1974.12 臺景印初版）。

38. 唐君毅：《中國哲學原論·原道篇式》（台北：臺灣學生書局，2004.10 全集校訂版三刷）。

39. 唐君毅：《中國哲學原論·導論篇》（台北：臺灣學生書局，2004.10 全集校訂版三刷）。

40. 唐端正：《先秦諸子論叢》（台北：東大圖書有限公司，1981.5 初版）。

41. 徐克謙：《莊子哲學新探——道·言·自由與美》（北京：中華書局，2005.8 第一版）。

42. 徐復觀：《中國人性論史·先秦篇》（台北：台灣商務印書館，2003.10 第十三次印刷）。

43. 徐復觀：《中國藝術精神》（台北：臺灣學生書局，1998.5 第十二次印刷）。

44. 徐復觀：《儒家政治思想與民主自由人權》（台北：台灣學生書局，1988.9 增訂再版）。

45. 高柏園：《莊子內七篇思想研究》（台北：文津出版社，2000.5 初版二刷）。

46. 孫廣德：《中國政治思想專題研究集》（台北：桂冠圖書股份有限公司，1999.6 初版）。

47. 袁宙宗：《莊子學說體系闡微》（台北：黎明文化事業股份有限公司，1977.6 再版）。

48. 陳元德：《中國古代哲學史》（台北：台灣中華書局，1978.9 臺四版）。

49. 陳燿森：《莊子新闢》（台北：台灣商務印書館，1988.6 初版）。

50. 陳鼓應：《十家論莊》（上海：上海人民出版社，2004.4）。

51. 陳鼓應：《中國哲學論集》（台北：台灣學生書局，1983.8）。

52. 陳鼓應：《老莊新論》（台北：五南圖書出版股份有限公司，2007.2 三版）。

53. 陳鼓應：《莊子今註今譯・上冊・下冊》（北京：商務印書館，2007.7 第一版）。

54. 陳德和：《道家思想的哲學詮釋》（台北：理仁書局，2005.1 初版）。

55. 陳品卿：《莊學新探》（台北：文史哲出版社，1983.3 初版）。

56. 陳榮捷：《中國哲學論集》（台北：中央研究院中國文哲研究所，1994.8 初版）。

57. 陳啓天：《莊子淺說》（台北：臺灣中華書局，1978.9 二版）。

58. 陳新雄：《聲韻學》（台北：文史哲出版社，2005.9 初版）。

59. 莊耀郎：《郭象玄學》（台北：里仁書局，2002.8.31 第一次修訂二刷）。

60. 崔大華：《莊學研究》（北京：人民出版社，1997.5 第 3 次印刷）。

61. 崔大華等：《道家與中國文化精神》（鄭州：河南人民出版社，2003.12 第一次印刷）。

62. 許建良：《先秦道家的道德世界》（北京：中國社會科學出版社，2006.12 第一版）。

63. 商原李剛：《道治與自由》（北京：社會科學文獻出版社，2005.7 第一版）。

64. 張成秋：《先秦道家思想研究》（台北：台灣中華書局，1971.4 初版）。

65. 張默生：《莊子新釋》（台北：明文書局，1994.1 初版）。

66. 張起鈞：《老子哲學》（台北：正中書局，1980 第九版）。

67. 梁啓超：《先秦政治思想史》（台北：台灣中華書局，1966.10 臺四版）。

68. 程兆雄：《道家思想》（台北：明文書局，1985）。

69. 黃錦鋐：《新譯莊子讀本》（台北：三民書局，2005.1 初版十九刷）。

70. 黃錦鋐：《莊子及其文學》（台北：東大圖書，1984.9 再版）。

71. 黃公偉：《道家哲學系統探微》（台北：新文豐出版社，1981.8 出版）。

72. 傅武光:《孔孟老莊思想的平等精神》(台北:文津出版社,1990.3 出版)。

73. 曾昭旭:《在說與不說之間——中國義理學之思維與實踐》(台北:漢光文化事業股份有限公司,1992.2.15 初版)。

74. 葉海煙:《莊子的生命哲學》(台北:東大圖書公司,1999)。

75. 葉海煙:《老莊哲學新論》(台北:文津出版社,1999.10 二刷)。

76. 葉程義:《莊子寓言研究》(台北:文史哲出版社,2004.9 初版二刷)。

77. 葉國慶等:《莊子研究論集》(台北:木鐸出版社,1982.9 初版)。

78. 楊國榮:《以道觀之:莊子哲學思想闡釋》(台北:水牛出版社,2007.3.31 初版)。

79. 楊國榮:《莊子的思想世界》(北京:北京大學出版社,2006.10 第一版)。

80. 楊儒賓:《先秦道家「道」的觀念的發展》(台北:國立台灣大學出版委員會,1987.6 初版)。

81. 楊儒賓:《莊周風貌》(台北:黎明文化事業股份有限公司,1991 初版)。

82. 楊 寬:《戰國史》(台北:台灣商務印書館,1997.10 初版二刷)。

83. 鄔昆如:《莊子與古希臘哲學中的道》(台北:台灣中華書局,1972.5 初版)。

84. 鄔昆如:《政治哲學》(台北:正中書局,1990.11 臺初版)。

85. 葛晉榮:《中國哲學範疇導論》(台北:萬卷樓圖書有限公司,1993.4 初版一刷)。

86. 趙衛民:《莊子的道》(台北:文史哲出版社,1998.1 初版)。

87. 蒙培元:《人與自然:中國哲學生態觀》(北京:人民出版社,2004.8 第一版)。

88. 蒙培元:《心靈超越與境界》(北京:人民出版社,2005.10 第二次印刷)。

89. 蒙培元:《中國心性論》(台北:臺灣學生書局,1990.4 初版)。

90. 福永光司著,陳冠學譯:《莊子》(台北:三民書局,1977.8 四版)。

91. 蔣錫昌:《莊子哲學》(四川:成都古籍書店,1988)。

92. 劉榮賢:《莊子外雜篇研究》(台北:聯經出版社,2004.4 初版)。

93. 劉坤生:《莊子哲學本旨論稿》(汕頭:汕頭大學出版社,1998.6 第一版)。

94. 劉光義:《莊子處世的內外觀》(台北:臺灣學生書局,1980.1 初版)。

95. 蔡明田:《莊子的政治思想》(台北:台北:牧童出版社,1974.10 初版)。

96. 魯 迅:《魯迅全集·第九卷·漢文學史綱要》(北京:人民文學出版社,1996 第三次印刷)。

97. 鄭 琳:《莊子內篇通義》(台北:文津出版社,1974.2.1 初版)。

98. 錢 穆:《先秦諸子繫年》(台北:東大圖書,1986.2 台北東大初版)。

99. 錢　穆：《中國學術思想史論叢・卷三》（和肥：安徽教育出版社，2004.7
第一次印刷）。

100. 錢　穆：《莊老通辨》（北京：新華書店，2005.2 第四次印刷）。

101. 蕭公權：《中國政治思想史・上》（台北：聯經出版事業公司，1982.3 初
版）。

102. 顏崑陽：《莊子的寓言世界》（台北：漢藝色研文化事業有限公司，2005.1
初版）。

103. 羅根澤：《諸子攷索》（台北：泰順書局，1970）。

104. 譚宇權：《莊子哲學評論》（台北：文津出版社，1998.6 一刷）。

105. 蘇新鋈：《郭象莊學平議》（台北：台灣學生書局，1980.10 初版）。

## 參、期刊類

1. 丁千惠：〈莊子修道型寓言人物的角色功能論〉，《台中商專學報——文
史・社會篇》第 27 期（1995.6.1）。

2. 丁千惠：〈虛實相生——莊子寓言人物的衍創舉隅〉，《鵝湖月刊》254 期
（1996.8）。

3. 丁千惠：〈因名見義——論莊子的寓名人物〉，《鵝湖月刊》255 期（1996.9）。

4. 王小滕：〈《莊子・齊物論》「絕待」哲理之詮釋——以「天倪、天均、兩
行、天府、葆光」的考察爲主〉，《東華人文學報》第八期（2006.1）。

5. 王邦雄：〈從修養工夫論莊子「道」的性格〉，《鵝湖月刊》255 期（1996.9）。

6. 王邦雄：〈莊子思想及其修養工夫〉，《鵝湖月刊》193 期（1991.7）。

7. 王邦雄：〈從莊子寓言說人生哲理〉《鵝湖》107 期（1984.5）。

8. 牟宗三主講，盧雪崑記錄：〈莊子〈齊物論〉講演錄（二）〉，《鵝湖月刊》
320 期（2002.2）。

9. 牟宗三主講，盧雪崑記錄：〈莊子〈齊物論〉講演錄（四）〉，《鵝湖月刊》
322 期（2002.4）。

10. 牟宗三主講，盧雪崑記錄：〈莊子〈齊物論〉講演錄（六）（七）〉，《鵝湖
月刊》324 期（2002.6）。

11. 牟宗三主講，盧雪崑記錄：〈莊子〈齊物論〉講演錄（十二）〉，《鵝湖月
刊》329 期（2002.11）。

12. 朱　嵐：〈君子、仁人、聖人——儒家理想人格簡論〉，《孔孟月刊》第三
十五卷第八期（1997.4.28）。

13. 朱榮智：〈莊子的自由精神〉，《鵝湖月刊》193 期（1991.7）。

14. 李若鶯：〈論莊子處世哲學的基本功——「忘」〉，《高雄師大學報》第十
五期（2003）。

15. 李治華：〈莊子之──聖人、眞人、至人、神人及天人的層次理論〉,《人文及社會學科教學通訊》第七卷第五期（1997.2）。

16. 李漢相：〈關於莊子心性論〉,《鵝湖月刊》363 期（2005.9）。

17. 杜瑞傑：〈莊子、郭象、之遁三家「逍遙義」之區別新探〉,《東方人文學誌》第二卷第一期（2003.3）。

18. 呂玉華：〈略析《莊子》內篇中「命」的概念〉,《中國語文》526 期（2001.4）。

19. 宋邦珍：〈莊子思想「以醜爲美」的審美特徵〉,《中國國學》第 26 期（1998.11）。

20. 沈清松：〈莊子的人觀〉,《哲學與文化》第十四卷第六期（1987.6）。

21. 周雅清：〈〈齊物論〉詮釋及其疑義辨析〉,《中國學術年刊》第二十七期──秋季號（2005.9）。

22. 林美秀：〈厲與西施 恢恑憰怪 道通爲一《莊子》中的詭怪表現──以支離疏 王駘 子輿 混沌爲例〉,《高雄科學技術學院學報》第二十九期（1999.12）。

23. 林順夫：〈以無翼飛者：《莊子‧內篇》對於最高理想人物的描述〉,《中國文哲研究集刊》第二十六期（2005.3）。

24. 林秀香：〈試論《莊子》中體道的境界〉,《問學》第八期（2005.6）。

25. 倪麗菁：〈從〈養生主〉、〈人間世〉看《莊子》哲學的生命本質〉,《哲學與文化》第卅三卷第十一期（2006.11）。

26. 徐聖心：〈眞人不夢與莊周夢蝶──《莊子》「夢」的義蘊初探〉,《中國文學研究》第五期（1991.5）。

27. 高柏園：〈莊子思想中的心靈治療體系〉,《鵝湖月刊》304 期（2000.10）。

28. 高柏園：〈論牟宗三先生「逆覺體證」義之運用〉,《鵝湖月刊》259 期（1997.1）。

29. 陳德和：〈畸人與眞人──莊子大宗師的超越性和圓融性〉,《鵝湖月刊》219 期（1993.9）。

30. 陳鼓應：〈莊子的悲劇意識和自由精神〉,《國文天地》第七卷第一期（1991.6.1）。

31. 陳鼓應：〈道家在先秦哲學史上的主幹地位〉,《道家文化研究》（台北：文史哲出版社,200.8）第十輯。

32. 陳德和：〈畸人與眞人──莊子大宗師的超越性和圓融性〉,《鵝湖月刊》219 期（1993.9）。

33. 陳政揚：〈莊子的治道觀〉,《高雄師大學報》第十六期（2004.6）。

34. 莊萬壽：〈莊子語言符號與「副墨之子」章之解析〉,《道家文化研究》（台北：文史哲出版社,200.8）第五輯。

35. 莊耀郎：〈牟宗三先生對道家的定位〉，《鵝湖論文發表會——牟宗三與當代儒學學術研討會》（2005.5）。

36. 莊耀郎：〈牟宗三先生與魏晉玄學——《才性與玄理》讀後誌疑〉，《鵝湖論文發表會——牟宗三先生與中國哲學之重建》（1996.12）。

37. 莊耀郎：〈言意之辨與玄學〉，《哲學與文化》第卅卷第四期（2003.4）。

38. 張炳陽：〈論莊子的自由與超越之特質〉，《台北師院語文集刊》第五期（2000.9）。

39. 張岱年：〈道家在中國哲學史上的地位〉，《道家文化研究》（台北：文史哲出版社，200.8）第六輯。

40. 曹智頻：〈大陸近五十年來的莊子研究〉，《鵝湖月刊》280 期（1998.10）。

41. 黃漢耀：〈從莊子、惠施的論辯看「真人」的四重修養〉，《鵝湖月刊》171 期（1989.9）。

42. 傅佩榮：〈莊子人觀的基本結構〉，《哲學與文化》第十五卷第一期（1988.1.1）。

43. 曾昭旭：〈論道家美學中的道——境界與虛靈〉，《鵝湖月刊》203 期（1992.5）。

44. 蒙培元：〈老莊哲學思維特徵〉，《道家文化研究》（台北：文史哲出版社，200.8）第二輯。

45. 廖明活：〈莊子、郭象與支遁之逍遙觀試析〉，《鵝湖》101 期（1983.11）。

46. 蔡忠道：〈先秦儒道的聖人論試析〉，《宗教哲學》第三卷第四期（1997.10）。

47. 蔡尚思：〈莊子思想簡評〉，《道家文化研究》（台北：文史哲出版社，200.8）第二輯。

48. 潘雨廷：〈論《莊子》內七篇〉，《道家文化研究》（台北：文史哲出版社，200.8）第二輯。

49. 劉蔚華：〈論道家的自然哲學〉，《道家文化研究》（台北：文史哲出版社，200.8）第四輯。

50. 鄭志明：〈牟宗三《圓善論》的生命關懷〉，《牟宗三與當代儒學學術研討會》（2005.5）。

51. 賴錫三：〈《莊子》「真人」的身體觀——身體的「社會性」與「宇宙性」之辯證〉，《台大中文學報》14（2001.5）。

52. 謝明陽：〈莊子氣論的思想體系〉，《鵝湖月刊》279 期（1998.9）。

## 肆、碩博士論文

1. 林明照：《莊子「真」的思想探析》（台北：台灣大學哲學研究所碩士論文，陳鼓應先生指導，2000.6）。

2. 徐聖心：《莊子「三言」的創用及其後設意義》（台北：台灣大學中國文學研究所博士論文，林麗真先生指導，1998.5）。

3. 高君和：《論《莊子》的人物系譜》（台北：台灣大學哲學研究所碩士論文，李日章、陳鼓應先生指導，2005.6）。

4. 莊耀郎：《原氣》（台北：台灣師範大學國文研究所碩士論文，戴璉璋先生指導，1984.5）。

5. 陳政揚：《孟子與莊子內聖外王研究》（台中：東海大學哲學研究所博士論文，陳榮波先生指導，2002）。

6. 陳盈慧：《莊子聖人觀之研究》（台北：台灣師範大學國文研究所碩士論文，陳鼓應先生指導，2004.6）。